Students Activities M

Viajes

INTRODUCCIÓN AL ESPAÑOL

Second Edition

Robert Hershberger
DePauw University

Susan Navey-Davis
North Carolina State University

Guiomar Borrás A.
Glendale Community College

Prepared by

Jill Pellettieri
Santa Clara University

Silvia Rolle-Rissetto
California State University, San Marcos

Verónica Añover
California State University, San Marcos

HEINLE
CENGAGE Learning·

Australia • Brazil • Japan • Korea • Mexico • Singapore • Spain • United Kingdom • United States

For product information and technology assistance, contact us at
**Cengage Learning Customer & Sales Support,
1-800-354-9706**

For permission to use material from this text or product, submit all requests online at **www.cengage.com/permissions**
Further permissions questions can be emailed to
permissionrequest@cengage.com

ISBN-13: 978-1-133-93407-3
ISBN-10: 1-133-93407-2

Heinle
20 Davis Drive
Belmont, CA 94002-3098
USA

Cengage Learning products are represented in Canada by Nelson Education, Ltd.

For your course and learning solutions, visit
www.cengage.com

Purchase any of our products at your local college store or at our preferred online store **www.cengagebrain.com**

Printed in the United States of America
4 5 6 7 8   22 21 20 19 18

Contents

WORKBOOK

| Capítulo preliminar | ¡Mucho gusto!: El mundo hispano .... 3 |
| | Viajemos por el mundo hispano .... 8 |

| Capítulo 1 | En una clase de español: Los Estados Unidos .... 11 |
| | Viajemos por los Estados Unidos *video activities* .... 17 |

| Capítulo 2 | En una reunión familiar: México .... 21 |
| | Viajemos por México *video activities* .... 31 |

| Capítulo 3 | El tiempo libre: Colombia .... 37 |
| | Viajemos por Colombia *video activities* .... 47 |

| Capítulo 4 | En la casa: España .... 53 |
| | Viajemos por España *video activities* .... 64 |

| Capítulo 5 | La salud: Bolivia, Ecuador y Perú .... 69 |
| | Viajemos por Bolivia, Ecuador y Perú *video activities* .... 78 |

| Capítulo 6 | ¿Quieres comer conmigo esta noche? Venezuela .... 85 |
| | Viajemos por Venezuela *video activities* .... 95 |

| Capítulo 7 | De compras: Argentina, Paraguay y Uruguay .... 101 |
| | Viajemos por Argentina, Paraguay y Uruguay *video activities* .... 109 |

| Capítulo 8 | Fiestas y vacaciones: Guatemala y El Salvador .... 117 |
| | Viajemos por Guatemala y El Salvador *video activities* .... 125 |

Capítulo 9   De viaje por el Caribe: Cuba, Puerto Rico y
la República Dominicana 131

Viajemos por Cuba, Puerto Rico y
la República Dominicana *video activities* 143

Capítulo 10   Las relaciones sentimentales: Honduras y Nicaragua 151

Viajemos por Honduras y Nicaragua *video activities* 159

Capítulo 11   El mundo del trabajo: Chile 167

Viajemos por Chile *video activities* 173

Capítulo 12   El medio ambiente y las políticas ambientales: Costa Rica y Panamá ... 181

Viajemos por Costa Rica y Panamá *video activities* 190

LAB MANUAL

Capítulo preliminar   ¡Mucho gusto!: El mundo hispano 199

Capítulo 1   En una clase de español: Los Estados Unidos 203

¡A ver! *video activities* 209

Capítulo 2   En una reunión familiar: México 211

¡A ver! *video activities* 219

Capítulo 3   El tiempo libre: Colombia 221

¡A ver! *video activities* 228

Capítulo 4   En la casa: España 229

¡A ver! *video activities* 238

Capítulo 5   La salud: Bolivia, Ecuador y Perú 239

¡A ver! *video activities* 244

Capítulo 6   ¡A comer!: Venezuela 245

           ¡A ver! *video activities* 251

Capítulo 7   De compras: Argentina, Paraguay y Uruguay 253

           ¡A ver! *video activities* 259

Capítulo 8   Fiestas y vacaciones: Guatemala y El Salvador 261

           ¡A ver! *video activities* 267

Capítulo 9   De viaje por el Caribe: Cuba, Puerto Rico y
           la República Dominicana 269

           ¡A ver! *video activities* 275

Capítulo 10   Las relaciones sentimentales: Honduras y Nicaragua 277

           ¡A ver! *video activities* 283

Capítulo 11   El mundo del trabajo: Chile 285

           ¡A ver! *video activities* 288

Capítulo 12   El medio ambiente: Costa Rica y Panamá 289

           ¡A ver! *video activities* 292

Autopruebas   Answer Key...295

Preface

Workbook

The *Viajes* Workbook has been written and designed to accompany the *Viajes* textbook. Through a tightly structured instructional sequence that closely parallels the core text, the workbook leads students first through a set of highly contextualized form-focused activities and then through more open-ended contextualized activities that foster the development of skills for creative expression in Spanish.

Each chapter of the *Viajes* Workbook contains activities targeted at vocabulary and grammar building, as well as at the development of critical skills and strategies necessary for the comprehension and production of written texts. Some suggestions for the use of each of the chapters' sections follow below.

Vocabulary and grammar exercises parallel each vocabulary and grammar section of the main text and can be assigned as homework before or after these sections are covered in class. They are designed to help students memorize and comprehend the words, phrases, and structures as well as to practice their application in context. This type of work will support students' active comprehension and production in their more open-ended and creative classroom oral activities.

Viajemos por... This section is designed to help students view and comprehend the **Viajemos por...** video segments that accompany each chapter. These activities include pre-viewing activities that lead students to recognize cognates they will hear in the video narration and post-viewing activities to check their comprehension of key cultural points made in the video. These activities can be assigned as stand-alone homework or as support to a class session in which the video will be presented.

¡A escribir! This writing section mirrors the strategies and tasks presented in the main text. The section's **pasos** guide students through the process of composing and editing in Spanish.

Autoprueba This section provides a short set of exercises that allow students to check their mastery of the target vocabulary and structures of a chapter. Students should complete these exercises prior to a review session or an exam. The answer key is located in the back of the Student Activities Manual.

Laboratory Manual

The *Viajes* Laboratory Manual and Audio program have been written and designed to accompany the *Viajes* textbook. Each chapter is designed to help students improve their listening and speaking skills through vocabulary-based and form-based activities that parallel the analogous presentations in the main text. Listening tasks have been carefully written to allow practice of the material presented in the main text. They were crafted to target the appropriate proficiency level.

Like all of the components of *Viajes,* the Laboratory Manual embeds culture and provides examples of authentic oral expressions. The audio recordings feature native speakers and, where possible, speakers that exhibit accents typical of the countries featured in the main text.

The following sections appear in a typical Laboratory Manual chapter:

Vocabulario activities correspond to each vocabulary section in each chapter of the main text to check comprehension and provide enhanced listening comprehension and pronunciation activities.

Estructura y uso sections parallel each grammatical structure and function presented in the main text. The activities in this section reinforce listening comprehension, as well as the handling of structures, forms, and expressions from the aural perspective.

Pronunciación provides a complete review of sounds of the Spanish language. This section comprises pronunciation and listening activities targeting difficult sounds and pronunciation rules.

¡A ver! allows students to expand their comprehension of the situational video clips featured in the *Viajes* video program. The real-world-inspired video presents the target vocabulary and structures in the context of an engaging storyline.

All sections in the Laboratory Manual follow the same format, and are composed of three activities per section, with the exception of ¡A ver! In each activity, students are asked to provide a set number of answers. This will allow students to more easily gauge both the length and time it will take them to complete their work.

Acknowledgments

I would like to thank my husband, Bruce Storms, for his love and support throughout the completion of this project. I would also like to thank my dear friends and coauthors, Dr. Silvia Rolle-Rissetto and Dr. Verónica Añover, for their expertise, inspiration, collaboration, love, and humor. Without them, this manual would not be the excellent pedagogical tool that it is. Finally, I would like to thank all of the Cengage Learning team for their support and good spirit throughout the production of this project.

Dr. Jill Pellettieri

I would like to thank my family for its unfaltering love and support throughout the process of re-creation, revision, and completion for *Viajes*. I would also like to extend my gratitude to my two dear musketeers/ *mousquetaires*, coauthors, Dr. Jill Pellettieri and Dr. Verónica Añover. Their unparalleled expertise, diligent work, and friendship have made *Viajes* a sheer joy.

Dr. Silvia Rolle-Rissetto

I would like to thank all the members at Cengage Learning involved in *Viajes*. I am very grateful to my husband and son for allowing *Viajes* to steal away my presence and for always supporting my work. I would like to express my most sincere gratitude to my two coauthors and dear friends Dr. Silvia Rolle-Rissetto and Dr. Jill Pellettieri for forming a great team, and for working so smoothly together.

Dr. Verónica Añover

Workbook

P ¡Mucho gusto!
El mundo hispano

VOCABULARIO 1   Saludos y despedidas

WB P-1 | Saludos y despedidas For each picture, choose the most appropriate of the three greetings or responses.

1.
  a. Buenas tardes, profesora.
  b. Buenos días, profesor.
  c. ¿De dónde es Ud.?

2.
  Hola, ¿qué tal?
  a. Soy de Barranquilla.
  b. Encantada.
  c. Bastante bien. Y Ud., ¿cómo está?

3.
  Adiós, Javier.
  a. Chao, Claudia. Nos vemos.
  b. Más o menos.
  c. Buenas noches, Claudia.

WB P-2 | Presentaciones Your roommate wants to practice meeting and greeting people in Spanish. Help her by matching the appropriate response from the first column with each expression in the second column. ¡OJO! Some expressions may have more than one response.

_____ 1. ¡Encantada!

_____ 2. ¡Hola! ¿Qué tal?

_____ 3. ¡Mucho gusto!

_____ 4. ¿Cómo se llama?

_____ 5. ¡Buenas noches, Carolyn!

_____ 6. ¿Cómo está Ud.?

_____ 7. ¿De dónde eres tú?

_____ 8. ¡Hasta luego!

a. Bien, gracias.

b. Muy bien, ¿y Ud.?

c. Soy de San Diego.

d. El gusto es mío.

e. Nos vemos.

f. Bastante bien, ¿y tú?

g. Felicia. Y Ud., ¿cómo se llama?

h. ¡Buenas noches, señor Guzmán!

WB P-3 | En una fiesta At a party you overhear a conversation between two new students: Tomás, from Puerto Rico, and Carlos, from the Dominican Republic. Based on the answer, write out the question that was asked. ¡OJO! Remember that students would probably use the informal form of address.

1. CARLOS: Me llamo Carlos, ¿_____?

   TOMÁS: Mucho gusto, me llamo Tomás.

2. TOMÁS: ¿_____?

   CARLOS: Bastante bien, gracias.

3. CARLOS: ¿_____?

   TOMÁS: Muy bien.

4. TOMÁS: ¿_____?

   CARLOS: Soy de la República Dominicana.

ESTRUCTURA Y USO 1 Talking about yourself and others: Subject pronouns and the present tense of the verb *ser*

WB P-4 | ¿Qué pronombre? Which pronouns would Alberto Yáñez, a professor from Spain, use to address or talk about the following people? In the spaces provided below, write the most appropriate pronoun. ¡OJO! Remember that Alberto is from Spain, which affects the pronouns he selects in certain situations.

1. Referring to students Alicia and Cristina _____

2. Talking to Mr. Gutiérrez _____

3. Referring to his brother Carlos _____

4. Talking to Mr. and Mrs. Morán _____

5. Talking to his two sons _____

6. Referring to himself _____

7. Talking to his wife _____

8. Referring to his wife _____

9. Referring to himself and three friends _____

10. Talking to his two daughters _____

WB P-5 | ¿Qué piensas? What do you think? Give your opinion by forming sentences with the words provided. Following the model, use the appropriate form of the verb **ser.**

Modelo   Barack Obama / sincero
           Barack Obama es sincero.
      o *Barack Obama no es sincero.*

1. Will Ferrell / cómico

_____

2. Michael Phelps / talentoso

_____

3. yo / inteligente

_____

4. Jessica Alba / atractiva

_____

5. mis amigos (*friends*) y yo / interesantes

_____

ESTRUCTURA Y USO 2   Identifying quantities: *Hay* and numbers 0–30

WB P-6 | El sabelotodo Juan Carlos is a **sabelotodo** (*know-it-all*) who doesn't always know it all. Mark each of Juan Carlos's statements as **cierto** (*true*) or **falso** (*false*). If the statement is false, rewrite the sentence to correct Juan Carlos's error. **¡OJO!** Use the verb form **hay** as well as numbers. Follow the model.

Modelo   En el mes de septiembre hay 28 días (*days*).
           Falso. En el mes de septiembre hay treinta días.

1. En una semana (*week*) hay siete días.

_____

2. Hay trece huevos (*eggs*) en una docena.

_____

3. Hay nueve números en un número de teléfono en los Estados Unidos.

_____

4. En un año (*year*) hay doce meses (*months*).

_____

5. Hay quince pulgadas (*inches*) en un pie (*foot*).

_____

WB P-7 | Problemas de matemáticas Test your mathematical ability by completing the following equations. ¡OJO! Write out the numbers, not the numerals. Follow the model.

   Modelo   Treinta menos dos son *veintiocho.*

1. Once más tres son _____.

2. Ocho menos ocho son _____.

3. Siete más tres son _____.

4. Catorce más quince son _____.

5. Veintiséis menos dos son _____.

6. Dieciocho más cuatro son _____.

WB P-8 | Guía telefónica Laura's new "user-friendly" handheld computer won't let her input numerals! She can only store the telephone numbers of friends and family by answering the software's questions and spelling out the numbers. Help Laura by writing out the numerals in words as they are displayed.

1. ¿Cuál es el número de teléfono de tu mejor amiga *(best female friend)*?

   4–0–8–26–5–15–17

   _____

2. ¿Cuál es el número de teléfono de tus padres?

   3–21–2–19–13–29

   _____

3. ¿Cuál es tu número de teléfono?

   9–19–7–10–14–28

   _____

ESTRUCTURA Y USO 3   Asking questions: Interrogative words

WB P-9 | Más preguntas Look at the following pictures and choose which questions are likely being asked.

1. **a.** ¿Qué es?

   b. ¿De dónde eres?

   c. ¿Cuál es su número de teléfono?

© Cengage Learning 2014

2. **a.** ¿Quién es tu profesora de español?

   b. ¿Cuándo tienes clase?

   c. ¿Cuál es tu número de teléfono?

3. **a.** ¿Cuántos libros tienes?

   b. ¿Por qué preguntas?

   c. ¿Cómo estás?

WB P-10 | **¿Cuál es correcto?** Fill in the blanks with the appropriate question word.

1. ¿——————— se llama usted?

2. ¿——————— estudiantes hay en su clase?

3. ¿——————— estudias español?

4. ¿——————— es tu cumpleaños *(birthday)*?

WB P-11 | **Tantas preguntas** You are meeting your date at his/her house, and your date's mother has many questions for you. Complete her questions by supplying the appropriate question words below.

1. ¿——————— estás?

2. ¿De ——————— eres?

3. ¿——————— años tienes?

4. ¿——————— es tu número de teléfono?

5. ¿——————— son tus padres?

6. ¿——————— personas hay en tu familia?

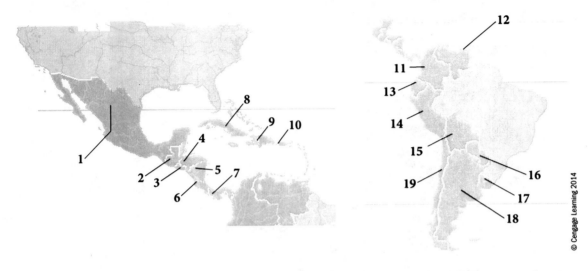

© Cengage Learning 2014

WB P-12 Study the maps of Latin America in your textbook, then identify each of the countries numbered on the maps above.

1. _____

2. _____

3. _____

4. _____

5. _____

6. _____

7. _____

8. _____

9. _____

10. _____

11. _____

12. _____

13. _____

14. _____

15. _____

16. _____

17. _____

18. _____

19. _____

Autoprueba

WB P-13 | Una conversación típica Below is a typical conversation likely to be heard during the first days of a new school year. Complete the conversation by supplying the appropriate vocabulary words or phrases.

MIGUEL: ———————————, Tomás. ¿———————— tal?

TOMÁS: Bien, Miguel. ¡Tanto tiempo! *(It's been a while!)* ¿Y cómo ———————— tú?

MIGUEL: Bien, ————————. Tomás, esta es mi novia *(this is my girlfriend)*, Elena.

TOMÁS: Hola, Elena. Mucho ————————.

ELENA: El gusto ————————.

TOMÁS: ¿De ———————— eres, Elena?

ELENA: ———————— de Puerto Rico.

TOMÁS: Muy bien. Bueno, ya me voy *(I'm leaving now)*. ————————.

ELENA: ————————, Tomás.

MIGUEL: ———————— vemos, Tomás.

WB P-14 | Números Write out each number indicated below as well as the number that precedes it. Follow the model.

Modelo   28
    veintiocho/veintisiete

1. 15 ————————————————————————————
2. 1 —————————————————————————————
3. 30 ————————————————————————————
4. 17 ————————————————————————————
5. 25 ————————————————————————————

WB P-15 | Presentaciones Complete the following conversation with the appropriate form of the verb **ser**.

PILAR: Me llamo Pilar. ¿Quién ———————— tú?

LOLA: ———————— Lola Araña Téllez. Y este *(this)* ———————— mi amigo, Carlos.

PILAR: Encantada. ¿De dónde ———————— Uds.?

LOLA: Nosotros ———————— de Cuba.

WB P-16 | ¿Sois de España? Ramón has come from Spain to the University of California to study engineering. Complete one of his campus conversations by supplying the appropriate subject pronoun. **¡OJO!** Remember the difference between formal and informal subject pronouns, as well as the differences between Peninsular and Latin American Spanish with respect to pronoun usage.

RAMÓN: Perdón, ¿_____ sois de España?

DIANA (Y DIEGO):   No, _____ somos de México. _____ soy de Guanajuato y _____ es de Morelia.

DIEGO: El profesor Carrazco es de España. ¿De qué parte de España *(From what part of Spain)* es _____, profesor?

PROFESOR CARRAZCO: _____ soy de Galicia.

RAMÓN: Mi mamá es de Galicia. _____ es de Vigo.

DIEGO: ¿De qué parte eres _____, Ramón?

RAMÓN: _____ soy de Toledo.

DIANA: Bueno, profesor y Ramón, _____ son compatriotas y van a ser *(are going to be)* buenos amigos.

Nombre _____ Fecha _____

 # En una clase de español
Los Estados Unidos

VOCABULARIO 1   En la clase

WB 1-1 | Colores revueltos (scrambled) Unscramble the letters to reveal each color.

1. ojor _____

3. ramnór _____

2. conlab _____

4. lamirola _____

WB 1-2 | Una de estas cosas no es como las otras. (One of these things is not like the others.)
For each series, circle the word that does not form a set with the others.

1. el lápiz, la tiza, la pluma, la pizarra

2. el libro, el diccionario, la lección

3. la silla, el escritorio, el lápiz

4. la pizarra, el borrador, el bolígrafo, la lección

WB 1-3 | Asociaciones Write in Spanish the color you usually associate with the following items.

Modelo   snow   _blanco_

1. a crow _____

6. chocolate _____

2. an orange _____

7. a banana _____

3. grass _____

8. the sky _____

4. cherries _____

9. eggplant _____

5. paper _____

WB 1-4 | En mi clase Joaquín, a pen pal from Quito, Ecuador, is interested in how college classes are different in the U.S. from college classes in Ecuador. Choose the most appropriate response to his questions.

1. ¿Cuántos estudiantes hay en tu clase de español?

   a. Hay veintitrés.   **b.** Hay tres exámenes.   **c.** El diccionario.

2. ¿Cómo se llama tu libro de texto de español?

   a. El libro.   **b.** Viajes.   **c.** Mucho dinero.

3. ¿Quién es tu profesor(a) de español?

   a. Es la Profesora Muñoz.   **b.** Bien, ¿y tú?   **c.** Está aquí.

4. ¿Cuántos bolígrafos tienes (do you have)?

   a. No hay muchos estudiantes.   **b.** Tres.   **c.** Dos novias.

5. ¿Tienes computadora? ¿De qué marca (what brand)?

   a. Sí, es una Mac.   **b.** La Dell no tiene pantalla.   **c.** Hay muchas PCs.

ESTRUCTURA Y USO 1 Talking about people, things and concepts: Definite and indefinite articles, gender, and plural nouns

WB 1-5 | Los artículos For each of the nouns listed below, select **F** for **femenino** or **M** for **masculino**. Then write the appropriate definite article that corresponds with the noun. **¡OJO!** Be sure that the definite articles agree with the nouns in number as well as in gender. Follow the model.

    Modelo   F   <u>la</u> *calculadora*

1. F / M _____ diccionarios

2. F / M _____ lápiz

3. F / M _____ luces

4. F / M _____ escritorio

5. F / M _____ mapa

6. F / M _____ computadoras

7. F / M _____ calendario

8. F / M _____ mesas

9. F / M _____ relojes *(watches)*

10. F / M _____ pizarra

WB 1-6 | ¡Qué exagerada! *(How exaggerated!)* Mari Bocazas is one of those people who often exaggerates. Whatever you do, she says she does it better, and whatever you have, she says she has more. What would Mari say if you were to tell her that you had each of the following?

    Modelo   una mochila
                dos mochilas

1. un amigo

   _____

2. una computadora Mac

   _____

3. una clase de español

   _____

4. una pluma Cartier

   _____

5. un reloj *(watch)* Rolex

   _____

WB 1-7 | Inventario Your roommate works at the college bookstore and is taking inventory on school supplies. How many of each item are there? Follow the model.

Modelo   cuaderno (18)
dieciocho cuadernos

1. bolígrafo (15)

   _____

2. diccionario (1)

   _____

3. lápiz (12)

   _____

4. mochila (29)

   _____

5. calendario (14)

   _____

6. computadora (1)

   _____

VOCABULARIO 2   Lenguas extranjeras, materias y lugares universitarios

WB 1-8 | Internacional Below is a list of the countries available for next year's study abroad programs. For each country, indicate the language in which interested applicants must be minimally fluent. ¡OJO! Remember that country names are capitalized in Spanish, but the names of languages are not. Follow the model.

Modelo   Alemania: *el alemán*

1. Japón: _____

2. China: _____

3. Portugal: _____

4. Italia: _____

5. España: _____

6. Francia: _____

7. Rusia: _____

8. Inglaterra: _____

WB 1-9 | Cursos The following is a course list for the Semester Abroad Program at the Universidad de Buenos Aires. Write the name of the major to which each course would normally pertain. Follow the model.

  Modelo   genética y evolución: _la biología_

  1. anatomía: _____

  2. análisis de mapas: _____

  3. legislación ambiental: _____

  4. teoría literaria: _____

  5. programación de computadoras: _____

  6. cálculo: _____

  7. filosofía del derecho: _____

  8. literatura española: _____

WB 1-10 | Lugares universitarios Where on campus are you most likely to do each of the following activities? Use a different location for each answer.

  Modelo   practicar deportes _en el gimnasio_

  1. comprar _(to buy)_ un sándwich _____

  2. hablar con mi profesor _____

  3. estudiar _____

  4. comprar libros _____

  5. dormir _(to sleep)_ _____

  6. hablar _(to talk)_ con mis amigos _____

ESTRUCTURA Y USO 2   Describing everyday activities: Present tense of regular -*ar* verbs

WB 1-11 | Actividades Jorge and his friends talk about some of their more common activities during the school year. Complete their sentences with the appropriate present tense verb form.

  1. Yo _____ (tocar) mis instrumentos.

  2. Noelia y yo _____ (bailar) en la discoteca.

  3. Tú _____ (practicar) el español con Noelia.

  4. Amanda _____ (estudiar) mucho en la biblioteca.

  5. Jaime y Teresa _____ (mirar) la televisión toda la noche.

WB 1-12 | Conversando Manu is an exchange student from Spain studying at the University of Massachusetts. Below is a conversation he has with Alicia and Tomás, two Mexican-American students. Complete their conversation by supplying the appropriate form of each verb in parentheses.

ALICIA: ¡Hola, Manu! ¿Qué tal? ¿Cómo está todo?

MANU: Muy bien, pero *(but)* **1.** _____ (tomar) muchos cursos y **2.** _____ (estudiar) mucho.

TOMÁS: ¿Cuántos cursos **3.** _____ (tomar) tú?

MANU: Seis. ¿Y vosotros? ¿Cuántos cursos **4.** _____ (llevar) este semestre?

TOMÁS: Nosotros… solamente dos. Alicia y yo **5.** _____ (tomar) los mismos *(the same)* cursos. **6.** _____ (Estudiar) fisiología y química.

ALICIA: Manu, ¿**7.** _____ (trabajar) en la biblioteca?

MANU: No, mi compañero de cuarto **8.** _____ (trabajar) allí *(there)*. Yo no **9.** _____ (necesitar) trabajar.

ALICIA: Sí, entiendo *(I understand)*. Tú compañero se llama Juan, ¿no? ¿Cómo es él? ¿Es simpático *(nice)*?

MANU: Sí, es muy simpático. Nosotros **10.** _____ (hablar) mucho y siempre **11.** _____ (mirar) «Baywatch» juntos *(together)* en nuestra casa. Y después del *(after the)* programa, nosotros **12.** _____ (practicar) inglés.

ALICIA: ¡Manu! ¿Uds. **13.** _____ (mirar) «Baywatch»? ¡Ese programa es horrible!

MANU: ¿Horrible? ¿Cómo que horrible *(What do you mean it's horrible)*? ¿Vosotros aquí en los Estados Unidos no **14.** _____ (mirar) «Baywatch» ?

ALICIA: ¿Yo? ¡Para nada! *(Not a chance!)*

TOMÁS: Pues *(Well)*…

ESTRUCTURA Y USO 3   Telling time and talking about the days of the week: La hora y los días de la semana

WB 1-13 | ¿Qué hora es? Write out the time indicated.

1. 12:15 _____
2. 1:30 _____
3. 6:45 _____
4. 12:50 _____
5. 5:03 _____

WB 1-14 | **¿Qué cursos tomo?** Roberto Torres, an exchange student, is having trouble reading the new course catalog for next semester. Help him by writing out in Spanish the time the course begins and the days of the week the course meets. Follow the model.

Modelo   la clase de psicología
Es a las dos de la tarde los martes y los jueves.

Course code	Course title	Units	Time	Days	Instructor
55940	Art 120	4	0900-1000	T/Th	Paredes
24965	Biology 10A	4	1730-1945	W	Smith
84804	Computer science 101	3	1500-1600	M/W	Richardson
48997	Chemistry 7C	5	0700-0745	M/W/F	Nelson
94942	English 205	4	1400-1630	T	Hershberger
40900	Geography 10	3	0900-1000	Th/F	Cox
28817	Literature (US) 1A	3	1000-1150	T/Th	Rolle
38822	Mathematics 6C	4	1300-1400	M/W/F	Añover
99944	Music Appreciation 20	2	1120-1350	Sa	Fernández
19902	Psychology 1C	4	1400-1645	T/Th	Velasco
53229	Zoology 167	4	0900-1045	W/F	Clark

1. la clase de biología

_____

2. la clase de química

_____

3. la clase de geografía

_____

4. la clase de literatura

_____

5. la clase de matemáticas

_____

Nombre —————————————— Fecha ——————————————

▶ VIAJEMOS POR LOS ESTADOS UNIDOS

In the video segments for this chapter, you will learn about Latinos in the United States and three principal U.S. cities where the influence of their cultures is most visible.

WB 1-15 Cognados You will view three video segments, in which you will hear a number of Spanish words that are cognates of English, that is, they look and sound like English words and have similar meanings. Identifying these words and their meanings will help you understand the Spanish used in the video. Before viewing the segments, try to pronounce each of the following Spanish words, and then try to match each with their meaning in English.

1. _____ destino turístico   **a.** population
2. _____ misión   **b.** mission
3. _____ símbolo   **c.** commerce
4. _____ clubes nocturnos   **d.** symbol
5. _____ población   **e.** tourist destination
6. _____ cosmopolita   **f.** millions
7. _____ bulevares   **g.** cosmopolitan
8. _____ millones   **h.** night clubs
9. _____ comercio   **i.** boulevards
10. _____ mayoría   **j.** majority

WB 1-16 Cognados en contexto Watch the video and listen for the following sentences, which contain some of the cognates you just identified in activity **WB 1-15**. Complete each sentence with the correct cognate.

from Segment 1 (San Antonio):

1. La ciudad es un _____ muy popular, con muchas atracciones y actividades.
2. El Álamo, en el centro de la ciudad, es una _____ española parcialmente reconstruida.

from Segment 2 (Miami):

3. Miami es una ciudad _____ donde llegan personas de muchos países para trabajar, vivir y pasarlo bien.
4. En las playas y en los _____ se vive un ambiente festivo, gracias a su gente.

from Segment 3 (Nueva York):

5. Casi tres _____ de puertorriqueños viven en los Estados Unidos.
6. La _____ vive en las ciudades de Nueva York y Nueva Jersey.

WB 1-17 Comprensión Watch the three video segments again and determine whether the following sentences are true (T) or false (F).

1. _____ In San Antonio, Texas, the city's Mexican roots are still easy to see.
2. _____ The Paseo del Río in San Antonio is where one will find the Alamo.
3. _____ About 65% of Miami's population is of Cuban origin.
4. _____ The famous Calle Ocho is a part of Miami's **La Pequeña Habana.**
5. _____ There are more Puerto Ricans living in New York than in San Juan, Puerto Rico.
6. _____ Puerto Ricans are the only significant Hispanic population in New York.

¡A ESCRIBIR!

EL MUNDO VERDADERO The Spanish language television network **Telemundo** has just announced on the local Spanish TV station that they are going to produce a new show and are looking for participants. This show will bring together five people who have never met to live for six months in a house in Miami's South Beach. For your application to be considered, you must submit a paragraph in which you introduce yourself and describe your daily routine.

Strategy: Organizing your ideas

A good way to improve your writing is to organize the ideas you want to express before you actually begin composing your document.

Paso 1 Start the paragraph by organizing your ideas before writing your first draft. Some of the following questions may help you do so:

- What will you say about yourself? your name? where you are from? how old you are? what you study in school?
- What will you say about your daily routine? what days of the week you attend classes? what times of the day you study? where you study?

Paso 2 Now that you have all the ideas organized, write a first draft on a separate sheet of paper. Then, review and revise it, and write the final draft of your paragraph below.

_____

_____

_____

_____

_____

_____

_____

_____

_____

_____

Autoprueba

WB 1-18 | Los cursos Select the course that does not belong in each category.

1. Humanidades: **a.** literatura **b.** matemáticas **c.** filosofía
2. Lenguas: **a.** alemán **b.** inglés **c.** historia
3. Ciencias sociales: **a.** computación **b.** sicología **c.** economía
4. Arte: **a.** música **b.** pintura **c.** biología

WB 1-19 | ¿Qué hora es? What time is indicated on each digital display below?

1. 2:45 PM ———————————————
2. 1:22 PM ———————————————
3. 12:31 PM ———————————————
4. 5:15 AM ———————————————
5. 9:30 AM ———————————————

WB 1-20 | Está muy ocupada Roberto wants to get to know Nancy and wants you to find out when she is available to go out with him. Look at Nancy's busy study schedule below and explain to Roberto how busy she is. In Spanish, tell him what language she studies on each day of the week and at what time she studies. Follow the model.

Nancy's Study Schedule						
Monday	**Tuesday**	**Wednesday**	**Thursday**	**Friday**	**Saturday**	**Sunday**
Spanish 9:00 AM	German 3:45 PM	Chinese 12:45 PM	Russian 1:30 PM	Italian 5:15 PM	Portuguese 7:30 PM	Japanese 10:00 AM

Modelo *Los lunes Nancy estudia español a las nueve de la mañana.*

1. ———————————————————————————————
2. ———————————————————————————————
3. ———————————————————————————————
4. ———————————————————————————————
5. ———————————————————————————————
6. ———————————————————————————————

WB 1-21 | Los colores Write in Spanish the color that you associate with the following items.

1. a lemon ———————————————————————————
2. Halloween ———————————————————————————
3. blood ———————————————————————————
4. dirt ———————————————————————————
5. a snowman ———————————————————————————
6. an American dollar bill ———————————————————————

WB 1-22 | Lupe y Lalo To learn about the lives of Lupe and Lalo at the university, complete the following paragraphs with either a definite or an indefinite article. ¡OJO! Remember that these articles must agree in number and gender with the nouns they modify.

Lupe Zarzuela es **1.** _____ persona inteligente. Ella estudia economía, biología y arte en

2. _____ UAG, que es **3.** _____ universidad prestigiosa *(prestigious)* de

4. _____ ciudad de Guadalajara.

Para Lupe, **5.** _____ clases no son difíciles. Sus clases favoritas son **6.** _____

pintura y **7.** _____ matemáticas. Uno de **8.** _____ amigos de Lupe es Lalo

Rodríguez. Lalo es estudiante de ciencias sociales. Para Lalo, **9.** _____ alemán es

10. _____ lengua muy difícil.

11. _____ clase de alemán es a **12.** _____ once de **13.** _____

mañana todos **14.** _____ días de **15.** _____ semana, excepto **16.** _____

sábados y domingos.

WB 1-23 | Las actividades del día Everyone who lives in Ramón's dorm has many activities and interests. Form sentences with the words provided to find out what everyone does each day.

1. Ramón / trabajar / todos los días

_____

2. Teresa y Evelia / estudiar / matemáticas / por la tarde

_____

3. yo / practicar / deportes / por la mañana

_____

4. nosotros / descansar / a las cuatro de la tarde

_____

5. tú / enseñar / ejercicios aeróbicos / por la noche

_____

6. Uds. / regresar / a la casa / a las seis de la tarde

_____

② En una reunión familiar
México

VOCABULARIO 1   La familia

WB 2-1 | Familiares Unscramble the letters to reveal each family-related term.

1. neory: _____

2. soirbno: _____

3. otag: _____

4. jaropá: _____

5. georsu: _____

WB 2-2 | Buscapalabras Below are clues to six Spanish words you will find embedded in this word search. Can you find them? Can you find others? Circle the words that you find, and inside the circle write the number of the clue to which the word corresponds.

1. La madre de tu padre

2. El hijo de tu hermana

3. El nombre de la familia

4. Los hijos de tus hijos

5. La hermana de tu madre

6. Can you find other family-related vocabulary? Other Spanish words?

T	O	D	A	D	A	Ñ	C	R	E	O	J	E	D
A	L	O	I	N	I	A	S	O	L	T	E	R	O
N	O	Ñ	O	V	S	E	Ñ	E	I	I	T	I	E
U	T	A	H	A	O	C	U	Ñ	A	D	O	A	N
E	D	U	D	O	B	R	I	A	Z	E	G	P	E
R	I	O	C	T	R	E	C	U	U	F	A	E	R
A	V	E	S	T	I	A	S	I	N	P	E	L	O
L	A	P	A	C	N	R	T	R	A	A	L	L	A
E	N	I	E	T	O	S	B	E	U	D	U	I	T
U	H	E	R	M	A	N	A	S	T	R	O	D	A
B	O	R	J	E	S	O	T	T	O	I	B	O	M
A	R	A	Ñ	A	T	N	Y	E	R	N	O	F	A
J	O	B	A	R	U	A	R	B	I	O	D	I	O
O	R	T	E	R	A	S	U	O	P	S	A	R	A

WB 2-3 | La familia de Mariana Mariana is telling her coworkers all about her family members. Complete her story by supplying the appropriate words from the list below.

sobrinos   hermana   perro   esposo   hija   hijos

En mi casa somos cinco personas y un animal. Mi **1.** _____ se llama Paco. Tenemos dos

2. _____, se llaman Tomás y Miguelito, y tenemos una **3.** _____ que se llama

Carolina. El **4.** _____ se llama Popeye. Yo tengo una **5.** _____, Claudia. Su esposo

se llama Jaime. Ellos tienen tres hijos, Carlos, Jesús y Mateo. Ellos son mis **6.** _____. Paco no

tiene hermanos.

WB 2-4 | La familia Herrera Castellanos Carlos Herrera Castellanos has just finished researching the paternal side of his family tree. Answer the following questions about his family members.

1. ¿Cómo se llama la esposa de Carlos?

   _____

2. ¿Cómo se llama la sobrina de Carlos?

   _____

3. ¿Cuántos hijos tiene Carlos?

   _____

4. ¿Cómo se llama el abuelo de Anita?

   _____

5. ¿Cómo se llama la nieta de María Jesús?

   _____

6. ¿Cómo se llama el esposo de Catalina?

   _____

7. ¿Cómo se llama el primo de Belén?

   _____

ESTRUCTURA Y USO 1   Indicating ownership and possession: Possession with *de(l)* and possessive adjectives

WB 2-5 | Nuestras familias Francisco and his sister, Linda, are discussing families with their new friend, Antonio. Complete their conversation with the appropriate possessive forms. **¡OJO!** Pay attention to who is speaking to whom so that you will know which possessive form is necessary.

FRANCISCO: ¿Es grande **1.** _____ familia, Antonio?

ANTONIO: Sí, **2.** _____ familia es muy grande. Somos ocho personas. Y Uds.,

   ¿es grande **3.** _____ familia?

FRANCISCO: No, **4.** _____ familia no es muy grande. Somos cinco.

LINDA: Pero **5.** _____ padres tienen familias grandes. Nuestra madre tiene seis

hermanas y **6.** _____ padre tiene cuatro hermanos.

ANTONIO: Muy interesante, Linda. ¿De dónde es **7.** _____ madre?

LINDA: **8.** _____ madre es de México, de Zacatecas. Y tú, ¿de dónde son

9. _____ padres?

ANTONIO: **10.** _____ padres son de Canadá, pero **11.** _____ padres
(mis abuelos) son de España.

WB 2-6 | Compañeros You and your roommates clean the house and find all kinds of things. Identify the owner of each of the following items. Follow the model.

Modelo   ¿De quién son las fotos de Ricky Martin? (Mariana)
Son de Mariana. *Son sus* fotos.
¿De quién es esta mochila? (yo)
Es *mi* mochila.

1. ¿De quién es el disco compacto de los Maroon 5? (Juan)

_____ Juan. _____ disco.

2. ¿De quién es la computadora? (ustedes)

_____ ustedes. _____ computadora.

3. ¿De quién es el dinero? (nosotros)

_____ nosotros. _____ dinero.

4. ¿De quién son las bicicletas? (Mariana)

_____ Mariana. _____ bicicletas.

5. ¿De quién es la radio? (yo)

_____ radio.

ESTRUCTURA Y USO 2   Describing people and things (1): Common uses of the verb *ser*

WB 2-7 | ¡Mucho gusto! Aníbal and Jaime, two exchange students from Spain, are trying to get to know all the other Spanish speakers on their floor. Fill in the blanks with the appropriate form of the verb **ser** in their conversation.

ANÍBAL: ¿De dónde **1.** _____ vosotros?

CELIA: Nosotros **2.** _____ de Latinoamérica. Jesús **3.** _____ de Nicaragua. Felipe,

Mabel y yo **4.** _____ de Cuba. Y tú, Aníbal, ¿de dónde **5.** _____?

ANÍBAL: Yo **6.** _____ de España, de Burgos.

MABEL: Y tú, Jaime, ¿de dónde **7.** _____?

JAIME: De España también. **8.** _____ de Córdoba.

CELIA: ¡Qué bueno! Y, ¿Uds. **9.** _____ hermanos?

JAIME: No, no **10.** _____ hermanos; **11.** _____ buenos amigos.

WB 2-8 | La vida de Elena Your pen pal from Guanajuato, Elena, has sent you the following letter telling you a little about her and her family and friends. Fill in the blanks with the appropriate form of the verb **ser** to read her letter.

Hola:

Yo **1.** _____ Elena. **2.** _____ de Guanajuato, México. En mi familia nosotros

3. _____ cinco. Tengo dos padres, una hermana y un hermano. Mis padres **4.** _____

profesores en la universidad. Los dos **5.** _____ muy trabajadores. Mis hermanos

6. _____ estudiantes. Mi hermano Jaime **7.** _____ alto y guapo, pero

8. _____ un poco tímido. Mi hermana Linda **9.** _____ morena y muy bonita.

Ella no **10.** _____ tímida; al contrario, **11.** _____ súper extrovertida. También

tengo diez tíos y veinticinco primos. Nosotros **12.** _____ una familia grande, pero feliz.

¿Y tú? ¿cómo **13.** _____ tu familia? ¿Cómo **14.** _____ tú?

ESTRUCTURA Y USO 3   Describing people and things (2): Agreement with descriptive adjectives

WB 2-9 | ¡Qué familia tiene! Ángel has a large family with very different relatives. Write out complete sentences to describe each of these relatives shown below. Use the appropriate possessive form, as well as the adjective that best describes each person. Make sure the adjective agrees with the person/persons. Follow the model.

Modelo   la mamá
Su mamá es artística.

1. el padre

2. las hermanas, Marcela y Vanesa

3. el hermano, Raúl

4. los primos, Fabián, Anaís y Aldo

5. la abuela

1. el padre

_____

2. las hermanas, Marcela y Vanesa

_____

3. el hermano, Raúl

_____

4. los primos, Fabián, Anaís y Aldo

_____

5. la abuela

_____

WB 2-10 | ¿Cómo son? Describe each of the people listed by providing the correct form of the verb **ser** and an appropriate form of the adjective indicated.

Modelo Antonio Villaraigosa, alcalde *(mayor)* de Los Ángeles (liberal)
Antonio Villaraigosa *es liberal.*

1. Eric Chávez, jugador de béisbol profesional en los Estados Unidos (atlético)

Eric Chávez _____.

2. Gael García Bernal y Salma Hayek, actores (guapo)

Gael García Bernal y Salma Hayek _____.

3. Dolores Huerta, cofundadora de los United Farm Workers (trabajador)

Dolores Huerta _____.

4. Elena Poniatowska y Sandra Cisneros, escritoras (listo)

Elena Poniatowska y Sandra Cisneros _____.

VOCABULARIO 2   Las nacionalidades

WB 2-11 | ¿De dónde son y qué lengua hablan? Describe each of the following people's nationality and native language. **¡OJO!** Nationalities agree with the number and gender of the person or people being described. Follow the model.

Modelo Alicia Ramos / España
Es española. Habla español.

1. Teresita Sedillo / Honduras

_____

2. Tomás Romero / Puerto Rico

_____

3. Beatriz y Nancy Ruiz / Costa Rica

_____

4. Helmut Schmidig / Alemania

_____

5. Steven Ensley / Canadá

_____

6. Madeline Depuy / Francia

_____

7. Alejandro y Luis Villegas / Paraguay

_____

WB 2-12 | Cosas del mundo Test your worldliness. Write the origin of each of the items listed below. Choose from the list of countries. Follow the model.

    Modelo   Los gauchos *son argentinos.*

          Argentina   Cuba   Rusia   Puerto Rico   Egipto   Japón

1. El reggaetón (type of music) _____ _____.

2. Las chicas Harajuku _____ _____.

3. El vodka _____ _____.

4. La esfinge *(sphynx)* _____ _____.

5. Los cigarros Cohiba _____ _____.

ESTRUCTURA Y USO 4   Describing daily activities at home or at school: Present tense of *-er* and *-ir* verbs

WB 2-13 | La vida universitaria David is a Mexican college student at the Universidad La Salle, a Catholic university in Mexico City. To find out how his life compares to yours, complete the sentences with the appropriate form of each verb in the present tense.

1. Mis amigos y yo _____ (asistir) a la universidad.

2. Todos nosotros (vivir) _____ con nuestros padres.

3. Ahora estudio ciencias religiosas *(religious)* y _____ (aprender) sobre la historia de los franciscanos en México.

4. Yo _____ (creer) en Dios y _____ (asistir) a misa *(Mass)* con mis padres los domingos.

5. Mi novia _____ (vivir) en Aguascalientes y no me visita mucho. Por eso yo

   _____ (escribir) muchas cartas.

6. _____ (beber) un café con mis amigos en el centro todos los días.

WB 2-14 | La vida de los estudiantes Tomás and Estela are students at the Universidad Autónoma de Guadalajara. See how similar their lives are to yours by writing the appropriate form of each verb provided.

Estela y su familia _____ (vivir) en Guadalajara. Estela es estudiante y _____

(aprender) mucho en sus clases de la UAG. Ella _____ (comprender), _____

(leer) y _____ (escribir) tres lenguas: español, japonés e inglés. Después de la graduación,

Estela quiere viajar por el mundo.

Tomás no _____ (vivir) con su familia. Sus padres, sus dos hermanas y su hermano

_____ (vivir) en Mérida, la capital de Yucatán. Tomás le _____ (escribir) a su

familia frecuentemente y él _____ (recibir) muchas cartas de ellos.

Tomás y Estela _____ (aprender) sicología por la mañana. Él _____ (deber)

estudiar mucho porque es su especialidad *(major)*. Por la tarde, Tomás y Estela _____

(comer) en la cafetería de la UAG y después _____ (beber) café juntos *(together)*.

WB 2-15 | Actividades diarias To create a schedule of chores, you and your roommates need to know who is available at what time. Make a chart of everyone's routines by using one element from each of the categories below and writing logical sentences that describe what each roommate does on a regular basis. Follow the model and conjugate each verb properly in the present tense.

Modelo   Magaly (beber café)
Magaly bebe café en el Café Roma por la mañana.

¿Dónde?	**¿Cuándo?**
en un restaurante	por la mañana
en el Café Roma	los domingos
en casa	todos los días
en el centro universitario	por la tarde
en la universidad	por la noche
en la biblioteca	los lunes
en la librería	los fines de semana

1. Mi familia y yo (comer) _____.

2. Teresa (deber estudiar) _____.

3. Yo (asistir a clases) _____.

4. Esteban (escribir cartas) _____.

5. Tú (leer libros) _____.

6. Nancy (vender libros) _____.

WB 2-16 | Una clase diferente Lorenzo's class is a bit strange today. To find out what is happening, fill in the blanks with the appropriate form of one of the verbs listed below. **¡OJO!** Not all verbs are used, but no verb is used twice.

abrir   aprender   asistir   beber   comprender   creer   comer
deber   escribir   leer   recibir   vender   vivir

La profesora **1.** _____ la puerta y entra en la sala de clase. Carlos y Héctor **2.** _____

un libro cómico pero *(but)* ahora la profesora dice que ellos **3.** _____ abrir su libro de texto.

La profesora **4.** _____ en la pizarra. Ahora Antonia y Mónica **5.** _____ Coca-Cola

y **6.** _____ un burrito. ¡Y Javier! Él habla por teléfono y **7.** _____ su computadora.

Yo no **8.** _____ esta clase hoy.

ESTRUCTURA Y USO 5 Expressing possession, age, and physical states: Common uses of the verb *tener*

WB 2-17 | Arte mexicano Form sentences with the following elements. Conjugate the verb **tener** in the present tense.

1. María y Tomás / tener / la famosa película mexicana *Y tu mamá también*

   _____

2. Yo / tener ganas de ver esa película

   _____

3. Los suegros de mi hermano / tener / una colección grande de arte de Diego Rivera

   _____

4. Mi familia y yo / tener / solamente un cuadro de Frida Kahlo.

   _____

WB 2-18 | ¡Algo tienen! Alicia is talking about how strange her family is. Match each of her statements with the corresponding picture of her family members.

A.

_____ 1. Siempre tenemos mucha hambre.

_____ 2. Mi hermano siempre tiene prisa.

_____ 3. Mi hermanita siempre tiene sueño.

_____ 4. Mi abuela siempre tiene sed.

_____ 5. Alicia siempre tiene miedo.

_____ 6. Álex y Alberto siempre tienen frío.

_____ 7. La tía Silvia siempre tiene mucha paciencia con los niños.

B.

C.

D.

E.

F.

G.

WB 2-19 | La familia Ortega To learn more about the Ortega family, complete the following sentences with the correct form of an appropriate **tener** expression.

1. María Elena es muy inteligente. Cuando hay una duda *(doubt)*, ella siempre _____.

2. Chus y Lola son buenas estudiantes. Siempre _____ en sus clases.

3. Carlos es un travieso *(rascal)*, pero su mamá _____ mucha _____ con él.

4. El abuelo nunca se quita *(takes off)* su suéter de lana *(wool sweater)* y por eso siempre _____.

WB 2-20 | Una conversación Javier and Silvia are classmates who are getting to know each other better. Complete their conversation by using the appropriate form of the verb **tener**. **¡OJO!** Remember that Javier and Silvia are classmates and would use the **tú** form.

JAVIER: ¿Cuántos años **1.** _____, Silvia?

SILVIA: **2.** _____ 19 años. ¿Y tú?

JAVIER: Yo **3.** _____ 24.

SILVIA: ¿Cuántos hermanos **4.** _____?

JAVIER: **5.** _____ seis: tres hermanas y tres hermanos.

SILVIA: ¡Qué bueno! Yo no **6.** _____ hermanos. Pero mi mamá

          7. _____ un pájaro.

JAVIER: Pues en mi casa nosotros no **8.** _____ mascotas. Pero mis abuelos

          9. _____ tres gatos.

ESTRUCTURA Y USO 6   Counting to 100: Numbers 30 to 100

WB 2-21 | Números Write the numerals that correspond to the following written numbers.

> **Modelo**   treinta y cinco
> *35*

1. treinta y dos _____

2. cincuenta y cinco _____

3. cuarenta y nueve _____

4. noventa y nueve _____

5. ochenta y uno _____

6. setenta y siete _____

7. sesenta y ocho _____

8. cien _____

WB 2-22 | Más números Write out the words represented by the following numerals.

1. 66 _____

2. 44 _____

3. 83 _____

4. 91 _____

5. 37 _____

WB 2-23 | Los gastos del mes How much did Jorge spend this month on the items listed? Write the numeric value of the prices below.

1. café: treinta y tres dólares: $————

2. comida: noventa y seis dólares: $————

3. discos compactos: cuarenta y dos dólares: $————

4. videojuegos: ochenta y cinco dólares: $————

5. teléfono celular: setenta y cuatro dólares: $————

VIAJEMOS POR MÉXICO

In this video segment, you will learn about Mexico City and its cultural attractions.

WB 2-24 | Cognados In the video segment, you will hear a number of Spanish words that are cognates of English words. Try to pronounce each of the following Spanish words, and then match each with its meaning in English.

1. ———— capital
2. ———— catedral
3. ———— centro político
4. ———— monumento
5. ———— museo de antropología
6. ———— calendario
7. ———— ciclos astronómicos
8. ———— templos
9. ———— historia

a. museum of anthropology
b. cathedral
c. history
d. calendar
e. political center
f. astronomical cycles
g. monument
h. temples
i. capital

WB 2-25 | Cognados en contexto Watch the video segment, and listen for the following sentences containing the cognates you just identified in activity **WB 2-24**. Fill in the blanks with the cognates you hear.

1. Sobre las ruinas de la ciudad azteca de Tenochtitlán, los españoles construyeron la ———————— de Guadalupe y el Palacio del Virrey.

2. En esta gran avenida está el ———————— a la Independencia.

3. También está sobre el Paseo de la Reforma el ————————.

4. Edificios, ———————— y ———————— se entremezclan para contar la ———————— y un poco de la vida de los mexicanos de hoy.

WB 2-26 | Comprensión View the video segment again, and select the phrase that best answers the following questions.

1. ¿Qué es el Zócalo?

   a. una de las plazas más grandes del mundo

   b. la capital de México

   c. un nombre para los aztecas

   d. una avenida *(avenue)*

2. ¿Qué es el Distrito Federal?

   a. el centro petrolero más grande de México

   b. la capital de México

   c. la capital de España

   d. la capital de Guatemala

3. ¿Qué hay en el Museo de Antropología?

   a. un ángel

   b. una catedral

   c. un monumento a la independencia

   d. un calendario para medir *(to measure)* los ciclos astronómicos.

¡A ESCRIBIR!

Anuncios personales One of your good friends has been having trouble in the romance department lately and has asked you to help write a personal ad. He/She is very interested in meeting Spanish-speaking people and wants you to write the ad in Spanish. Write the personal ad that will help your friend meet the **amor de sus sueños** *(love of her/his dreams)*.

Strategy: Learning Spanish word order

Word order refers to the meaningful sequence of words in a sentence. The order of words in Spanish sentences differs somewhat from that in English. Some common rules of Spanish word order that were presented to you in the textbook are these:

- Definite and indefinite articles precede nouns.
  Los gatos y los perros son animales.
  Tengo **un gato y un perro.**

- Subjects usually precede their verbs in statements.
  Mi gato es negro.

- Subjects usually follow their verbs in questions.
  ¿**Tiene usted** animales en casa?

- Adjectives of quantity usually precede nouns.
  ¿**Cuántos animales** tienes en casa?

- Adjectives of description usually follow nouns.
  El **perro pardo** (*brown*) se llama Bandido.

- Possession is often expressed by using **de** with a noun.
  Tigre es **el gato de Sara.**

Paso 1 Unscramble the words in the following sentences and rewrite them in their correct sequence. Be sure to capitalize the first word of every sentence and to use a period or question marks where appropriate.

> **Modelo**   es Carlos Rodríguez de México
> *Carlos Rodríguez es de México.*

1. es Ana López una madre

   _____

2. años tiene cuántos ella ¿?

   _____

3. chino es padre su

   _____

Paso 2 Now think of your ideas for your ad and write a first draft on a separate sheet of paper or electronic file. Then, review it and write the draft of your paragraph below. Remember to check for correct word order.

Autoprueba

WB 2-27 | Los miembros de la familia Read the following statements and fill in each blank with a family-related vocabulary word.

1. Mi mamá es la _____ de mi papá.

2. El hijo de mi tío es mi _____.

3. Me llamo Antonio Casagrande. Casagrande es mi _____.

4. La hija de mi hermano es mi _____.

5. Los hijos de mi hija son mis _____.

WB 2-28 | Descripciones Describe the following people by completing each sentence with the appropriate form of the verb **ser** and the appropriate form of the adjective in parentheses. Make any changes necessary so that the adjectives agree in number and gender with the person they are describing.

1. Salma Hayek _____ una actriz _____ (mexicano).

2. David Letterman y yo _____ personas _____ (simpático).

3. Ace Ventura y Austin Powers _____ hombres _____ (tonto).

4. Tú _____ una persona _____ (atlético).

5. Hillary Rodham Clinton _____ una mujer bastante _____ (paciente).

WB 2-29 | Probablemente son… Your new friend, Andrés, is describing different friends and family members. Read his descriptions and then write the adjective that best matches each description. ¡OJO! Do not use the same adjective more than once.

1. Iliana y Rafael trabajan diez horas al día. Probablemente son _____.

2. Eva estudia filosofía de la ciencia. Estudia y lee libros todo el día. Probablemente es _____.

3. Carlos tiene mucho dinero, pero nunca gasta dinero. Probablemente es _____.

4. Belén usa mucho su tarjeta de crédito, pero nunca paga sus facturas (*pays her bills*). Probablemente es _____.

5. Mi hija nunca limpia su cuarto y nunca estudia. Probablemente es _____.

6. Adán y Lupe comen mucho y nunca hacen ejercicio (*exercise*). Probablemente son _____.

WB 2-30 | Los números Write out the numbers that correspond to the following numerals.

1. 32 _____

2. 99 _____

3. 24 _____

4. 12 _____

5. 15 _____

6. 17 _____

7. 46 _____

8. 79 _____

WB 2-31 | Una conversación Complete the following conversation with the appropriate forms of the verb **tener** and the appropriate possessive pronouns.

PILAR: ¿**1.** ——————— tú una familia pequeña o grande, Lola?

LOLA: **2.** ——————— familia es grande. Yo **3.** ——————— cuatro hermanas.

PILAR: ¿No **4.** ——————— hermanos?

LOLA: No, **5.** ——————— padres **6.** ——————— cinco hijas.

PILAR: Pues tus padres también **7.** ——————— un gato. ¿Cómo se llama

8. ——————— gato?

LOLA: **9.** ——————— gato se llama Pipo.

PILAR: ¡Pipo! **10.** ——————— razón. ¡Qué gato más lindo!

LOLA: Oye, Pilar. Yo **11.** ——————— hambre. Vamos a *(Let's go)* comer algo.

¿**12.** ——————— hambre tú?

PILAR: No, pero **13.** ——————— sed. Yo voy contigo *(I will go with you)*.

WB 2-32 | En la universidad Complete the following conversation between Diana and Tomás with the appropriate verb form. Some verbs will be used more than once.

creer   deber   escribir   recibir   tener   vivir

TOMÁS: ¿Dónde **1.** ———————, Diana?

DIANA: Yo **2.** ——————— con mi tía aquí en el Distrito Federal, pero mi familia

3. ——————— en Guadalajara.

TOMÁS: ¿**4.** ——————— muchas cartas para tus padres?

DIANA: Sí, de vez en cuando *(once in a while)*. Y tú, Tomás, ¿**5.** ——————— muchas cartas para tus padres?

TOMÁS: No, pero yo **6.** ——————— muchas cartas de mis padres. Yo **7.** ——————— escribir más.

DIANA: Tú **8.** ——————— razón. ¡Yo **9.** ——————— en la importancia de la correspondencia escrita!

El tiempo libre
Colombia

VOCABULARIO 1   Los pasatiempos y los deportes

WB 3-1 | Juanjo el increíble Juanjo likes to do it all. Look at the pictures of Juanjo doing many of his favorite activities and write the letter of the picture that corresponds to each description.

_____ 1. Le gusta patinar en línea.

_____ 2. Le gusta montar a caballo.

_____ 3. Le gusta ir a la discoteca.

_____ 4. Le gusta esquiar.

_____ 5. Le gusta el ciclismo.

_____ 6. Le gusta caminar por las montañas.

_____ 7. Le gusta jugar al golf.

_____ 8. Le gusta hacer ejercicios.

_____ 9. Le gusta visitar el museo.

_____ 10. Le gusta ir de compras.

WB 3-2 | Buscapalabras Use the clues below to find the words related to sports and pastimes hidden in the puzzle.

A	C	A	T	B	E	D	T	O	F	U	C
C	E	A	R	A	Q	U	E	T	A	D	A
A	I	H	E	P	U	P	A	L	O	S	N
M	I	N	I	A	T	E	P	I	E	U	T
P	A	O	E	T	E	S	N	U	A	P	A
O	D	G	U	I	T	A	R	R	A	E	J
B	E	T	E	N	I	S	U	U	I	R	U
I	T	A	F	A	A	B	F	M	R	I	E
G	A	F	A	R	E	T	A	O	E	L	R
O	R	D	E	N	A	R	A	R	T	E	G
R	D	I	S	C	O	T	E	C	A	O	A
N	A	T	A	C	I	O	N	D	I	Y	S
O	K	L	O	B	T	U	F	A	R	O	X
N	O	T	R	R	I	C	N	O	C	I	N

Pistas:

1. Me gusta nadar; mi deporte favorito es la _____.

2. Toco la _____.

3. Para (in order to) bailar, voy (I go) a la _____.

4. Juegas al golf en un _____.

5. Rafael Nadal juega al _____.

6. Los 49ers son un equipo de _____.

7. Arnold Schwarzenegger levanta _____.

8. El fotógrafo saca _____.

9. Para (In order to) escuchar música, voy a un _____.

10. Necesitas patines para _____.

11. Me gustan las películas; me gusta ir al _____.

WB 3-3 | Actividades Amelia and her friends are always busy. Form sentences from the items below and then indicate if these activities are likely done indoors (**adentro**) or outdoors (**al aire libre**).

1. Amelia y sus amigos / mirar la tele / cada noche.

   _____

2. Nosotros / andar en bicicleta / los sábados.

   _____

3. Nancy y Pedro / levantar pesas / cada mañana.

   _____

4. Amelia / visitar el museo / los domingos y / sacar fotos / con su cámara digital.

   _____

ESTRUCTURA Y USO 1   Expressing likes and dislikes: *Gustar* + infinitive and *gustar* + nouns

WB 3-4 | ¿Qué les gusta? Colombian-born U.S. cycling champion Freddy Rodríguez discusses how he and his friends and family spend their free time. To find out what he says, form sentences by matching appropriate elements from each column.

1. _____ A mí

2. _____ A mi esposa y a mí

3. _____ A su hijo

4. _____ A mis amigos

a. nos gusta hacer un picnic.

b. les gusta el ciclismo.

c. me gusta andar en bicicleta por las montañas.

d. le gusta estar conectado en línea.

e. te gusta correr.

WB 3-5 | Gustos de los famosos Alex Villalobos, manager of an exclusive hotel for the rich and famous, discusses the likes and dislikes of some of his most notorious guests. Use **me, te, le, nos, os** or **les** to find out what he has to say.

Nuestro hotel sí es popular con la gente más conocida (*best known*) del mundo. A todos los famosos

1. _____ gusta pasar por lo menos (*at least*) una semana aquí. Tenemos clientes políticos, como

el vice presidente Biden. A él 2. _____ gusta bailar en la discoteca toda la noche. Pero él no es el

único cliente político. El ex-presidente Clinton nos visita también. A él no 3. _____ gusta bailar

en la discoteca, pues prefiere practicar deportes. Por ejemplo, a Bill 4. _____ gusta jugar al tenis.

A mí 5. _____ gustan los clientes políticos, pero prefiero las estrellas de cine. A ellos

6. _____ gusta hacer muchas actividades divertidas conmigo (*with me*). Por ejemplo, a Angelina

Jolie y a mí 7. _____ gusta montar a caballo, andar en bicicleta, patinar en línea y pescar.

WB 3-6 | Mis preferencias Ignacio Casaverde is looking for a Spanish-speaking sports partner and has posted the following message on your gym billboard. Complete his message by selecting the correct verb form.

Hola, soy Iggi. En general, me **1.** (gusta / gustan) los deportes como el tenis y el baloncesto, pero me

2. (gusta / gustan) más el ciclismo y el hockey. No me **3.** (gusta / gustan) la pesca porque es aburrida

(*boring*). Los viernes por la mañana a mi hermano y a mí nos **4.** (gusta / gustan) ir al gimnasio a levantar

pesas. Los sábados por la mañana nos **5.** (gusta / gustan) jugar al fútbol. Por la tarde a mí me **6.** (gusta /

gustan) jugar al billar. A mi hermano le **7.** (gusta / gustan) más las cartas (*cards*) y no juega conmigo. Los

domingos no me **8.** (gusta / gustan) practicar ningún deporte porque a mi esposa le **9.** (gusta / gustan) ir de

compras y no hay tiempo para jugar. ¿Qué te **10.** (gusta / gustan) hacer?

VOCABULARIO 2   Los lugares

WB 3-7 | Lugares revueltos Unscramble the letters to reveal different places in the city.

1. el emorcda: _____

2. la ientda: _____

3. la slegiai: _____

4. la cpisian: _____

5. el enic: _____

6. el suemo: _____

WB 3-8 | ¿Adónde va para…? Where in the city does one go to do the following activities? Choose the answers from the list provided. ¡OJO! Use each response only once.

al museo   al centro comercial

al parque   a la discoteca

a la piscina   al supermercado

al café   al restaurante

al cine   al banco

1. Para ver una película: _____

2. Para nadar: _____

3. Para hacer las compras, hablar con amigos o tomar algo: _____

4. Para depositar dinero: _____

5. Para ver arte: _____

6. Para bailar: _____

7. Para comprar comida: _____

8. Para jugar al fútbol: _____

9. Para tomar café: _____

10. Para cenar con amigos: _____

ESTRUCTURA Y USO 2 Expressing plans with *ir: Ir* and *ir* a

WB 3-9 | Entre amigos Gilberto and his girlfriend, Alejandra, run into Lola, Gilberto's ex- girlfriend. Does Gilberto still have a crush on her? Find out by filling in the banks with the correct form of the verb **ir**.

GILBERTO: Hola Lola, ¿Cómo estás? ¿Qué tal el viaje *(how was the trip)*?

LOLA: Ay, muy bien, gracias. Bueno, ustedes, ¿qué **1.** _____ a hacer aquí hoy?

GILBERTO: Nosotros **2.** _____ al gimnasio aquí en el campus. Y tú, ¿adónde

3. _____ tan guapa *(looking so pretty)*?

ALEJANDRA: ¡Gilberto!

LOLA: Yo **4.** _____ a ver a mi compañero de clase, Cali Caretas. Nosotros

5. _____ a sacar fotos juntos *(together)*.

GILBERTO: ¿Con Cali? ¡Él no saca buenas fotos!

ALEJANDRA: ¡Gilberto! Yo me **6.** _____ a ir de aquí. Mira Lola, Gilberto

7. _____ a hacer sus ejercicios ahora. Nos vemos.

LOLA: Pues, ¡hasta luego!

GILBERTO: ¡Hasta pronto!

ALEJANDRA: ¡Gilberto!

WB 3-10 | Compañeros de cuarto You and your roommates have busy lives. Based on the following calendar page, describe in complete sentences what everyone is going to do and when (day and time) they are going to do it. Follow the model.

Modelo Eugenia y Cati
Eugenia y Cati van a ir al cine el lunes a las tres de la tarde.

lunes 17 Eugenia y Cati: cine, 3 pm Carlos: sacar fotos con Silvia, 11 am	**jueves 20** Ángel: iglesia, 9 am–1 pm	**sábado 22** Carlos y yo: cenar y bailar, 9 pm
martes 18 Alberto: plaza, 8 pm	**viernes 21** Eugenia: mercado al aire libre, 5 pm	**domingo 23** Ángel, Carlos y Eugenia: jugar tenis, 2 pm
miércoles 19 Yo: comer con mis padres, 1 pm		

© 2014 Cengage Learning. All Rights Reserved. May not be scanned, copied or duplicated, or posted to a publicly accessible website, in whole or in part.

1. Carlos y Silvia

_____

2. Alberto

_____

3. Carlos y yo

_____

4. Ángel, Carlos y Eugenia

_____

5. Eugenia

_____

6. Ángel

_____

7. Yo

_____

ESTRUCTURA Y USO 3　Describing leisure activities: Verbs with irregular *yo* forms

WB 3-11 | Conjugaciones Select the appropriate verb form for the persons listed.

1. yo / estar

   a. esta   **b.** esté   **c.** estoy   **d.** estamos

2. Mario y Elena / poner

   a. pones   **b.** pongo   **c.** ponen   **d.** pongan

3. nosotros / salir

   a. salimos   **b.** salgamos   **c.** salen   **d.** sabemos

4. Julio / dar

   a. dan   **b.** de   **c.** da   **d.** doy

5. Teresa y yo / hacer

   a. hagamos   **b.** hacemos   **c.** hacen   **d.** hago

6. tú / conocer

   a. conozcas   **b.** conoce   **c.** conoces   **d.** conocen

7. yo / saber

   a. saben   **b.** sabe   **c.** saber   **d.** sé

8. Antonio, Jimena y su madre / ver

   a. ven   **b.** ves   **c.** vemos   **d.** vean

9. yo / traer

   a. trae   **b.** traen   **c.** traes   **d.** traigo

WB 3-12 | El profesor excéntrico Paco Empacanueces is the Colombian "Nutty Professor." Find out what his strange habits are by building sentences from the words below. ¡OJO! Be careful to add prepositions where necessary. Follow the model.

Modelo   yo / traer / comida / mis clases
Yo traigo comida a mis clases.

1. todos los días / yo / salir de la casa / cuatro de la mañana

_____

2. yo / hacer ejercicios / el parque

_____

3. allí *(there)* / yo / ver / a mis amigos

_____

4. yo / traer / discos compactos / universidad

_____

5. yo / poner / música de Metallica / mi oficina

_____

6. yo / dar fiestas / por la mañana

_____

7. yo / conocer / a todos mis colegas / la universidad

_____

8. pero / yo / no saber / sus nombres

_____

WB 3-13 | Los sábados Mercedes likes to spend her Saturdays with friends. Complete the following paragraph with the appropriate form of the verb in parentheses to find out what she does.

Los sábados por la mañana me gusta pasear por la ciudad. Normalmente yo **1.** _____ (salir) de

mi casa temprano para ir al mercado al aire libre. Allí **2.** _____ (ver) a mis amigos y todos

3. _____ (hacer) las compras juntos. Mi amiga Lilián siempre **4.** _____ (traer) a

sus hermanos, Fabián y Santi. Ellos **5.** _____ (conocer) a todos los vendedores *(vendors)* del

mercado y por eso nosotros compramos a muy buenos precios. Después de ir al mercado mis amigos y yo

6. _____ (dar) una vuelta *(go around)* por el centro. Muchas veces vamos al museo de arte.

Mi amiga Silvia **7.** _____ (saber) mucho de arte y me gusta ir con ella. Otras veces vamos a

un café muy especial que yo **8.** _____ (conocer). En este café, el dueño *(owner)* siempre

9. _____ (poner) música reguetón y todos bailamos.

ESTRUCTURA Y USO 4 Expressing knowledge and familiarity: *Saber, conocer,* and the personal *a*

To hear more about **saber** and **conocer,** visit Heinle iRadio at www.cengage.com/spanish/viajes

WB 3-14 | ¿Cierto o falso? Read the following statements and indicate whether each is true by writing **cierto,** or false by writing **falso.** If you are not familiar with some of the people mentioned, you can look them up online.

_____ 1. Shakira sabe jugar al golf muy bien.

_____ 2. Alberto Contador conoce la ciudad de Madrid.

_____ 3. Gabriel García Márquez conoce a muchos escritores.

_____ 4. Juanes sabe tocar la guitarra.

_____ 5. Fernando Botero sabe cantar bien.

WB 3-15 | Y ahora... You are interviewing a future Spanish-speaking roommate from Colombia. Complete the following questions with the correct form of the verb **saber** or **conocer.** ¡OJO! In many parts of Colombia the **usted** form is used instead of **tú.**

1. ¿_____ a muchas personas aquí?

2. ¿_____ jugar al tenis?

3. ¿_____ cocinar bien?

4. ¿_____ a los dueños del apartamento?

5. ¿_____ qué tiendas están cerca *(close by)*?

WB 3-16 | Los abuelos de Camila To find out what Camila's grandparents are like, complete the phrases with the correct form of **saber** or **conocer.**

CAMILA: Diego, usted **1.** _____ tocar muy bien la guitarra.

DIEGO: Gracias, Camila, pero también usted **2.** _____ tocar el piano y cantar muy bien.

CAMILA: ¡Gracias! Oiga, ¿quiere **3.** _____ a mis abuelos? Mi abuela toca el tambor en una banda de rock metálico y mi abuelo canta con un grupo de música punk.

DIEGO: Sí, con mucho gusto. Yo **4.** _____ que ellos tienen como 80 años, ¿no?

CAMILA: Sí, es cierto, ¡pero todavía *(still)* **5.** _____ vivir!

DIEGO: Bueno, quiero **6.** _____ a sus abuelos. ¡Voy a aprender mucho de ellos!

ESTRUCTURA Y USO 5   Talking about the months, seasons, and the weather: Expressing time and weather with *hacer* and *estar*

WB 3-17 | Estaciones y meses Write the season and the months of that season (in the Northern Hemisphere) represented in each drawing. Then, using the prompts, indicate the weather conditions.

1. Estación: ————————————————————

   Meses de la estación: ————————————————

   El tiempo: hace ———————————————————,

   hace ——————————————————————

   y está ————————————————————————.

2. Estación: ————————————————————

   Meses de la estación: ————————————————

   El tiempo: hace ————————————————————

   y hace ——————————————————————.

3. Estación: ————————————————————

   Meses de la estación: ————————————————

   El tiempo: hace mucho ——————————————

   y ————————————————————————.

   ¡Hace ——————————————————————!

4. Estación: ————————————————————

   Meses de la estación: ————————————————

   El tiempo: está ———————————————————

   y ——————————————————. Probablemente

   hace ——————————————————————.

WB 3-18 | Las condiciones en Tolima Consult the following weather report for El Tolima, Colombia, and answer the questions in complete sentences.

CONDICIONES ACTUALES: EL TOLIMA, COLOMBIA	
Temperatura	77 °F
Humedad	84%
Viento	0–6 mph
Condiciones	neblina
Visibilidad	6 millas

1. ¿Qué tiempo hace hoy en El Tolima?

   _____

   _____

2. ¿Hace mucho viento hoy en El Tolima?

   _____

   _____

3. ¿Es un buen día para esquiar? ¿Por qué sí o por qué no?

   _____

   _____

WB 3-19 | ¿Cuándo..? Provide the appropriate information about when the following events occur.

   Modelo   Es el primer día de primavera en Santa Fe, Nuevo México. ¿En qué mes estamos?
   Estamos en marzo.

1. El veinticinco de diciembre en Nueva York. ¿Qué estación es?

   _____

2. Es el cuatro de julio en la Patagonia, Argentina. ¿Qué estación es?

   _____

3. Es el quince de septiembre en la Ciudad de México. ¿Qué estación es?

   _____

4. La gente esquía en el agua en Minnesota. ¿Qué estación es?

   _____

5. Es el primer día de verano en Ohio. ¿En qué mes estamos?

   _____

VIAJEMOS POR COLOMBIA

In this video you will learn about the Colombian capital city, Bogotá.

WB 3-20 | In the video you will hear a number of Spanish words that are cognates of English. Before viewing, try to pronounce each of the following Spanish words and phrases, and then try to match each with its meaning in English.

1. _____ centro cultural
2. _____ exportación
3. _____ esmeraldas
4. _____ contemplar
5. _____ monasterio
6. _____ teleférico
7. _____ zona residencial
8. _____ balcones
9. _____ héroe
10. _____ textiles

a. monastery
b. cultural center
c. teleferic / tram
d. emeralds
e. exportation
f. contemplate
g. hero
h. residential zone
i. textiles
j. balconies

WB 3-21 | Watch the video and listen for the following sentences, in which some of the cognates you just identified in activity **WB 3-20** will appear.

1. Bogotá, situada en el centro del país, es la capital y el _____ principal del país.

2. La _____ de _____ y flores forma una parte importante de la economía del país.

3. La Candelaria, una _____, es el centro histórico de Bogotá.

3. La artesanía colombiana es muy variada, desde los _____ hasta la bisutería (costume jewelery).

WB 3-22 | View the video again, and then answer the following questions.

1. ¿Qué influencias culturales hay en Colombia? (Select all that apply.)

   a. africanas
   b. chinas
   c. indígenas (indigenous)
   d. hondureñas

2. ¿A qué lugares de Bogotá va la gente para la recreación? (Select all that apply.)

   a. los parques
   b. El Cerro de Monserrate
   c. Cartagena
   d. los circos

3. ¿A qué parte de la ciudad va uno si quiere aprender sobre la historia de Colombia? (Select all that apply.)

   a. las discotecas
   b. La Avenida El Dorado
   c. La Candelaria
   d. La Avenida 19

¡A ESCRIBIR!

Mis planes para el verano Your friend Carlos wrote to tell you about his summer vacation plans, and he wants to know what you are doing. Write him back and tell him about all of your summer plans.

Strategy: Combining sentences

Learning to combine simple sentences into more complex ones can help you improve your writing style immensely. In Spanish, there are several words you can use as connectors to combine sentences and phrases.

y	and (y becomes **e** before **i** or **hi**)
que	that, which, who
pero	but
o	or (o becomes **u** before **o** or **ho**)
porque	because

Before you begin to write, follow these steps.

Paso 1 Write a few basic sentences about your plans for summer. Follow the model.

> **Modelo**   Este verano (yo) ir a
> *Este verano voy a ir a Nueva York.*
> Este verano (yo) querer
> *Este verano quiero visitar a mis abuelos.*

1. Este verano (yo) ir a

_____

2. Este verano (yo) no ir a

_____

3. Este verano (yo) querer

_____

4. Este verano (yo) no querer

_____

Nombre _____ Fecha _____

Paso 2 Connect some of these phrases you have just written with **y, o, pero** or **porque** to form more complex, logical sentences. Follow the model.

Modelo   *Este verano voy a ir a Nueva York porque quiero visitar a mis abuelos.*

_____

_____

_____

_____

_____

_____

_____

_____

_____

Paso 3 Now that you have your ideas organized, write a first draft on a separate sheet of paper. Then, review it and write the final draft of your letter with complete sentences. You can begin with *Querido Carlos.*

_____

_____

_____

_____

_____

_____

_____

_____

_____

_____

_____

_____

Autoprueba

WB 3-23 | Los meses y las estaciones In the first column write the Spanish names for the months in which the following U.S. holidays are celebrated. In the second, write the season in which the holiday falls.

	Mes	Estación
1. Christmas	_____	_____
2. Valentine's Day	_____	_____
3. New Year's Day	_____	_____
4. Halloween	_____	_____
5. Memorial Day	_____	_____
6. Thanksgiving	_____	_____

WB 3-24 | En la ciudad Place the letter of the description next to the place where you would most likely do that activity.

_____ 1. un museo

_____ 2. una plaza

_____ 3. el mercado

_____ 4. un banco

_____ 5. la oficina de correos

_____ 6. la piscina

_____ 7. el restaurante

a. aprender historia

b. comprar comida

c. mandar una carta

d. sacar dinero

e. comer algo

f. nadar

g. hablar con los amigos

WB 3-25 | Los pasatiempos State your pastimes by matching a verb with an appropriate phrase in the second column and forming a complete sentence.

Modelo hacer + ejercicio
Me gusta hacer ejercicio.

1. ver	fotos
2. sacar	la guitarra
3. jugar	al tenis
4. tocar	mis abuelos
5. bailar con	la música rock
6. visitar	películas en video

1. _____

2. _____

3. _____

4. _____

5. _____

6. _____

WB 3-26 | Entre amigos Complete the following conversation with the appropriate forms of the verb **ir**.

IRENE: ¿Adónde **1.** _____ tú este fin de semana?

CARLOS: **2.** _____ al parque para estudiar. ¿Por qué no **3.** _____ conmigo?

IRENE: No, gracias. Mi mamá y yo **4.** _____ de compras.

CARLOS: ¿No **5.** _____ tu papá con Uds.?

IRENE: No, porque mi papá, Raúl y Sara **6.** _____ al cine.

WB 3-27 | Un joven contento Complete the paragraph with the **yo** form of the appropriate verb from the list.

conocer   saber   ver   dar   salir   estar   hacer   ir   poner

Yo **1.** _____ mucho con mis amigos y **2.** _____ muchas cosas con ellos.

Normalmente **3.** _____ a fiestas con estos amigos y a veces **4.** _____ fiestas

en mi casa con ellos. En las fiestas **5.** _____ mucha música rock y todo el mundo baila.

6. _____ a muchas personas y **7.** _____ que a todos les gusta estar en mis fiestas.

Los domingos **8.** _____ a mis abuelos y comemos juntos. La verdad es que *(the truth is that)*

9. _____ muy contento.

WB 3-28 | ¿Saber o conocer? Choose between the appropriate form of **saber** or **conocer** to complete the following sentences.

1. Sergio García _____ jugar al golf.

2. Juanes y Carlos Vives _____ a Shakira.

3. Los colombianos _____ bailar el vallenato.

4. Yo no _____ al presidente de Colombia.

WB 3-29 | ¿Qué vas a hacer? Match the verb with an appropriate phrase from the list to form complete sentences with **ir** + **a** + infinitive. Follow the model.

Modelo   visitar un museo
              Yo voy a visitar un museo.

practicar   nadar   levantar   a caballo   pesas

jugar   montar   al tenis   en la piscina   deportes

1. _____

2. _____

3. _____

4. _____

5. _____

WB 3-30 | ¿Qué tiempo hace? Describe the weather depicted in each of the following scenes.

A. _____

B. _____

C. _____

D. _____

E. _____

F. _____

En la casa: España

VOCABULARIO 1 La casa

WB 4-1 | Sopa *(Soup)* de letras Unscramble the letters to reveal the name of a household item. Then write where in the house that item is typically found. Follow the model.

Modelo   MACA
             Palabra   **Lugar de la casa**
             cama   *dormitorio*

	Palabra	**Lugar de la casa**
1. MRRAIOA	_____	_____
2. ORDONIO	_____	_____
3. SEMA	_____	_____
4. ÁFSO	_____	_____
5. REBAÑA	_____	_____
6. NÓLISL	_____	_____
7. DAHUC	_____	_____
8. AMÓDOC	_____	_____

WB 4-2 | En la agencia de bienes raíces *(real estate)* Which house will you rent? Match the letter of each picture with its description. Then, in each drawing write the names of the items mentioned in its description.

A.

© Cengage Learning 2014

B.

C.

_____ **1.** Esta casa tiene tres dormitorios, un baño y una sala que están en el segundo piso. La sala tiene un sofá y un estante para libros. En el primer piso, hay una cocina grande con una puerta muy elegante que da a un patio grande. La casa también tiene un jardín pequeño que está al lado del garaje.

_____ **2.** Esta casa de dos pisos tiene tres dormitorios, un baño, una cocina y una sala. La sala está en el primer piso. Tiene dos sillones, un sofá, una lámpara y una alfombra. Una de las paredes de la sala tiene un espejo pequeño. También en la sala hay una escalera elegante para llegar al segundo piso. Los dormitorios y el cuarto de baño están en el segundo piso. La casa no tiene garaje, pero tiene un patio grande.

_____ **3.** Esta casa tiene tres dormitorios, una cocina y un cuarto de baño con inodoro y lavabo. La casa también tiene una sala grande con tres sillones y una lámpara. Esta casa tiene muchas ventanas que dan al _(look out on the)_ patio pequeño. Al lado del _(Next to the)_ patio, hay un jardín grande con muchas flores. La casa también tiene un sótano y un garaje pequeño.

WB 4-3 | ¿Para qué es esto? Select the name of the appliance described in each statement.

———— **1.** Es para preparar la comida rápidamente.

    a. la estufa   **b.** el horno de microondas   **c.** la tostadora

———— **2.** Es para limpiar la alfombra.

    a. la aspiradora   **b.** la plancha   **c.** la secadora

———— **3.** Es para quitar arrugas *(wrinkles)* de la ropa.

    a. el despertador   **b.** el refrigerador   **c.** la plancha

———— **4.** Es necesario usarla después de lavar la ropa.

    a. el lavaplatos   **b.** el horno de microondas   **c.** la secadora

WB 4-4 | Una venta Stella and José are moving in together and trying to organize their things. They will sell those items that they will have two of, so help them decide what needs to be sold by writing the name of these items under the appropriate category. Follow the model.

Cosas que tienen...

para la cocina
una estufa
————————————————
————————————————

para la habitación
————————————————

para la limpieza *(cleaning)*
————————————————
————————————————

Cosas que tienen que vender...

para la cocina
una tostadora
————————————————
————————————————

para la habitación
————————————————

para la limpieza *(cleaning)*
una aspiradora
————————————————

WB 4-5 | ¿Dónde? Where in the home do you usually find the following items? Follow the model.

Modelo   el horno de microondas
            En la cocina.

1. el lavabo

   _____

2. el lavaplatos

   _____

3. la alfombra

   _____

4. la cama

   _____

5. el inodoro

   _____

ESTRUCTURA Y USO 1   Describing household chores and other activities: Present tense of stem-changing verbs
(e → ie; o → ue; u → ue; e → i)

WB 4-6 | Una nueva casa Teresa wants to move to a bigger house and is describing to her real estate agent what she is looking for. To find out what they are discussing, fill in the spaces with the appropriate verb form.

AGENTE: ¿Qué tipo de casa **1.** _____ **(preferir)** usted?

TERESA: Ay, por favor, trátame de tú *(use the **tú** form with me).*

AGENTE: Vale *(Ok)*. Pues ¿qué **2.** _____ **(querer)** tú en una casa?

TERESA: Bueno, yo **3.** _____ **(querer)** una casa con tres habitaciones porque tengo un hijo

            y una hija y todos nosotros **4.** _____ **(querer)** nuestro propio *(own)* dormitorio.

            La casa que yo **5.** _____ **(tener)** ahora, solamente **6.** _____ **(tener)** dos

            dormitorios. Es demasiado *(too)* pequeña.

AGENTE: Vale, yo **7.** _____ **(entender)** tu situación. **8.** ¿_____ **(preferir)** vosotros

            vivir en el centro o fuera de la ciudad?

TERESA: Nosotros no **9.** _____ **(tener)** coche y por eso *(for that reason)* nosotros

            10. _____ **(pensar)** que es mejor vivir en el centro.

AGENTE: Y, ¿cuándo **11.** _____ **(pensar)** vosotros mudaros *(move)*?

TERESA: Bueno, mis hijos **12.** _____ **(preferir)** mudarse *(move)* cuanto antes *(as soon as*

            possible) y yo también **13.** _____ **(tener)** prisa.

AGENTE: Vale, yo **14.** _____ **(empezar)** a buscar casas para vosotros mañana.

TERESA: Muchísimas gracias.

AGENTE: De nada.

WB 4-7 | ¡Qué compañeros! Paqui lives in a **colegio mayor** *(dorm)* in Madrid and is always complaining about her roommates. To find out what she says, complete the following sentences with an appropriate form of a verb from the list below.

cerrar   comenzar   pedir   perder   regar   venir

1. Tomás siempre _____ favores.

2. El día de Santi _____ a las 3:00 de la mañana.

3. Lola y Eva siempre _____ sus llaves *(keys)*.

4. Carlos nunca _____ las plantas.

5. Los amigos de Amparo _____ de visita muy tarde.

6. Belén nunca _____ la boca *(mouth)*.

WB 4-8 | Los Adán The Adanes are the Spanish version of the Addams family—a little creepy and kooky. Today the daughter, Miércoles, is giving an oral report on her family life. Form complete sentences with the words below to find out what she says.

1. mi papá / siempre / jugar / con una espada *(sword)*

   _____

2. mi tío Fester / dormir / en una cama de clavos *(nails)*

   _____

3. mi madre Morticia / siempre / volver a casa / con plantas muertas *(dead)*

   _____

4. nosotros / almorzar / a las 2:00 de la mañana

   _____

5. mi hermano Pericles / poder / dormir con los ojos abiertos

   _____

VOCABULARIO 2   Los quehaceres domésticos

WB 4-9 | Entrevista Mariana is talking to her friend about her chores. Look at her answers and write the question that Mariana most likely asked. **¡OJO!** Remember some of the question words you have already learned. Follow the model.

Modelo   Me gusta barrer el piso por la mañana.
              ¿Cuándo te gusta barrer el piso?

1. ¿_____?

   Sí, pongo la mesa todos los días.

2. ¿_____?

   No, no me gusta planchar la ropa.

3. ¿_____?

Mi hermano riega las plantas.

4. ¿_____?

No, no tenemos que lavar las ventanas.

5. ¿_____?

Sí, hago mi cama todos los días.

WB 4-10 | ¿Qué hacen? Find out what the **Servicio de limpieza** can do for you. Form sentences with the elements listed. Follow the model.

> **Modelo**   Ana María / lavar / los platos
> *Ana María lava los platos.*

1. Juan Carlos y Ana María / pasar la aspiradora

_____

2. Yo / regar / las plantas

_____

3. Todos nosotros / lavar/ las ventanas

_____

4. Juan Carlos / barrer / el piso

_____

5. Ana María / hacer / las camas

_____

WB 4-11 | De vacaciones Pedro asked you to house-sit for him while he is on vacation, but he left you with an incomplete list of chores. Complete the list with the chores that he most likely wants you to do in each place indicated. Follow the model.

En la cocina

Barrer el piso.

_____

_____

En la habitación

_____

_____

En toda la casa

_____

_____

En el jardín

_____

_____

ESTRUCTURA Y USO 2   Expressing preferences and giving advice: Affirmative *tú* commands

WB 4-12 | Las reglas Ana has just moved into the sorority house and her house mother is telling her the rules of the house. To find out what she says, make **tú** commands with the following phrases.

> **Modelo**   Llegar a casa antes de las once de la noche.
> *Llega a casa antes de las once de la noche.*

1. Leer los anuncios del día.

_____

2. Limpiar tu habitación una vez a la semana.

_____

3. Hablar con tus hermanas.

_____

4. Regar las plantas del jardín cada lunes.

_____

5. Cantar nuestra canción con tus hermanas.

_____

WB 4-13 | Mari Mandona Mari Mandona always has advice for all of her friends. For each of her friend's problems listed in the left hand column, write the letter of Mari's advice listed in the right hand column.

_____ 1. Tengo que limpiar toda la casa hoy.	**a.** Ven a mi casa.
_____ 2. No me gusta estar en casa.	**b.** Dime tu secreto.
_____ 3. No me gusta mi nuevo compañero de casa.	**c.** Haz un buen trabajo.
_____ 4. No tengo comida en la casa.	**d.** Pon tu nombre en la lista de espera *(waiting list).*
_____ 5. Quiero visitarte.	**e.** Sé buena.
_____ 6. Soy muy mala.	**f.** Sal de la casa.
_____ 7. La universidad ya no tiene habitaciones disponibles *(available)* en la residencia.	**g.** Ve al supermercado.
_____ 8. Tengo un secreto.	**h.** Ten paciencia con él.

WB 4-14 | Y tú, ¿qué dices? You have just been hired to write the advice column for your university's newspaper. What advice will you give to the following people? For each situation, write a different **tú** command. Follow the model.

> **Modelo** Una mujer mayor que quiere conocer a hombres jóvenes.
> *Ve a muchos partidos de fútbol.*

1. Una chica que quiere vivir en la residencia estudiantil.

   _____

2. Un chico que quiere vivir en Argentina.

   _____

3. Un chico que quiere saber cómo sacar buenas notas.

   _____

4. Una chica que no sabe qué llevar a una fiesta latina.

   _____

5. Un chico que nunca dice la verdad.

   _____

ESTRUCTURA Y USO 3 Talking about location, emotional and physical states, and actions in progress: The verb *estar*

WB 4-15 | ¿Dónde está? Based on the pictures below, state where the indicated items are located by supplying the appropriate prepositional phrase from the list. Do not use the same phrase more than once. Follow the model.

© Cengage Learning 2014

> **Modelo** El sillón está *al lado de* la mesa.

al lado de	debajo de	en	lejos de
cerca de	delante de	encima de	sobre
con	detrás de	entre	

1. La aspiradora está _____ los estantes.
2. El baño está _____ el dormitorio y la sala.
3. El espejo está _____ la mesa.
4. La cómoda está _____ la sala.
5. La lámpara está _____ la mesa.
6. Los estantes están _____ la aspiradora.

WB 4-16 | Pobre Antonio Antonio Banderas is in Spain to film a movie without his wife, Melanie Griffith. Help Antonio complete the following letter to Melanie by filling in the blanks with the appropriate form of the verb **estar**.

Mi querida Melanie:

¿Cómo **1.** _____ tú? ¿Cómo **2.** _____ mi hija, Stella? Yo, pues **3.** _____

muy triste porque tú no **4.** _____ aquí. Ahora **5.** _____ en las Islas Canarias

para filmar una escena de mi película, *Dos noches de amor.* Penélope Cruz **6.** _____ aquí

también y nosotros dos **7.** _____ muy ocupados. Nosotros **8.** _____ en la playa

para filmar nuestra escena. Mañana voy a **9.** _____ en las Islas Baleares con Victoria Abril. Ella

10. _____ muy guapa estos días. Como puedes notar, yo **11.** _____ muy ocupado.

Bueno, me tengo que ir, pero espero verte a ti *(see you)* y a Stella muy pronto. Cuando vosotras no

12. _____ conmigo, no puedo vivir. Un beso, Antonio

WB 4-17 | Todos están trabajando When you arrive at your friend's house you find that everyone is working but one person. Describe what each person is doing in the pictures using the verb **estar** + the progressive form.

1. Patricio _____.

2. Paula _____.

3. Angelita _____.

4. Esteban _____.

5. Carlos _____.

6. Francisco y Stella _____.

WB 4-18 | ¡Solo en mis sueños (dreams)! Imagine that you are watching a movie of your ideal life. Write complete sentences to describe what is happening in this movie. Use an appropriate form of the present progressive.

    Modelo   Mis amigos *están bailando en un club famoso.*

1. Yo _____.

2. Mis padres _____.

3. Mis amigos y yo _____.

4. Mis profesores _____.

ESTRUCTURA Y USO 4   Counting from 100 and higher: Numbers 100 to 1,000,000

WB 4-19 | Matemáticas Solve the following math problems. Write out the numbers in words. Follow the model.

    Modelo   doscientos cincuenta + tres = *doscientos cincuenta y tres*

1. trescientos cuarenta y ocho + quinientos setenta y nueve = _____

2. doscientos cincuenta y ocho + mil cuatrocientos y tres = _____

3. mil ochocientos catorce + cinco mil noventa y siete = _____

WB 4-20 | Pagando las facturas Luis Ángel, an exchange student from Burgos, Spain, is leaving for a long vacation. Because he is such a shopaholic, he's got a lot of big bills that will come due and needs you to help him keep current with them. Following the notes he left for you, write out the checks to pay his bills.

Hola.
¡Gracias por ayudarme!
          Luis Ángel

El Corte Inglés:
$536.000

Coches SEAT:
$1.117.000

Máximo Dutti:
$762.000

© Cengage Learning 2014

```
Luis Ángel Martín Elordieta                                    102
c/ Altamirano 9
Burgos, España                        Fecha _____

Páguese por este cheque a: _____ _____

_____euros.

002659870002687 6698 9897598 7889        Luis Ángel Martín Elordieta
```

```
Luis Ángel Martín Elordieta                                    103
c/ Altamirano 9
Burgos, España                        Fecha _____

Páguese por este cheque a: _____

_____euros.

002659870002687 6698 9897598 7889        Luis Ángel Martín Elordieta
```

```
Luis Ángel Martín Elordieta                                    104
c/ Altamirano 9
Burgos, España                        Fecha _____

Páguese por este cheque a: _____

_____euros.

002659870002687 6698 9897598 7889        Luis Ángel Martín Elordieta
```

© Cengage Learning 2014

WB 4-21 | El costo de vida Your Spanish pen pal wants to know how much it costs to attend college in the U.S. Answer his questions using words in place of numerals.

1. ¿Cuánto es la matrícula universitaria, cada trimestre o semestre, en tu universidad?

   _____

2. ¿Cuánto gastas *(do you spend)* en libros cada trimestre o semestre?

   _____

3. ¿Cuánto es el alquiler *(rent)* por un apartamento en tu ciudad?

   _____

4. ¿Cuánto gastas en comida cada mes?

   _____

VIAJEMOS POR ESPAÑA

In these video segments you will learn about the many cultural treasures of the two Spanish cities of Madrid and Toledo

WB 4-22 | ¿Dónde está ubicada España? Circle Spain on the map of Western Europe below.

WB 4-23 In the video segments you will hear a number of Spanish words that are cognates of English. Before viewing, try to pronounce each of the following Spanish words, and then try to match each with its meaning in English.

_____ 1. Península Ibérica   **a.** ham

_____ 2. habitantes   **b.** dynamic

_____ 3. dinámica   **c.** Iberian Peninsula

_____ 4. jamón   **d.** European Union

_____ 5. área de recreo   **e.** innumerable

_____ 6. Unión Europea   **f.** inhabitants

_____ 7. centro financiero   **g.** financial center

_____ 8. innumerables   **h.** prestigious

_____ 9. prestigiosos   **i.** recreation area

_____10. sinagoga   **j.** celebrated painter

_____11. cristianos   **k.** Christians

_____12. célebre pintor   **l.** synagogue

WB 4-24 Watch the video and listen for the following sentences, in which some of the cognates you just identified in activity **WB 4-23** will appear.

from segment 1 (Madrid)

1. Madrid, la capital de España, se sitúa en el centro de la ——————————.

2. Es una ciudad —————————— y una de las ciudades de mayor población de la ——————————.

3. También es un —————————— y cultural importante.

4. En sus grandes —————————— la gente va a caminar, o simplemente a descansar bajo el sol brillante de Madrid.

from segment 2 (Toledo)

5. Dentro de las murallas de Toledo, encontramos monumentos, iglesias, —————————— y museos.

6. La Casa Museo de El Greco exhibe la obra de este ——————————, que vivió en Toledo en el siglo XVI (dieciséis).

WB 4-25 Decide whether the following statements are **cierto** *(true)* or **falso** *(false)* according to what you learn from the video segments.

1. ———————— En la Plaza Mayor de Madrid, hay restaurantes muy buenos.

2. ———————— Hay una estación de metro en la Gran Vía.

3. ———————— En Los Museos de Jamón, ves el arte del célebre pintor español El Greco.

4. ———————— El Retiro es un museo grande de Madrid.

5. ———————— Toledo está muy lejos de Madrid.

6. ———————— Hay influencias judías *(Jewish influences)* en la cultura de Toledo.

¡A ESCRIBIR!

LAS VIVIENDAS ESTUDIANTILES You have been asked to write a short article on student residences in the U.S. for a magazine for international students. Before you begin to write, reflect on the writing strategy you learned in your text.

Strategy: Writing topic sentences

The first step in writing a well-structured paragraph is to formulate a clear, concise topic sentence. A good topic sentence has the following characteristics.

- It comes at the beginning of a paragraph.

- It states the main idea of the paragraph.

- It focuses on only one topic of interest.

- It makes a factual or personal statement.

- It is neither too general nor too specific.

- It attracts the attention of the reader.

Paso 1 Think about the types of questions you might answer in this article. For example:

- Where do the majority of students choose to live?

- What options are available for students?

- How much does each type of living arrangement cost?

Paso 2 On a separate piece of paper write a sentence about the most important idea you would want to communicate to international students about student living arrangements in the U.S. This will be your topic sentence. Then, write several sentences that support the point you make in your topic sentence. Organize these sentences and complete the first draft of your brief article.

Paso 3 Check over your paragraph, focusing on the characteristics of a good topic sentence and its relationship to the rest of the paragraph. You may use the following checklist questions as a guide: Does the topic sentence…

1. come at the beginning of the paragraph? _____ yes _____ no

2. state the main idea of the paragraph? _____ yes _____ no

3. focus on only one topic of interest? _____ yes _____ no

4. make a factual or personal statement? _____ yes _____ no

5. seem neither too general nor too specific? _____ yes _____ no

6. attract the attention of the reader? _____ yes _____ no

Paso 4 Make any necessary changes to your paragraph and write the final version

_____

_____

_____

_____

_____

_____

_____

_____

_____

_____

_____

_____

_____

_____

_____

_____

_____

Autoprueba

WB 4-26 | Los muebles Complete the sentences with the names of the appropriate household items from the following list.

un armario   mi cama   un escritorio   el inodoro   el jardín

1. Escribo mis cartas en _____.

2. Pongo toda la ropa en _____.

3. Duermo bastante bien en _____.

4. Limpio _____ en el baño.

5. Miro las plantas en _____.

WB 4-27 | Los electrodomésticos Complete the sentences with the names of the appropriate appliances from the following list.

la nevera   una lavadora   un despertador   un horno de microondas   una aspiradora

1. Para llegar a clase a tiempo uso _____.

2. Preparo la comida rápida en _____.

3. Siempre lavo mi ropa en _____.

4. Limpio las alfombras con _____.

5. Pongo la comida en _____.

WB 4-28 | En la casa Complete the following sentences with the names of the places where the chores described are normally done.

la cocina   el comedor   el jardín   la sala

1. Lavo los platos en _____.

2. Paso la aspiradora en _____.

3. Corto el césped en _____.

4. Pongo la mesa en _____.

WB 4-29 | Carlos y Eva Complete the following conversation with the appropriate present-tense form of the verbs listed. **¡OJO!** You must use each of the verbs at least once.

comenzar   pensar   preferir   querer   tener

CARLOS: ¿Qué **1.** _____ hacer hoy, Ceci?

EVA: **2.** _____ ganas de ir al cine. ¿Qué **3.** _____ hacer tú?

CARLOS: Yo no **4.** _____ ir al cine. **5.** _____ ver videos en casa esta noche. Pero, dime *(tell me)*, ¿a qué hora **6.** _____ la película en el cine?

EVA: **7.** _____ a las 6:00. Mi hermana y yo no **8.** _____ ver videos en casa, **9.** _____ ir al cine.

CARLOS: ¿Tú hermana va con nosotros? Yo **10.** _____ que no voy con Uds.

WB 4-30 | Con mi familia Complete the following paragraph with an appropriate present tense form of the verbs listed.

almorzar   decir   dormir   jugar   servir   volver

comenzar   pensar   preferir   querer   tener

Normalmente, yo **1.** _____ con mi familia a las 2:00 durante la semana. Mis padres

preparan la comida, luego mi padre **2.** _____ la comida. Siempre como dos porciones y

mi padre siempre **3.** _____ que voy a estar gordo. Después de **4.** _____,

yo **5.** _____ la siesta por media hora. Después, mis padres **6.** _____ a su

trabajo y yo **7.** _____ a la universidad. A veces, mis amigos y yo **8.** _____

al fútbol después de nuestras clases. Yo no **9.** _____ muy bien, pero me gusta mucho

practicar ese deporte.

WB 4-31 | ¿Qué hago? Tell your friend how to get along better with his roommates. Use the following verb phrases to form **tú** commands.

1. hacer tu cama todos los días

   _____

2. quitar la mesa después de comer

   _____

3. sacar la basura todos los días

   _____

4. ir al supermercado todos los sábados

   _____

WB 4-32 | ¿Cuántos son? Solve these mathematical problems using words, not numerals.

1. doscientos treinta y cinco + mil quinientos tres = _____

2. seiscientos setenta y nueve + cuatrocientos ochenta y uno = _____

3. dos mil trescientos cincuenta y dos – novecientos treinta y seis = _____

⑤ La salud
Bolivia, Ecuador y Perú

VOCABULARIO 1   Las partes del cuerpo

WB 5-1 | El cuerpo humano Escribe los nombres de las partes del cuerpo del dibujo *(drawing)*.

© Cengage Learning 2014

WB 5-2 | Crucigrama Soluciona el siguiente crucigrama rellenando los espacios en blanco con la palabra indicada en cada pista *(clue)*. Todas las palabras son partes del cuerpo humano.

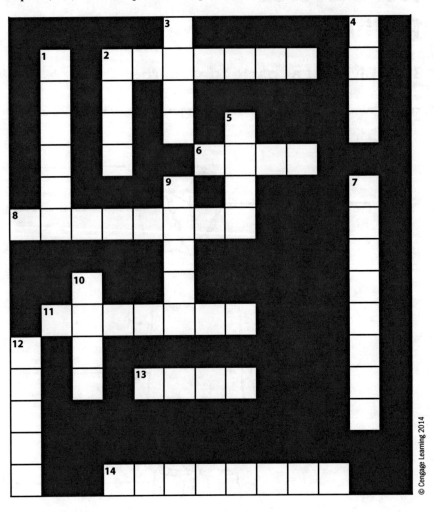

© Cengage Learning 2014

Vertical

1. Dumbo tiene _____ muy grandes.

2. Señalas *(You point)* con el _____.

3. Michael Jordan no tiene _____.

4. Ves con los _____.

5. La _____ tiene cinco dedos.

7. Cuando tomas algo, el líquido pasa por la _____.

9. La _____ es parte de la cara.

10. Comes con la _____.

12. El _____ está conectado con la mano.

Horizontal

2. Tienes _____ en la boca.

6. Jessica Alba tiene una _____ muy bonita.

8. Si comes mucho, te duele *(hurts)* el _____.

11. El _____ es el símbolo del amor.

13. En medio del brazo está el _____.

14. Respiras con los _____.

WB 5-3 | El cuerpo revuelto Estas palabras son partes del cuerpo. Pon sus letras en orden para revelar *(reveal)* qué parte es.

Modelo gualen: *lengua*

1. anreip: ———————————

2. sodde: ———————————

3. rizan: ———————————

4. dooc: ———————————

5. ózarnoc: ———————————

ESTRUCTURA Y USO 1   Talking about routine activities: Reflexive pronouns and present tense of reflexive verbs

WB 5-4 | La familia Soriana La casa Soriana es un lugar de mucha actividad. Todos los miembros tienen rutinas distintas. ¿Cómo son? Para saberlo *(to find out)*, forma oraciones completas con los elementos dados *(given)*. Sigue el modelo.

Modelo Mari Pepa / acostarse / las 6:30 / la mañana
Mari Pepa se acuesta a las seis y media de la mañana.

1. Carmen / despertarse / 6:30 / la mañana

   ——————————————————————————————————————

2. don Carlos y Miguel / afeitarse / la noche

   ——————————————————————————————————————

3. yo / lavarse / y después / cepillarse / los dientes

   ——————————————————————————————————————

4. los niños / bañarse / la mañana

   ——————————————————————————————————————

5. doña Lucía y Luisita / maquillarse / y después / peinarse

   ——————————————————————————————————————

6. Miguel / quitarse / la ropa / y acostarse / las 8:00 de la noche

   ——————————————————————————————————————

WB 5-5 | ¿Compañeros? Jerry piensa compartir *(share)* su apartamento con tres estudiantes hispanos: Elena, de Bolivia; Jorge, de España y Lola, de Miami. Ahora están hablando de sus rutinas diarias para ver si van a poder compartir el apartamento pequeño de Jerry. Para saberlo, rellena los espacios en blanco con la forma apropiada del verbo. **¡OJO!** Jorge es español y usa la forma **vosotros**.

JERRY: Debemos hablar de cómo vamos a compartir el apartamento, ¿no?

JORGE: Pues, yo **1.** _____ (despertarse) a las 5:00 de la mañana porque trabajo muy

temprano. **2.** _____ (Bañarse) en seguida *(right away)* y después **3.** _____

(secarme) y **4.** _____ (ponerme) la ropa. ¿Y vosotras? ¿A qué hora

5. _____ (levantarse)?

ELENA: Yo, aunque *(although)* **6.** _____ (dormirse) tarde, **7.** _____ (despertarse)

a las 7:00 de la mañana porque tengo clase a las 8:00. ¿Y tú, Lola? **8.** _____ (acostarse)

tarde y **9.** _____ (despertarse) temprano también, ¿no?

LOLA: Sí. Y **10.** _____ (ducharse), **11.** _____ (vestirse) y **12.** _____

(maquillarse) en el baño, así que paso mucho tiempo allí en la mañana.

ELENA: Ah, ¡no te preocupes! A mí me gusta **13.** _____ (pintarse) en mi cuarto. No paso

mucho tiempo en el baño en la mañana. Parece que todo está bien entonces, ¿no?

JERRY: Un momento, por favor. Yo también **14.** _____ (levantarse) temprano, a las

7:30. Necesito **15.** _____ (bañarse) inmediatamente para **16.** _____

(despertarse). Después **17.** _____ (cepillarse) los dientes, **18.** _____

(peinarse) y **19.** _____ (afeitarse). Finalmente, **20.** _____ (ponerse) la

ropa y salgo del baño a las 8:30.

JORGE: Este hombre **21.** _____ (cuidarse) bien, ¿no?

WB 5-6 | ¿Qué está pasando? ¿Qué va a pasar? Mira los dibujos y contesta las preguntas. Escoge *(choose)* un verbo apropiado de la lista y escribe las dos posibles maneras de contestar. **¡OJO!** No todos los verbos son necesarios. Sigue el modelo.

cepillarse	ducharse	levantarse	peinarse	vestirse
dormirse	lavarse	maquillarse	quitarse	

Modelo   ¿Qué está haciendo Nuria?
Nuria está cepillándose el pelo /
Nuria se está cepillando el pelo.

1. ¿Qué está haciendo José María?

   _____

   _____

2. ¿Qué está haciendo Carlos?

   _____

   _____

3. ¿Qué va a hacer Pablo?

   _____

   _____

4. ¿Qué va a hacer Susana?

   _____

   _____

ESTRUCTURA Y USO 2   Talking about things you have just finished doing: *Acabar de* + infinitive

WB 5-7 | ¡Hecho! Forma oraciones con la estructura *acabar de + infinitivo.* Sigue el modelo.

> **Modelo**   Tú / bañarse: *Acabas de bañarte.*

1. Yo/maquillarse: _____.

2. Elio/cepillarse los dientes: _____.

3. Miguel/dar un paseo: _____.

4. Belén/sacar fotos: _____.

WB 5-8 | La vida sana El doctor Ruiz, un médico de España, está conversando con la familia Bodega sobre una vida sana. Les hace *(He asks them)* varias preguntas sobre su estilo de vida. Escribe sus respuestas usando la construcción *acabar + de + infinitivo.* Sigue el modelo.

> **Modelo**   A los niños: ¿Os cepilláis los dientes todos los días?
> *Sí, acabamos de cepillarnos los dientes.*

1. A toda la familia: ¿Coméis vosotros el desayuno todos los días?

   _____

2. A la señora Bodega: ¿Descansa Ud. durante el día?

   _____

3. A Juanito: ¿Te bañas todos los días?

   _____

4. A la señora Bodega: ¿Toman mucha agua los niños?

   _____

WB 5-9 | ¿Qué acaban de hacer? Escribe lo que estas personas acaban de hacer en cada situación. Escoge los verbos de la lista. Sigue el modelo.

| acostarse | andar | comer | comprar | despertarse | dibujar |
| dormirse | levantarse | maquillarse | quitarse | secarse |

> **Modelo**   Silvia y Gabriela / Son las seis y media de la mañana.
> *Acaban de despertarse.*

1. Nosotros / No tenemos hambre.

   _____

2. Tú / Estás seco.

   _____

3. Antonio / Se va a dormir.

   _____

4. Yo / No llevo ropa.

   _____

VOCABULARIO 2   La salud

WB 5-10 | Bienvenidos Dolores Castellanos les da un tour de la clínica a unos voluntarios en la clínica del Centro de Salud Rural Andino. Completa su descripción de la clínica con una palabra apropiada de la lista. ¡OJO! No vas a usar todas las palabras y no puedes usar la misma palabra más de una vez.

ambulancia   antibiótico   catarro   enfermedad   enfermero(a)   farmacia
gripe   jarabe   mareado   médico   pacientes   pastillas
receta   sala de emergencia   sala de espera   síntomas

Empezamos en la **1.** ——————————————, donde los **2.** ———————————— esperan su cita

(appointment) con el **3.** ————————————. Antes de ver al doctor Dardo Chávez, ellos comentan

sus síntomas con el (la) **4.** ————————————. Durante el invierno, muchos de ellos tienen

5. ———————————— y sus **6.** ———————————— son fiebre, escalofríos y dolores del cuerpo.

En estos casos, el doctor Dardo Chávez les da una **7.** ———————————— para antibióticos y los

pacientes tienen que ir a la **8.** ————————————. Pero en otros casos, los pacientes simplemente

tienen **9.** ————————————, pues tosen y estornudan mucho. En estos casos, el doctor Dardo Chávez

les da **10.** ———————————— y **11.** ————————————. Ahora, Uds. pueden venir conmigo

para ver la **12.** ————————————. Allí es donde esperan los pacientes que vienen en la

13. ————————————.

WB 5-11 | ¿Qué pasa? Describe a los siguientes pacientes. Empareja *(match)* las descripciones de la columna de la derecha con los dibujos de la izquierda.

1.

a. Le duele el estómago.

b. Está mareado.

c. Tiene escalofríos.

d. Tiene alergias.

e. Le duele la cabeza.

2.

f. Tiene fiebre.

g. Está con el enfermero.

h. Estornuda.

3.

WB 5-12 | ¿Loco por las medicinas? ¿Para qué son las medicinas que tiene David? Empareja las medicinas de la columna de la izquierda con sus usos en la columna de la derecha.

La usas cuando...

1. Alka Seltzer
2. Solarcane
3. Vicks
4. Sal de Epsom

   a. te duele la piel
   b. te duele el cuerpo
   c. te duele la garganta
   d. te duele el estómago

WB 5-13 | ¿Qué les duele? Tú y tus amigos acaban de subir a El Capitán en el Parque Yosemite. Forma oraciones completas para indicar qué partes del cuerpo les duelen. Sigue el modelo.

   Modelo   Alberto / los pies: *A Alberto le duelen los pies.*

1. Alicia / los brazos: _____

2. Tomás / el tobillo: _____

3. Cara y Nidia / las rodillas: _____

4. Yo / la espalda: _____

ESTRUCTURA Y USO 3   Describing people, things, and conditions: *Ser* vs. *estar*

WB 5-14 | El nuevo médico Ángela y Roberto están hablando del nuevo doctor en la clínica. Escoge la forma apropiada del verbo para completar sus oraciones.

1. El nombre del nuevo doctor (es / eres / está / somos) Juan José Valerio.

2. (Están / Son / Es / Está) de Copacabana, Bolivia.

3. Copacabana (están / son / es / está) cerca del Lago Titicaca.

4. Creo que el doctor Valerio y la doctora Vargas (son / estás / están / somos / eres) en la sala de espera ahora.

5. Ahora (es / está / están / son) las dos de la tarde, el doctor Vargas (es / somos / está / estamos) comiendo el almuerzo.

WB 5-15 | ¿Cuánto sabes? Las siguientes oraciones son sobre gente, lugares o eventos de Bolivia y Paraguay. Reescribe cada oración con la forma apropiada del verbo **ser** o **estar**.

   Modelo   El boliviano Jaime Escalante (ser / estar) muy inteligente.
                El boliviano Jaime Escalante es muy inteligente.

1. Santa Cruz de la Sierra (ser / estar) en el este de Bolivia.

_____

2. El parque Carlos Antonio López (ser / estar) en Asunción.

_____

3. La Paz y Sucre (ser / estar) las capitales de Bolivia.

——————————————————————————————————

4 El guaraní (ser / estar) la moneda oficial de Paraguay.

——————————————————————————————————

5. La celebración de Achocalla (ser / estar) en La Paz.

——————————————————————————————————

WB 5-16 | La doctora Reyes La doctora Reyes está revisando *(reviewing)* sus apuntes *(notes)* sobre una de sus pacientes. Completa sus apuntes con la forma apropiada de los verbos **ser** o **estar.**

Hoy **1.** ——————————— viernes, 22 de febrero y **2.** ——————————— las 2:00 de la tarde.

La paciente **3.** ——————————— Aracelia Itzapú. Ella **4.** ——————————— casada y

5. ——————————— madre de tres hijos. Ella **6.** ——————————— de Asunción y

7. ——————————— paraguaya, pero su esposo **8.** ——————————— boliviano. Aracelia

9. ——————————— baja y delgada.

Hoy Aracelia **10.** ——————————— muy enferma. **11.** ——————————— congestionada,

12. ——————————— tosiendo y estornudando mucho. Dice que **13.** ——————————— muy

cansada también. Además, dice que **14.** ——————————— un poco deprimida *(depressed)* por varias

razones:

acaba de morir su padre y su esposo no **15.** ——————————— aquí. Él **16.** ——————————— en

La Paz y **17.** ——————————— buscando trabajo.

Creo que **18.** ——————————— necesario para Aracelia dormir más y tomar vitaminas. La próxima

cita para Aracelia va a **19.** ——————————— el primero de marzo.

ESTRUCTURA Y USO 4   Pointing out people and things: Demonstrative adjectives and pronouns

WB 5-17 | ¿Cómo funciona? Hoy es el primer día de trabajo en la clínica para Leticia y tiene muchas preguntas. Completa sus preguntas con la forma correcta del pronombre demostrativo: **este, esta, estos, estas.** Sigue el modelo.

> **Modelo**   ¿Ayudo a *este* señor?

1. ¿Hablo con ——————————— mujer?

2. ¿Trabajo en ——————————— sala?

3. ¿Escribo sobre ——————————— síntomas?

4. ¿Todos los pacientes son de ——————————— pueblo?

5. ¿Tratamos aquí todas ——————————— enfermedades?

WB 5-18 | ¡Pobre Leticia! No está haciendo bien su trabajo. Para saber cómo la corrige su jefe *(how her boss corrects her)*, completa sus comentarios con el adjetivo demostrativo correcto: **ese, esa, esos, esas.** Sigue el modelo.

> **Modelo**   No, ayuda a *ese* señor.

1. No, habla con _____ mujer.

2. No, trabaja en _____ sala.

3. No, escribe sobre _____ problemas.

4. No, los pacientes son de _____ dos pueblos.

5. No, aquí solamente tratamos a _____ pacientes.

WB 5-19 | Más preguntas de Leticia   Leticia todavía tiene más preguntas. Ayuda a completarlas. Sigue el modelo.

> **Modelo**   ¿Es *esa (that one there)* mujer la que tiene catarro o es *aquella (that one way over there)?*

1. ¿_____ hombre *(this man right here)* tiene náusea o es _____ *(that one way over there)?*

2. ¿ Son _____ niños *(these boys right here)* los que necesitan jarabe o son _____ *(those over there)?*

3. ¿A quién le duele el estómago, a _____ muchacha *(that one way over there)* o a _____ *(this one right here)?*

4. Doctor, ¿necesita _____ pastillas *(these pills right here)* o _____ *(those over there)?*

▶ VIAJEMOS POR BOLIVIA, ECUADOR Y PERÚ

En esto tres segmentos de video, vas a aprender un poco sobre las ciudades principales de Bolivia, Ecuador y Perú.

WB 5-20 | Identifica los países de Bolivia, Ecuador y Perú en el mapa.

1. _____ Escribe la letra del mapa que corresponde a Bolivia.

2. _____ Escribe la letra del mapa que corresponde a Ecuador.

3. _____ Escribe la letra del mapa que corresponde a Perú.

© Cengage Learning 2014

WB 5-21 | En los videos vas a escuchar muchos cognados *(cognates)* que pueden facilitar *(facilitate)* tu comprensión del video. Algunos de estos cognados aparecen aquí. Antes de ver los segmentos, trata de pronunciar cada palabra o frase y luego empareja *(match)* los cognados con su definición en inglés.

1. _____ gubernamental   a. volcanoes

2. _____ escultura   b. adoration

3. _____ animadas   c. governmental

4. _____ indígena   d. abundance

5. _____ volcanes   e. animated

6. _____ adoración   f. indigenous

7. _____ acelerada   g. sculpture

8. _____ abundancia   h. accelerated

9. _____ artesanía   i. topography

10. _____ diversidad   j. artisan *(handmade)* crafts

11. _____ topografía   k. contrasts

12. _____ turismo ecológico   l. small part

13. _____ parte menor   m. ecotourism

14. _____ contrastes   n. diversity

WB 5-22 | Mira los segmentos de video y trata de rellenar los espacios en blanco con el cognado apropiado de la actividad **WB 5-21.**

del segmento sobre Bolivia

1. En La Paz se ven grandes _____ sociales.

2. La mayoría de los bolivianos es _____ aymara y quechua.

del segmento sobre Ecuador

3. La diversidad de su _____ —costa, montañas y selva amazónica— es excelente

para el _____.

del segmento sobre Perú

4. Otras atracciones de Lima son el mercado de _____, las plazas e iglesias, las

playas, el barrio chino y el maravilloso "circuito mágico del agua", un conjunto de fuentes de agua

_____ con luz y sonido.

WB 5-23 | Mira los tres segmentos otra vez y luego indica si las siguientes oraciones son **ciertas** (C) o **falsas** (F).

1. _____ La Paz es la capital de Ecuador.

2. _____ En los mercados de La Paz, puedes comprar artesanía indígena.

3. _____ La gente de origen europeo forma la menor parte de la población boliviana.

4. _____ Los limeños son las personas que viven en Lima.

5. _____ En el Parque del Amor de Lima, puedes ver una escultura de dos personas que se están bañando.

6. _____ En Quito puedes ver el monumento de José de San Martín, el héroe de la independencia ecuatoriana.

7. _____ En Ecuador hay muchos volcanes.

8. _____ Los quiteños son las personas que viven en Bolivia.

¡A ESCRIBIR!

Escribir por Internet You have just made a new Paraguayan friend through the Internet. Her name is Alicia Veraní and she wants to know all about you. Write her an email and tell her all about yourself.

Strategy: Using a bilingual dictionary

A bilingual dictionary is a useful tool that, when used properly, can enhance the quality, complexity, and accuracy of your writing in Spanish. It is very important, however, that you learn to use it correctly. Here are some suggestions to help you use your bilingual dictionary properly.

1. When you look up the Spanish equivalent of an English word, you will often find several meanings for the same word, often appearing like this:
   cold: *n.* frío, catarro, resfriado
       adj. frío
2. In larger dictionaries, additional information may be given that will clarify meanings and uses.
   cold: *n.* frío *(low temperature)*; catarro *(illness)*; resfriado *(illness)*
       adj. frío
3. Pay attention to certain abbreviations in your dictionary that will tell you what type of word you have found. Notice the abbreviations *n.* and *adj.* in the examples above, indicating that the word is a noun or an adjective. Some of the more common abbreviations you will find are listed below. Their Spanish equivalents are in parenthesis.
   n. noun *(sustantivo)*
   adj. adjective *(adjetivo)*
   adv. adverb *(adverbio)*
   conj. conjunction *(conjunción)*
   prep. preposition *(preposición)*
   v. verb *(verbo)*
4. Looking up a lot of different words in a bilingual dictionary when you are writing is inefficient. If you insist on looking up too many words as you write, you may become frustrated or feel like you want to give up altogether. It is wiser and faster to use the phrases you already know in Spanish as much as possible, rather than trying to translate too many new words you don't know from English to Spanish. You will learn more and more new words as you continue reading and listening to the language.

Paso 1 Add to the following list at least 5 important aspects of describing yourself.

- where you and your family are from
- your nationality
- your marital status
- where your house is located
- your personality traits and your family members' personality traits

——

——

——

——

——

Paso 2 Choose 4 aspects from above and write several sentences to describe each aspect chosen. If you need to use the dictionary, remember the strategy you have learned for looking up words.

Paso 3 Write a first draft of your email letter and review this draft to make sure your ideas are clearly stated and that your vocabulary usage is correct.

Paso 4 Write the final draft below.

——

——

——

——

——

——

——

——

——

——

Autoprueba

WB 5-24 | El cuerpo humano Escribe los nombres de las partes del cuerpo indicadas *(indicated)* en el dibujo.

1. _____
2. _____
3. _____
4. _____
5. _____

6. _____
7. _____
8. _____
9. _____
10. _____

WB 5-25 | Los problemas médicos Completa las oraciones con las palabras de la lista. **¡OJO!** Usa cada palabra solamente una vez. Tienes que conjugar *(conjugate)* algunos verbos.

alergia	escalofríos	náuseas
catarro	estornudar	sano(a)
congestionado(a)	examinar	síntomas
enfermedad	fiebre	tomarle la temperatura
enfermo(a)	guardar cama	toser

1. En la primavera, las flores me dan _____ y yo _____ mucho.

2. Cuando alguien tiene _____, tose mucho.

3. El SIDA *(AIDS)* puede ser una _____ fatal.

4. Cuando alguien tiene alergia, a veces está _____.

5. El dolor del cuerpo y los _____ son _____ de la gripe.

6. Alguien que no está _____ está _____ muy seguido *(often)*.

7. El médico _____ a sus pacientes antes de darles una receta.

8. Para saber si alguien tiene _____, el médico le _____.

9. Si alguien está mareado, puede tener _____ y por eso debe _____ para sentirse mejor.

WB 5-26 | La rutina diaria Mira los dibujos de la rutina diaria de Beti Villalobos y describe lo que hace todos los días. ¡OJO! Vas a usar verbos reflexivos y no reflexivos.

1. _____

2. _____

3. _____

4. _____

5. _____

6. _____

7. _____

8. _____

WB 5-27 | ¡Cómo vuela el tiempo! Son las ocho de la mañana en la vida de Beti Villalobos. Mira los dibujos otra vez *(again)* y escribe todo lo que acaba de hacer.

1. _____

2. _____

3. _____

4. _____

5. _____

6. _____

7. _____

8. _____

WB 5-28 | Lorena Mamani Completa el párrafo con la forma apropiada de los verbos **ser** y **estar**.

Lorena Mamani **1.** _____ de Sucre, Bolivia. **2.** _____ estudiante de

medicina y por eso **3.** _____ ahora en La Paz, donde **4.** _____ la

universidad.

Lorena ya no **5.** _____ casada; **6.** _____ divorciada y no tiene novio.

7. _____ soltera. Lorena **8.** _____ una mujer inteligente y

9. _____ bastante ocupada con sus estudios. Un día ella quiere **10.** _____

cirujana *(surgeon)*. Para ella una carrera **11.** _____ muy importante y por eso ahora la vida

académica **12.** _____ la única para ella.

WB 5-28 | Gemelos distintos Roberto y Gustavo son gemelos, pero tienen opiniones muy diferentes.
Si Roberto quiere una cosa, Gustavo quiere la otra. Para saber más de ellos, forma oraciones usando los
pronombres demostrativos. Sigue el modelo.

> **Modelo**   Quiero ir a esta clínica.
> *No quiero esta, prefiero esa clínica.*

1. Prefiero esta medicina.

_____

2. Quiero ver a este médico.

_____

3. Prefiero dormir en esta cama.

_____

4. Voy a pedir estos jarabes.

_____

5. Prefiero esto.

_____

6 ¡A comer!
Venezuela

VOCABULARIO 1   La comida

WB 6-1 | Sopa de letras Todas estas palabras forman parte de una cena completa. Identifica las letras que faltan *(are missing)* de las siguientes *(following)* palabras. Después, pon en orden *(in order)* todas las letras señaladas *(signaled)* con * en los espacios debajo del dibujo *(drawing)* para revelar la expresión idiomática *(idiom)* que representa el dibujo.

1. __*__ N __*__ A L ___ D A

2. C H ___ L ___ __*__ ___ __*__

3. ___ C E ___ __*__ E

4. A ___ __*__ P A S

5. ___ __*__ A N

6. C __*__ ___ É

7. ___ E R D U ___ A __*__

8. V ___ N __*__

9. ___ A P __*__ S

© Cengage Learning 2014

Frase idiomática: ¿Qué piensa esta mujer de su admirador?

¡___ ___ ___ Á   HA___ ___ A   ___ N   ___ ___   ___ ___ P ___!

WB 6-2 | En la cafetería Luis habla de la cafetería de su trabajo donde siempre come. Para saber qué come, rellena cada espacio en blanco con una palabra apropiada de la lista. **¡OJO!** No tienes que usar todas las palabras, pero sólo puedes usar una palabra una vez.

agua mineral	jamón	sal
almuerzo	lechuga	sándwich
azúcar	pan	verduras
camarones	pavo	vinagre
cerveza	pimienta	vino
desayuno	queso	

La cafetería de la compañía es muy conveniente y a la una siempre como el **1.** _____

allí con mis compañeros. Muchos días como un **2.** _____ de **3.** _____ y

4. _____. Me gusta mucho, sobre todo *(especially)* cuando le pongo *(I put on it)*

5. _____ y **6.** _____. Mi amigo Jorge no come carne, así que él siempre

come **7.** _____. Pero los miércoles, la cafetería no sirve mariscos y Jorge tiene que comer

8. _____ con **9.** _____.

A mí también me gusta comer las papas fritas con mucha **10.** _____ y a veces les pongo

11. _____. Jorge no come las papas fritas porque es un poco gordo. Después de comer,

siempre tomamos algo. Por lo general, yo tomo una **12.** _____, pero Jorge toma

13. _____ porque no puede tomar bebidas alcohólicas.

WB 6-3 | ¿Cómo come la gente? ¿Qué tipo de comida sirven en el restaurante Como en Maracaibo?
Para saberlo, mira el menú y contesta las preguntas que siguen.

© Cengage Learning 2014

1. Si quieres comida del océano, ¿qué puedes pedir?

_____

2. ¿Tienen bebidas de fruta?

_____

3. ¿Qué bebidas alcohólicas sirven?

_____

4. ¿Qué platos de carne ofrecen?

_____

5. ¿Qué bebidas no alcohólicas sirven?

_____

6. ¿Qué platos ofrecen para los que no comen carne roja?

_____

7. ¿Qué sirven de postre?

_____

ESTRUCTURA Y USO 1   Making comparisons: Comparatives and superlatives

WB 6-4 | Opiniones Lupe y Lalo tratan de decidir en dónde van a comer esta noche. Lee su conversación y rellena los espacios en blanco con la forma comparativa apropiada de **tan, tanto, más** o **menos**. ¡OJO! Recuerda que **tan** y **tanto** usan la palabra **como** para hacer la comparación, mientras que **más** y **menos** usan **que**.

LUPE: ¡Vamos a El Caracol! Me encantan los mariscos allí. Son los mejores.

LALO: Sí, pero no sirven **1.** _____ carne como El Asador. Y los platos no son

2. _____ grandes como los platos de Mar Abierto.

LUPE: Tienes razón, pero El Asador no tiene **3.** _____ meseros como El Caracol, así

que *(so)* su servicio no es **4.** _____ bueno como el servicio en El Caracol.

LALO: Bueno, ¿por qué no vamos a Salicome? Tienen **5.** _____ meseros que todos los

otros restaurantes, sirven **6.** _____ carne como mariscos y los precios no son

7. _____ altos como los otros restaurantes.

LUPE: Pero no me gusta su comida. Sus mariscos tienen **8.** _____ sabor *(taste)* que los mariscos de El Caracol.

LALO: ¿Sabes qué? ¡Creo que debemos comer en casa!

WB 6-5 | Lo más... Una compañía de *marketing* publicó *(published)* los siguientes datos *(data)* sobre las opiniones de los estadounidenses hoy. Escribe los resultados en forma de comparaciones usando **más, menos, mejor, peor** y el adjetivo. ¡OJO! Recuerda que los adjetivos tienen que concordar *(agree)* con el sustantivo *(noun)*. Sigue el modelo.

> **Modelo** más nutritivo: la hamburguesa / la ensalada*
> *La ensalada es más nutritiva que la hamburguesa.*
> peor equipo: los Leones de Detroit* / los Raiders de Oakland
> *Los Leones de Detroit son peor equipo que los Raiders de Oakland.*

1. más cómico: Carlos Mencía* / Steve Carell

_____

2. mejor: Round Table / Pizza Hut*

_____

3. menos guapa: Paris Hilton* / Jessica Simpson

_____

4. rico: el chocolate puro* / el caramelo

_____

5. menos dulce: la manzana* / la naranja

_____

WB 6-6 | ¿Cómo se comparan? Tu amigo quiere llevarte *(bring you)* a El Toro Loco, un restaurante nuevo, pero tu quieres ir a tu restaurante favorito, El Pollo Loco. Le preguntas a tu amigo si el restaurante nuevo es tan bueno como tu restaurante favorito. Escribe sus respuestas usando comparaciones de igualdad *(comparisons of equality)*. Sigue los modelos.

> **Modelo**   ¿Es bonito El Toro Loco?
> Sí. *El Toro Loco es tan bonito como El Pollo Loco.*

> **Modelo**   ¿Hay mucha gente en El Toro Loco?
> No. *No hay tanta gente en El Toro Loco como en El Pollo Loco.*

1. ¿Es barato El Toro Loco?

   Sí. _____

2. ¿Sirven mariscos en El Toro Loco?

   Sí. _____

3. ¿Sirven muchas ensaladas en El Toro Loco?

   Sí. _____

4. ¿Es grande El Toro Loco?

   No. _____

WB 6-7 | La nueva novia Roberto describe a la familia de su nueva novia Alicia, que tiene un restaurante en Venezuela. Para saber lo que dice, forma oraciones con el superlativo. Sigue el modelo.

> **Modelo**   Alicia / simpática / todas mis novias
> *Alicia es la más simpática de todas mis novias.*

1. Alicia / menor / hijas

   _____

2. José / mayor / hijos

   _____

3. Tomás / alto / familia

   _____

4. la familia / conocida / Maracaibo

   _____

5. su restaurante / mejor / Maracaibo

   _____

WB 6-8 | Preferencias Rafa actualiza *(is updating)* su página de Facebook. Ayúdale *(help him)* a escribir oraciones completas con una forma superlativa de los adjetivos. **¡OJO!** Los adjetivos tienen que concordar con los sustantivos. Sigue el modelo.

> **Modelo** U2 y *Los Black Eyed Peas* / grupo musical / chévere *(cool)* / de todos
> U2 y *Los Black Eyed Peas son los grupos musicales más chéveres de todos.*

1. ciclismo / deporte / divertido / de todos

   _____

2. jamón serrano / comida / deliciosa / de todas

   _____

3. *Star Wars* y *Lord of the Rings* / película / mejor / de todas

   _____

4. Justin Timberlake / cantante / peor / de todos

   _____

5. Ferrari y Porsche / coche / interesante / de todos

   _____

VOCABULARIO 2 El restaurante

WB 6-9 | ¿Cómo lo dicen? Tu amiga sale con unos amigos latinos a un restaurante venezolano, pero no sabe hablar español. Ayúdala *(Help her)* a entender lo que está pasando seleccionando la mejor opción.

_____ 1. Camarero, el menú por favor.

   a. Te invito.   **b.** Sí, ¡cómo no!   **c.** Gracias.

_____ 2. ¿Cuál es la especialidad de la casa?

   a. Está muy fresca esta noche.   **b.** El menú.   **c.** Arepas, ¡por supuesto!

_____ 3. ¿Qué les apetece?

   a. No, gracias.   **b.** Para mí las arepas.   **c.** Estoy a dieta.

_____ 4. ¿Desean ver la lista de postres?

   a. ¡Ay, no! ¡No puedo comer más!   **b.** Te invito.   **c.** ¡Buen provecho!

_____ 5. Yo invito.

   a. ¡Salud!   **b.** Está muy rica.   **c.** Gracias, voy a dejar una propina.

WB 6-10 | Ah, El Venezolano Otro amigo conoce el restaurante adonde va tu amiga y le cuenta sobre una tradición latina. Para saber lo que es, completa el párrafo con una palabra apropiada de la lista. **¡OJO!** Usa la forma correcta del verbo en el presente.

A dieta   Camarero   Cuenta   Desear   Ligero   Lista de postres
Menú   Pedir   Picar   Propina   Recomendar   Rico

¡Me encanta ese restaurante! Tienen de todo y el servicio es excelente. Cuando voy, nunca tengo que ver el

1. _____ porque sé bien lo que voy a **2.** _____ Si no tienes mucha

hambre, es decir *(that is to say)*, cuando sólo quieres algo para **3.** _____, puedes pedir algo

4. _____. Yo **5.** _____ la sopa de chipichipi. No está para nada pesada.

Pero si realmente tienes mucha hambre y **6.** _____ algo muy **7.** _____,

tienes que pedir el pabellón. ¡Está para chuparse los dedos! Siempre pido el pabellón. Después de comer, el

8. _____ te pregunta si deseas ver la **9.** _____. ¡Tienen helados y

tortas muy, pero muy, ricos! Siempre estoy **10.** _____, pero no me importa *(it doesn't*

matter to me): en ese restaurante siempre pido un helado. Ahora, los restaurantes latinos son un poco

diferentes de los restaurantes norteamericanos. Uds. tienen que pedir la **11.** _____ cuando

todos estén listos para salir. Los camareros no la traen *(bring it)* a la mesa automáticamente. Sé que te va a

gustar mucho este restaurante. A propósito, el servicio es tan bueno que tienes que dejar una buena

12. _____, ¿sabes?

13. ¿Qué consejo le das a tu amiga?

    a. No debe ir al restaurante porque la comida es malísima.

    b. No debe pagar la cuenta. Los hombres latinos siempre la pagan.

    c. Tiene que decirle al mesero que está lista para ver la cuenta.

    d. Sólo van los ricos a ese restaurante así que los precios son muy altos.

WB 6-11 | ¿Qué se dice? Indica qué se debe *(one should)* decir en las siguientes situaciones. Selecciona la mejor opción.

    1. Estás en un restaurante con un amigo y van a tomar vino. Levantan sus copas y antes de tomar dicen:

        a. ¡Buen provecho!   **b.** ¡Dios mío!   **c.** ¡Salud!

    2. Le dices al mesero que quieres ver el menú. El mesero contesta:

        a. ¡Cómo no! En seguida.   **b.** ¿Está fresca la langosta?   **c.** Te invito.

    3. Acabas tu cena y el mesero te pregunta si quieres algo más. Tú contestas:

        a. ¿Desean ver el menú de   **b.** ¿Está fresca la langosta?   **c.** Estoy satisfecho(a), gracias.
        postres?

    4. Cenas con una amiga y ella dice que va a pagar la cuenta, pero tú quieres pagar la cuenta. Dices:

        a. La especialidad de la casa es   **b.** Te invito.   **c.** Estoy a dieta.
        el flan casero.

ESTRUCTURA Y USO 2　Describing past events: Regular verbs and verbs with spelling changes in the preterite

WB 6-12 | Palabra escondida Conjuga los verbos indicados en el pretérito para revelar las letras de la palabra escondida. Después de conjugar todos los verbos, ordena las letras en las cajas *(boxes)* para descubrir esta palabra misteriosa. **¡OJO!** La palabra escondida es a la vez *(at the same time)* algo que hicimos *(we did)* ayer y que hacemos todas las mañanas.

Verbos

1. buscar (ellos)
2. comprender (nosotros)
3. creer (usted)
4. salir (tú)
5. deber (ella)
6. comenzar (yo)
7. tocar (yo)
8. ayudar (ellas)
9. comer (ellos)
10. recibir (ustedes)
11. escribir (ella)

1. __ __ __ __ ☐ __ __ __
2. __ __ __ __ __ __ __ __ ☐ __ __
3. __ __ __ ☐ __
4. ☐ __ __ __ __ __ __ __
5. ☐ __ __ __ __ __
6. __ ☐ __ __ __ __ __
7. __ __ __ ☐ __
8. __ __ __ __ ☐ __ __ __
9. __ __ __ __ ☐ __ __ __
10. __ __ __ __ __ __ __ ☐
11. __ ☐ __ __ __ __ __ __

La palabra escondida es _____.

WB 6-13 | Una fiesta sorpresa Doña Carmen le cuenta a un amigo sobre una fiesta sorpresa que le dio *(gave to her)* su familia. Para saber lo que dice, rellena los espacios en blanco con la forma apropiada del pretérito de los verbos indicados.

1. Amalia _____ (comprar) toda la comida.

2. Carlos y Lupe _____ (preparar) las empanadas.

3. Enrique _____ (invitar) a todos mis amigos.

4. Los invitados _____ (llegar) a las 8:30.

5. Yo _____ (llegar) a las 9:00 y _____ (empezar) a bailar inmediatamente.

6. Nosotros _____ (comer) las empanadas y otras cosas.

WB 6-14 | Pachanga *(party atmosphere)* Maricarmen y Verónica hablan de la fiesta de cumpleaños de Paco de anoche. Rellena los espacios en blanco con la forma apropiada del verbo en el pretérito para saber lo que dicen. **¡OJO!** Tienes que prestar atención para saber cuál es el sujeto del verbo.

MARICARMEN: Pues, ¡qué buena fiesta anoche!, ¿no?

VERÓNICA: Sí, sí, y yo **1.** _____ (comer) un montón en esa fiesta. Pero tú no

    2. _____ (comer) nada. ¿Por qué?

MARICARMEN: Bueno, ayer a la 1:00 yo **3.** _____ (almorzar) con mi novio, Jorge. Él me

    4. _____ (invitar) a ese restaurante italiano que tanto me gusta. Yo

    5. _____ (decidir) pedir el pescado frito y él **6.** _____ (decidir)

    pedir los camarones al ajillo. Después, nosotros **7.** _____ (decidir) pedir un

    postre y no **8.** _____ (salir) del restaurante hasta las 3:30 de la tarde.

VERÓNICA: Ah, ahora entiendo. Bueno, no solamente comí mucho, sino que *(but)* también (yo)

    9. _____ (beber) tres cervezas anoche.

MARICARMEN: ¡Ay, mujer, eso no es nada! Tú no **10.** _____ (beber) nada comparada con el

    pobre Paco. Yo **11.** _____ (oír) que él **12.** _____ (tomar) muchas

    cervezas.

VERÓNICA: Ya lo sé. Mi novio y yo **13.** _____ (llevar) a Paco a su casa. ¡Qué suerte que

    tengo!

MARICARMEN: ¿Ustedes **14.** _____ (llevar) a Paco a casa? Ahhh, ¡por eso! A las 2:00 de la

    mañana yo **15.** _____ (decidir) salir para mi casa y (yo) **16.** _____

    (buscar) a Paco para llevarlo a su casa, pero no lo **17.** _____ (encontrar) en

    ningún lado. ¿A qué hora **18.** _____ (volver) a sus casas?

VERÓNICA: Pues, Paco **19.** _____ (llegar) a su casa a la 1:30, pero yo no

    20. _____ (llegar) a mi casa hasta las 4:00 de la mañana.

MARICARMEN: ¡Vero! ¿Hasta las 4:00? ¿Por qué?

VERÓNICA: Pues, porque a la 1:30, cuando todos **21.** _____ (llegar) a la casa de Paco, él

    22. _____ (comenzar) a hacer tonterías *(silly things)*. **23.** _____

    (leer) y **24.** _____ (cantar) poesía medieval en voz alta *(loudly)*. Claro, yo

    25. _____ (comenzar) a gritarle *(yell at him)*, pero él no me

    26. _____ (oír) y **27.** _____ (salir) de la casa.

MARICARMEN: Vero, pobrecita. ¿Cuándo **28.** _____ (regresar) Paco a la casa?

VERÓNICA: Una hora más tarde.

MARICARMEN: ¡Qué increíble!

WB 6-15 | Sobre pachanga ¿Cuánto comprendiste de la conversación entre Maricarmen y Verónica en la actividad **WB 6-14**? Selecciona la mejor respuesta a cada pregunta.

1. Maricarmen didn't eat a lot at the party because…

   a. She didn't like the fried fish.

   b. She ate a big lunch.

   c. She drank too much and forgot to eat.

2. Last night…

   a. Maricarmen lost her boyfriend at the party.

   b. Paco stayed home and never went to the party.

   c. Verónica drank several beers.

3. Vero got home late because…

   a. Her boyfriend yelled at her and wouldn't drive her home.

   b. She had to take care of Paco.

   c. Maricarmen drove her home late.

ESTRUCTURA Y USO 3   Giving detailed descriptions about past events: Verbs with stem changes in the preterite

WB 6-16 | Formas verbales Escribe la forma indicada del pretérito de cada verbo. **¡OJO!** No te olvides *(Don't forget)* de poner los acentos donde sea necesario *(wherever necessary)*.

1. servir / yo: _____

2. servir / tú: _____

3. preferir / él: _____

4. reírse / nosotros: _____

5. sentirse / ustedes: _____

6. divertirse / yo: _____

7. divertirse / ella: _____

8. vestirse / usted: _____

9. vestirse / yo: _____

10. morir / tú: _____

11. pedir / nosotros: _____

12. dormir / él: _____

13. dormir / yo: _____

WB 6-17 | ¿Qué pasó? Lee lo que los Sepúlveda hacen a veces y después escribe lo que hicieron en el pasado. Sigue el modelo.

   Modelo   A veces, Susana María duerme más de diez horas.
   Anoche Susana María durmió más de diez horas.

1. A veces, yo me visto y luego visito a mi hija Susana María.

   Esta mañana _____ y luego _____ a mi hija Susana María.

2. A veces, Juan Carlos pide una Coca-Cola, pero su papá le sirve jugo.

   El otro día Juan Carlos _____ una Coca-Cola, pero su papá le

   _____ jugo.

3. A veces, Gloria se divierte mucho con su hijo.

El jueves pasado, Gloria _____ mucho con su hijo.

4. A veces, el bebé se duerme rápidamente cuando se acuesta.

Anoche el bebé _____ rápidamente cuando se acostó.

5. A veces, Julio y Tomás prefieren ver *Hermanos y hermanas* en la televisión.

Anoche Julio y Tomás _____ ver *Hermanos y hermanas* en la televisión.

6. A veces, nosotros nos morimos de risa *(we die of laughter)* al contar chistes.

Ayer _____ de risa al contar chistes.

WB 6-18 | ¿Una cita divertida? Patricio habla con Silvia sobre su cita de anoche con Laura. Completa su conversación con la forma apropiada del pretérito de los verbos indicados.

SILVINA: Dime, Patricio, ¿**1.** _____ (divertirse) anoche con Laura?

PATRICIO: Bueno, sí y no. Ella sí **2.** _____ (divertirse) conmigo, pero no sé si yo realmente

3. _____ (divertirse) con ella, ¿sabes?

SILVINA: Pues, cuéntame, ¿qué pasó?

PATRICIO: Mira, yo **4.** _____ (conseguir) mi primera tarjeta de crédito y para impresionar

bien a Laura (yo) **5.** _____ (sugerir) que fuéramos *(that we go)* a ese restaurante

muy caro del centro. Ella dijo que sí. Esa noche yo **6.** _____ (vestirme) muy

elegantemente y…

SILVINA: ¿También **7.** _____ (vestirse) Laura elegantemente?

PATRICIO: Sí, Laura estaba muy linda. Bueno, llegamos al restaurante y el mesero nos

8. _____ (servir) unos vasos de vino tinto. Pero entonces Laura

9. _____ (pedir) una botella de champán muy caro.

SILVINA: ¿Qué hiciste?

PATRICIO: Pues, en ese momento **10.** _____ (preferir) no decir nada, así que simplemente

11. _____ (sonreír) y no dije nada.

SILVINA: ¿Qué **12.** _____ (pedir) tú para comer?

PATRICIO: Yo **13.** _____ (pedir) el pollo asado, pero ella **14.** _____ (preferir)

comer la langosta y el bistec.

SILVINA: ¿La langosta y el bistec? Esa chica sí tiene gustos muy caros, ¿no? ¿Y hablaron mucho durante

la cena?

PATRICIO: Sí, hablamos mucho y ella **15.** _____ (reírse) mucho. Yo diría *(would say)* que

durante la cena nosotros sí **16.** _____ (divertirse) mucho. Pero cuando el mesero

me trajo la cuenta, yo casi **17.** _____ (morirse) de miedo.

SILVINA: ¿Cuánto costó la cena?

PATRICIO: ¡1.200 pesos!

SILVINA: ¡Caray!

PATRICIO: Sí, y después de pagar la cena, Laura **18.** _____ (sugerir) ir a tomar copas y escuchar música en algún bar. Pero cuando yo le dije que mi tarjeta de crédito ya no podía más *(couldn't take it anymore)*, ella dijo que se sentía *(she felt)* enferma.

SILVINA: ¡No me digas!

PATRICIO: Sí. Es la pura verdad. Entonces, nosotros **19.** _____ (despedirse) y yo fui a casa y

20. _____ (dormirse) en seguida.

SILVINA: ¿Y la pobre tarjeta de crédito?

PATRICIO: ¡Yo creo que la pobre tarjeta ya **21.** _____ (dormirse) para siempre!

WB 6-19 | ¿Se divirtieron? Indica si las siguientes oraciones son **ciertas** (C) o **falsas** (F) sobre la cita de Patricio de la actividad **WB 6-18**.

1. _____ Patricio invited Laura to an elegant restaurant.

2. _____ Patricio got dressed up, but Laura didn't dress very nicely.

3. _____ Patricio ordered a cheap bottle of wine.

4. _____ Patricio and Laura had fun during dinner.

5. _____ Patricio was surprised at how inexpensive the dinner was.

6. _____ Laura said she was sick at the end of the evening.

7. _____ Patricio wants to have more dates like this with Laura.

▶ VIAJEMOS POR VENEZUELA

En este video, vas a aprender un poco sobre la ciudad de Caracas, la capital de Venezuela.

WB 6-20 | ¿Dónde se ubica Venezuela? Identifica el país de Venezuela en el mapa.

_____ Escribe la letra del mapa que corresponde con Venezuela.

© Cengage Learning 2014

WB 6-21 En el video, vas a escuchar muchos cognados que pueden facilitar tu comprensión del video. Algunos de estos cognados aparecen aquí. Antes de ver el segmento, trata de pronunciar cada palabra o frase y luego trata de emparejar *(match)* los cognados con su definición en inglés.

1. _____ petróleo   **a.** observatory

2. _____ exportación   **b.** producer

3. _____ productor   **c.** legendary liberator

4. _____ legendario libertador   **d.** colonial architecture

5. _____ urbano   **e.** mausoleum

6. _____ mausoleo   **f.** urban

7. _____ arquitectura colonial   **g.** exportation

8. _____ pirámide   **h.** pyramid

9. _____ observatorio   **i.** petroleum

10. _____ meteorológico   **j.** meteorological

WB 6-22 Mira el video y trata de rellenar los espacios en blanco con el cognado apropiado de la actividad **WB 6-21**.

1. La base de la economía venezolana es el _____.

2. El _____ _____ de América, Simón Bolívar, nació en Caracas.

3. La Plaza Bolívar, un espacio _____ para grandes y chicos, es el centro histórico de la ciudad.

4. Los restos del Libertador reposan en este _____, que se encuentra en el Panteón Nacional.

5. En Caracas encontramos edificaciones de _____ _____, como la Catedral de Caracas.

6. El Calvario es un santuario moderno en forma de _____ maya.

WB 6-23 Después de ver el video, indica si las siguientes oraciones son **ciertas** (C) o **falsas** (F).

1. _____ Venezuela es uno de los principales países productores de petróleo del planeta.

2. _____ Hay un observatorio en el Centro Simón Bolívar.

3. _____ Caracas es una ciudad pequeña y colonial.

4. _____ Hay un metro en la ciudad de Caracas.

5. _____ Los caraqueños son ejemplos de arquitectura colonial.

6. _____ El Observatorio Cagigal ofrece información sobre el clima.

¡A ESCRIBIR!

Strategy: Adding details to a paragraph

In Capítulo 4, you learned how to write a topic sentence for a paragraph. The other sentences in the paragraph should contain details that develop the main idea stated in the topic sentence. The following procedure will help you develop a well-written paragraph in Spanish:

1. Write a topic sentence about a specific subject.
2. List some details that develop your topic sentence.
3. Cross out any details that are unrelated to the topic.
4. Number the remaining details in a clear, logical order.
5. Write the first draft of a paragraph based on your work.
6. Cross out any ideas that do not contribute to the topic.
7. Write the second draft of your paragraph as clearly as possible.

Task: Writing about a typical student diet

One of your favorite Spanish websites is soliciting short essays about the typical diet of American college students. Write a short paragraph on this topic to submit to this site.

Paso 1 List a series of questions that people in Spanish-speaking countries might ask about the diet of an American college student. Some possibilities are *¿Es una dieta equilibrada? ¿Es una dieta variada? ¿Es una dieta de comida rápida?*

Paso 2 Now, choose the most interesting of the questions you listed and answer it. Your answer will serve as the topic sentence for your paragraph.

Paso 3 Write a list of details that support the opinion (the answer to your question) you present in your topic sentence. For example, if your topic sentence is **La dieta del estudiante estadounidense no es muy equilibrada,** some examples of supporting details include, **Los estudiantes comen mucha comida rápida. La comida de las residencias universitarias es muy mala.**

Paso 4 Now write the first draft of your paragraph, incorporating your topic sentence and the sentences you wrote with supporting details. Include only details that truly demonstrate the point you make in your topic sentence.

Paso 5 Read over your first draft and correct any errors; then write a second draft below.

———————————————————————————————————————
———————————————————————————————————————
———————————————————————————————————————
———————————————————————————————————————
———————————————————————————————————————
———————————————————————————————————————
———————————————————————————————————————
———————————————————————————————————————

Autoprueba

WB 6-24 | La comida Pon *(put)* los nombres de las comidas en las categorías más apropiadas.

aceite   queso   naranja   calamares
cerveza   banana   sal   jugo
lechuga   flan   café   pavo
pollo   manzana   jamón   vinagre
agua mineral   res   papas   leche
chuletas de cerdo bistec   té helado   pimienta
mantequilla   helado   camarones   vino

Carnes:
_____

Pescado/Mariscos:
_____

Bebidas:
_____

Postres:
_____

Frutas:
_____

Verduras:
_____

Condimentos:
_____

WB 6-25 | En el restaurante Indica la letra de la palabra o frase que mejor completa cada oración.

_____ **1.** Antes de pedir la comida, el camarero nos trae…

    a. la cuenta.   **b.** la propina.   **c.** el menú.

_____ **2.** Antes de comer con otros amigos, les decimos…

    a. ¡Cómo no!   **b.** ¡Estoy a dieta!   **c.** ¡Buen provecho!

_____ **3.** Antes de tomar una bebida con nuestros amigos, les decimos…

    a. ¡Salud!   **b.** ¡Estoy satisfecho!   **c.** ¡Está para chuparse los dedos!

_____ **4.** Si no tienes mucha hambre, pides algo…

    a. para picar.   **b.** para chuparse los dedos.   **c.** pesado.

_____ **5.** Si alguien te ofrece más comida y ya no quieres comer más, puedes decir…

    a. No, gracias, deseo ver la lista de postres.   **b.** No, gracias, estoy satisfecho(a).   **c.** ¡Buen provecho!

_____ **6.** Si quieres pagar la cuenta de tu amigo, puedes decir…

    a. te invito.   **b.** voy a dejar una propina.   **c.** la cuenta, por favor.

WB 6-26 | ¡Viva la igualdad! Beti y su primo Martín tienen mucho en común. Usa la información dada para comparar a los dos primos usando **tan, tanto, tanta, tantos** y **tantas.** Sigue el modelo.

    Modelo   tener años / *Beti tiene tantos años como Martín.*
                        ser inteligente / *Beti es tan inteligente como Martín.*

1. comer verduras

   ———————————————————————————————————————

2. almorzar en restaurantes

   ———————————————————————————————————————

3. pedir arepas

   ———————————————————————————————————————

4. ser amable

   ———————————————————————————————————————

5. tomar café

   ———————————————————————————————————————

WB 6-27 | El más… Escribe oraciones usando el superlativo. Sigue el modelo.

    Modelo   dos hermanas: Beti (22 años) / Lorena (19 años) / menor
                        Lorena es la menor.

1. dos hijos: Tomás (8 años) / Guillermo (10 años) / mayor

   ———————————————————————————————————————

2. dos primos: Alejandro (muy paciente) / Alberto (paciente) / paciente

   ———————————————————————————————————————

3. dos bebidas: la leche (no es dulce) / el jugo (muy dulce) / dulce

   ———————————————————————————————————————

4. dos jugadores: Kobe Bryant (muy bueno) / Jason Kidd (bueno) / mejor

   ———————————————————————————————————————

WB 6-28 | **¿Qué hicimos?** Completa la siguiente conversación usando el pretérito de los verbos indicados.

TONI: Alicia, ¿ya **1.** _____ (almorzar) Ignacio?

ALICIA: Sí, yo **2.** _____ (almorzar) con él a las 2:00. Nosotros **3.** _____

          (comer) un sándwich y una ensalada. Yo **4.** _____ (tomar) un café y él

          5. _____ (beber) jugo. ¿Ya **6.** _____ (terminar) tu novela?

TONI: Sí, **7.** _____ (terminar) esa y **8.** _____ (comenzar) otra. En la última

          hora **9.** _____ (leer) 40 páginas.

ALICIA: Ah, esa es la novela que Luis **10.** _____ (leer) el mes pasado. Yo

          11. _____ (buscar) ese libro la semana pasada para ti.

TONI: Pues yo **12.** _____ (comprar) este libro esta mañana.

WB 6-29 | **Padre e hijo** Completa el párrafo con la forma correcta del pretérito de los siguientes verbos.

dormirse   divertirse   pedir   servir

Anoche Julio y Juan Carlos **1.** _____ mucho mirando un video de Disney. Mientras lo

miraban, el niño **2.** _____ un refresco y su padre le **3.** _____ una Coca-Cola.

Más tarde el niño **4.** _____ en el sofá.

7 De compras
Argentina, Paraguay y Uruguay

VOCABULARIO 1   La ropa

WB 7-1 | ¿Qué se necesita? Lee cada descripción de las prendas de ropa y selecciona de la lista la palabra o frase apropiada. ¡OJO! No vas a usar todas las palabras, pero no puedes usar una palabra más de una vez.

abrigo	chaleco	guantes	traje de baño
bolsa	cinturón	impermeable	vaqueros
bufanda	corbata	paraguas	zapatos
calcetines	cuero	sombrero	
cartera	gafas de sol	suéter	

1. Para nadar en una piscina te pones un _____.

2. Usas un _____ con los pantalones.

3. Cuando llueve te pones un _____ y usas un _____.

4. Te pones unos _____ en las manos.

5. Muchos llevan _____ de la marca Levis.

6. Guardas dinero en una _____.

7. Muchas mujeres guardan sus cosas en una _____.

8. Para proteger los ojos del sol, te pones unas _____.

9. Te pones un _____ en la cabeza.

WB 7-2 | La ropa apropiada Selecciona la prenda *(clothing item)* más apropiada para las siguientes actividades.

_____ 1. ir a clase   **a.** un traje de baño

_____ 2. ir a un concierto de   **b.** unas botas de cuero
música ranchera *(country)*

_____ 3. ir a una boda *(wedding)*   **c.** un vestido de seda

_____ 4. esquiar   **d.** un suéter de lana

_____ 5. pasar el día en la playa   **e.** una camisa de algodón

WB 7-3 | ¡Emergencia de moda! María Inés y Francisco Javier tienen problemas para coordinar bien su ropa. Describe su estilo único seleccionando las mejores opciones de la lista.

1. María Inés lleva *(selecciona todas las opciones posibles)*:

   a. un abrigo

   b. una falda de rayas

   c. una chaqueta de lunares

   d. zapatos de tacón alto

   e. medias

   f. un reloj

2. Francisco Javier lleva *(selecciona todas las opciones posibles)*:

   a. una gorra de béisbol

   b. una corbata de rayas

   c. un traje de cuadros

   d. un suéter de lunares

   e. una pulsera

   f. sandalias con calcetines

ESTRUCTURA Y USO 1   Talking about singular and/or completed events in the past: Verbs with irregular preterite forms

WB 7-4 | Formas verbales Conjuga los verbos indicados en el pretérito.

1. dar / yo: _____

2. dar / ella: _____

3. hacer / nosotros: _____

4. hacer / ustedes: _____

5. poder / tú: _____

6. poder / yo: _____

7. tener / yo: _____

8. tener / tú: _____

9. tener / él: _____

10. estar / usted: _____

11. estar / yo: _____

12. estar / nosotros: _____

13. ser / yo: _____

14. ser / ella: _____

15. ir / ellos: _____

WB 7-5 | Una fiesta Gloria te cuenta todos los chismes *(gossip)* de la fiesta que te perdiste anoche. Para saber lo que dice, completa las oraciones con la forma apropiada del verbo en el pretérito.

1. Muchas personas _____ (venir) a la fiesta.

2. _____ (haber) casi 70 personas en mi casa.

3. Marcos y su novia _____ (traer) mucho vino.

4. Yo _____ (ponerse) una corona *(crown)* como broma y

   _____ (ser) la reina de la fiesta.

5. Antonio le _____ (dar) un beso a la novia de Óscar.

WB 7-6 | El viaje a Argentina Bea hizo un viaje a Argentina con su novio. Le escribió esta carta a su amiga, Eva, para contarle de un pequeño problema que tuvieron durante su viaje. Para saber cuál fue el problema y cómo lo solucionaron, rellena los espacios en blanco con la forma apropiada del verbo indicado en el pretérito.

Querida Eva:

Pues, ¿qué te puedo decir? **1.** ¡_____ (Ser) un viaje maravilloso! Yo **2.** _____

(ir) primero a Buenos Aires y **3.** _____ (estar) sola allí cuatro días. Mi novio, Rafael,

4. _____ (venir) el quinto *(fifth)* día y nosotros **5.** _____ (hacer) varias cosas

juntos, pues **6.** _____ (haber / hay) muchísimas actividades para hacer en Buenos Aires.

Después nosotros **7.** _____ (ir) a Mendoza. Tú **8.** _____ (decir) una vez que tu

madre nació allí, ¿verdad? Bueno, nosotros **9.** _____ (estar) en Mendoza tres días y el último

día yo le **10.** _____ (dar) a Rafa una sorpresa. Yo **11.** _____ (hacer) reservaciones

para ir a Bariloche para esquiar. Rafa no **12.** _____ (saber) de mis planes hasta la última

noche en Mendoza. Yo le **13.** _____ (traer) los boletos *(tickets)* de avión esa noche en el

hotel. Pero, Eva, ¿sabes qué? Rafa no **14.** _____ (querer) ir. Él **15.** _____ (decir)

que los boletos costaron demasiado. Yo le **16.** _____ (decir) que no costaron mucho, pero

él quedó enojado y **17.** _____ (hacerse) el sordo *(pretended not to hear me)*. Yo no

18. _____ (poder) creerlo. Yo **19.** _____ (hacer) todo lo posible para convencerlo,

pero nada. Pero después de dos horas de discusión, yo **20.** _____ (saber) por qué. Él también me

21. _____ (dar) una sorpresa: él había comprado *(had bought)* boletos para visitar las cataratas

(falls) del Iguazú. ¡Qué romántico! Pues, tú sabes, ¡al final nosotros **22.** _____ (tener) que ir a los

dos sitios!

Bueno, ya te cuento más en otro momento.

Un beso,

Bea

WB 7-7 | Sobre el viaje a Argentina Contesta las preguntas sobre el viaje de la actividad **WB 7-6.**

1. ¿Qué problema tuvieron Bea y Rafa en este viaje?

   a. Rafa left Bea alone in Mendoza, Argentina.

   b. Rafa was upset because Bea spent too much money on this vacation.

   c. Rafa and Bea secretly planned to visit two different parts of Argentina.

   d. Bea broke her leg skiing.

2. ¿Cómo solucionaron este problema?

   a. They took both side trips that each planned.

   b. They visited Eva's mother in Mendoza.

   c. Eva decided to cancel part of the trip to save some money.

   d. Bea flew home early.

VOCABULARIO 2   De compras

WB 7-8 | ¡De compras! Belén es una profesional en las compras. Ahora describe sus estrategias. Completa sus siguientes oraciones con una palabra o un término *(term)* de la lista.

barato   descuento   efectivo   ganga   liquidación   número   ofertas
por ciento   talla   tarjeta de crédito   usar

1. Nunca pago el precio de la etiqueta *(tag).* Siempre busco las _____.

2. No compro una prenda si el _____ es menos del veinte

   _____.

3. Nunca pago en _____ cuando puedo usar mi _____.
   Así tengo más tiempo para pagar la factura *(bill).*

WB 7-9 | En la tienda Escribe la letra de la palabra o frase que mejor describe cada dibujo indicado.

_____ **1. a.** la talla

           b. un descuento del 20 por ciento

           c. el cheque

_____ **2. a.** una rebaja

           b. la talla de Shaquille O'Neal

           c. el número que usa Shaquille O'Neal

_____ **3. a.** Es una ganga.

           b. Es muy cara.

           c. Está de última moda.

_____ **4. a.** No le quedan bien.

           b. Cuestan mucho.

           c. Hacen buen juego.

_____ **5. a.** una tarjeta de crédito

           b. un cheque

           c. dinero en efectivo

WB 7-10 | ¡Qué buena ganga! Ángela está de compras y quiere comprar algo para su novio. Para saber lo que es, ordena las oraciones del diálogo.

1. _____ Bueno, este traje es del estilo «retro», de los años 60. En su momento estuvo de última moda.

2. _____ ¡Me parece bárbaro! ¡Qué buena ganga!

3. _____ Quisiera comprar un traje nuevo para mi novio.

4. _____ No, gracias. Aquí está mi tarjeta de crédito.

5. _____ ¡Qué bueno! ¿Cuánto cuesta ese traje?

6. _____ No sé su talla, pero creo que esa talla que Ud. tiene por allí le va a quedar muy bien.

7. _____ Bien, ¿necesita algo más, señorita?

8. _____ Sí, señorita, es una ganga. ¿Sabe Ud. qué talla necesita su novio?

9. _____ Pues normalmente ese traje cuesta unos 2.000 pesos, pero le puedo hacer un pequeño descuento. ¿Qué le parece un descuento del 30 por ciento?

10. _____ Buenas tardes, señorita, ¿en qué puedo servirle?

ESTRUCTURA Y USO 2 Simplifying expressions: Direct object pronouns

WB 7-11 | La vida de una supermodelo Mientras lees el periódico argentino *Clarín*, encuentras la siguiente entrevista con la supermodelo argentina Carolina Peleritti. Completa la entrevista seleccionando la respuesta más apropiada a cada una de las preguntas. Presta atención al uso de los pronombres de objeto directo. Sigue el modelo.

Modelo ¿Levantas pesas con frecuencia?
_____ Sí, los levanta con frecuencia.
___X___ Sí, las levanto con frecuencia.
_____ Sí, me levanto con frecuencia.

1. ¿Tienes que hacer muchos ejercicios todos los días?

_____ No, no las tengo que hacer.

_____ Sí, tengo que hacerla todos los días.

_____ Sí, los tengo que hacer todos los días.

2. ¿Te llama todos los días tu entrenador personal?

_____ Sí, me llama todos los días.

_____ Sí, te llama todos los días.

_____ Sí, te llamo todos los días.

3. ¿Compras la ropa de última moda?

_____ No, no las compro.

_____ Sí, me compran siempre.

_____ Sí, la compro cada mes.

4. ¿Conoces a Donna Karan?

_____ Sí, me conocen.

_____ Sí, lo conozco.

_____ Sí, la conozco.

5. ¿Puedes tomar muchas vacaciones?

_____ Sí, las puedo tomar cada año.

_____ Sí, lo puedo tomar cada verano.

_____ No, la podemos tomar mucho.

6. ¿Te invitan a muchas fiestas los diseñadores famosos?

_____ Sí, los invito a muchas fiestas.

_____ Sí, me invitan a muchas fiestas.

_____ Sí, nos invitan a muchas fiestas.

WB 7-12 | Planes Amalia y Elvia hablan de las cosas que quieren comprar. Completa su conversación con el pronombre de objeto directo apropiado.

1. AMALIA: Elvia, ¿vas a comprar esa blusa?

    ELVIA: Sí, _____ voy a comprar.

2. ELVIA: Amalia, ¿tienes ahí tu tarjeta de crédito?

    AMALIA: No. No _____ tengo.

3. AMALIA: Elvia, ¿quieres comprar esas bufandas?

    ELVIA: Sí, _____ quiero comprar.

4. ELVIA: Amalia, ¿conoces estos diseñadores?

    AMALIA: No. No _____ conozco.

5. AMALIA: Elvia, ¿vas a gastar tanto dinero?

    ELVIA: Sí, voy a gastar _____.

WB 7-13 | Un año en el extranjero Antonio regresó de un año en Argentina y ahora Carmen le hace varias preguntas sobre su viaje. Completa sus respuestas con el pronombre de objeto directo.

1. CARMEN: ¿Visitaste la Patagonia?

    ANTONIO: Sí, _____ visité tres veces.

2. CARMEN: ¿Aprendiste a jugar al fútbol?

    ANTONIO: Sí, aprendí a jugar _____.

3. CARMEN: ¿Probaste los famosos asados argentinos?

    ANTONIO: Sí, _____ probé muchas veces.

4. CARMEN: ¿Pudiste ver muchas películas argentinas?

    ANTONIO: Sí, pude ver _____ todas.

WB 7-14 | Cambio de opinión Antonia fue de compras, pero no le gusta lo que compró. Completa su conversación con su esposo con la forma apropiada del pronombre de objeto directo.

CARLOS: **1.** ¿ _____ llamaste, Antonia?

ANTONIA: Sí, Carlos. **2.** Necesito ver _____. ¿Puedes venir aquí un rato?

CARLOS: Aquí estoy. ¿Qué pasa?

ANTONIA: No puedo encontrar mi tarjeta de crédito. **3.** ¿ _____ tienes tú?

CARLOS: No, mi amor. No **4.** _____ tengo. ¿Por qué **5.** _____ necesitas?

ANTONIA: Porque no me gustan los pantalones que compré ayer y **6.** _____ quiero devolver a la tienda.

CARLOS: Pero, Antonia, ayer me dijiste que 7. _____ tuviste que comprar porque te quedaron muy bien y eran superbonitos.

ANTONIA: Sí. Es cierto. Pero cambié de opinión.

CARLOS: ¡Antonia, tú 8. _____ vas a matar con tus cambios de opinión!

ESTRUCTURA Y USO 3 Describing ongoing actions and habitual actions in the past: The imperfect tense

WB 7-15 | Investigación A las 6:00 de la tarde ayer, hubo un robo *(robbery)* en De moda, una tienda de ropa de Rosario. ¿Qué hacía cada empleado a las seis de la tarde cuando ocurrió el robo? Rellena el espacio en blanco con la forma correcta del verbo en el imperfecto. Sigue el modelo.

Modelo María _____ (limpiar) el patio.
María limpiaba el patio.

¿Qué hacía… a las 6:00 de la tarde?

1. Luis Miguel _____ (estar) en el baño.

2. Teresa _____ (probarse) un vestido nuevo.

3. Amalia y yo _____ (pagar) las facturas en la oficina.

4. Guillermo y Santi _____ (conversar) con un cliente.

5. Francisco _____ (dormir) una siesta.

WB 7-16 | Cómo cambiaron los tiempos Ana María está hablando con su nieto y recordando el pasado y cómo eran las cosas. Para completar sus recuerdos, escribe la forma correcta de los verbos en el **imperfecto**.

1. En el pasado, los jóvenes _____ (comer) más en casa.

2. En el pasado, tú nunca _____ (llevar) la ropa de última moda.

3. En el pasado, la ropa no _____ (costar) mucho dinero.

4. En el pasado, nosotros _____ (ir) al cine para ver películas.

5. En el pasado, tus padres _____ (trabajar) sólo ocho horas al día.

6. En el pasado, la gente joven _____ (leer) más.

WB 7-17 | Cuando yo era niña Ana María habla de cómo era de niña. Rellena los espacios en blanco con la forma apropiada del imperfecto para saber su historia.

Los sábados yo 1. _____ (levantarse) a las 8:00 y luego 2. _____ (ir) al baño.

A veces 3. _____ (tener) mucho sueño. Después 4. _____ (desayunar) mientras

5. _____ (mirar) la televisión por media hora. Entonces 6. _____ (bañarse) y me

7. _____ (vestirse). Luego 8. _____ (jugar) un poco en casa o, si 9. _____

(ver) a mis amigos en la calle, 10. _____ (jugar) juntos. Yo 11. _____ (tener) muchos

amigos y 12. _____ (estar) muy unidos. A veces 13. _____ (ir) todos a la plaza

para hablar con otros amigos y otras veces 14. _____ (ir) al cine. Nunca 15. _____

(gastar) mucho dinero, pero siempre 16. _____ (divertirse) mucho.

WB 7-18 | Una experiencia emocionante La semana pasada, Elena fue a la plaza central para hacer las compras. Para saber lo que pasó, rellena los espacios en blanco con la forma apropiada de los verbos. Tienes que escoger entre el pretérito y el imperfecto. ¡OJO! Repasa las reglas sobre el uso de estos tiempos antes de hacer esta actividad.

1. _____ (llover) mucho ese día y, por eso, 2. _____ (decidir) buscar un taxi. Claro,

3. _____ (haber) muchas otras personas que también 4. _____ (buscar) taxis por el

mal tiempo que 5. _____ (hacer). Por fin (yo) 6. _____ (encontrar) un taxi y subí. Le

dije al taxista adónde 7. _____ (querer) ir cuando de repente 8. _____ (recordar) que

mi bolsa 9. _____ (estar) en una de las tiendas de la plaza. Bajé del taxi y 10. _____

(ir) corriendo hacia el mercado. Cuando 11. _____ (llegar) al mercado, 12. _____

(ver) mi bolsa. Yo 13. _____ (estar) muy contenta.

VIAJEMOS POR ARGENTINA, PARAGUAY Y URUGUAY

En estos segmentos del video, vas a aprender un poco sobre las ciudades de Buenos Aires, Asunción y Montevideo, las capitales de Argentina, Paraguay y Uruguay, respectivamente.

WB 7-19 | ¿Dónde se ubican estos países? Escribe las letras del mapa que corresponden a Argentina, Paraguay y Uruguay.

_____ **1.** Argentina

_____ **2.** Paraguay

_____ **3.** Uruguay

© Cengage Learning 2014

WB 7-20 | En el video vas a escuchar muchos cognados que pueden facilitar tu comprensión del video. Algunos de estos cognados aparecen aquí. Antes de ver los segmentos, trata de pronunciar cada palabra o frase. Luego trata de emparejar *(match)* los cognados con su definición en inglés.

1. _____ conmemora   a. bay

2. _____ centenario   b. influences

3. _____ fundación   c. gastronomic (culinary)

4. _____ influencias   d. descendants

5. _____ bahía   e. commemorate

6. _____ ruinas   f. founding

7. _____ arpa   g. tomb

8. _____ bilingüe   h. centennial

9. _____ descendientes   i. bilingual

10. _____ campeonatos   j. harp

11. _____ tumba   k. ruins

12. _____ gastronómica   l. champions

WB 7-21 | Mira los segmentos de video y rellena los espacios en blanco con el cognado apropiado de la actividad **WB 7-20**.

del segmento sobre Buenos Aires:

1. El famoso Obelisco _____ el cuarto _____ de la _____ de la ciudad.

2. Los casi 3 millones de argentinos que viven en Buenos Aires, y los turistas que visitan, disfrutan de una ciudad latinoamericana con marcadas _____ culturales europeas.

del segmento sobre Asunción:

3. Asunción, la capital del país, situada en la _____ del río Paraguay, conserva _____ y construcciones coloniales.

4. La vida artística de Paraguay está relacionada con el _____ paraguaya.

del segmento sobre Montevideo:

5. Un punto importante en la capital uruguaya es el Estadio _____, sede de la Copa Mundial de fútbol de 1930 y de grandes _____ sudamericanos.

6. La especialidad _____ uruguaya es la carne a la parrilla.

Nombre ———————————————— Fecha ————————————————

WB 7-22 | Mira los segmentos de video otra vez y luego selecciona la frase correcta para completar las siguientes oraciones.

1. _____ La parte de Buenos Aires donde se originó el tango se llama…

   a. la Plaza de Mayo.   **b.** el Obelisco.   **c.** La Boca.

2. _____ A la ciudad de Buenos Aires se le dice *(it is called)*…

   a. Casa Rosada.   **b.** Bonaerense.   **c.** el París de Sudamérica.

3. _____ El arpa…

   a. llegó a Paraguay con los conquistadores.

   b. es una palabra guaraní.

   c. es el instrumento preferido de Argentina.

4. _____ Paraguay…

   a. significa "bahía".   **b.** es un país bilingüe.   **c.** tiene playas bonitas.

5. _____ Otro nombre para los uruguayos es…

   a. montevideanos.   **b.** charrúas.   **c.** ramblas.

6. _____ La tumba del General Artigas, un héroe uruguayo, está en…

   a. la Ciudad Vieja.   **b.** el Parque Rodó.   **c.** la Plaza Independencia.

¡A ESCRIBIR!

Strategy: Editing your writing

Editing your written work is an important skill to master when learning a foreign language. You should plan on editing what you write several times. When checking your compositions, consider the following areas:

1. **Content**
   a. Is the title of your composition captivating? Would it cause readers to want to read further?
   b. Is the information you wrote pertinent to the established topic?
   c. Is your composition interesting? Does it capture reader interest?

2. **Organization**
   a. Does each paragraph in the composition have a clearly identifiable main idea?
   b. Do the details in each paragraph relate to a single idea?
   c. Are the sentences in the paragraph ordered in a logical sequence?
   d. Is the order of the paragraphs correct in your composition?

3. **Cohesion and style**
   a. Does your composition as a whole communicate what you are trying to convey?
   b. Does your composition "flow" easily and smoothly from beginning to end?
   c. Are there transitions between the different paragraphs you included in your composition?

4. **Style and accuracy**
   a. Have you chosen the precise vocabulary words you need to express your ideas?
   b. Are there grammatical errors in your composition (That is, subject-verb agreement; adjective-noun agreement; errors with verb forms or irregular verbs, and so on)?
   c. Are there spelling errors in your composition (including capitalization, accentuation, and punctuation)?

If you consider these points as you edit your written work, the overall quality of your compositions will improve drastically!

Task: reporting on changing fashion habits

You will write a short report to describe what fashion was like when you were younger and how it has changed over time in your opinion.

Paso 1 Before you begin to write, answer the following questions in Spanish. How has fashion changed since you were in high school? How has fashion changed since your parents were in high school? What clothes did people wear that they don't wear now? What shops and designers were popular then that are not now?

———
———
———
———

Paso 2 Now write a first draft on a separate piece of paper; then revise it using the strategy you have just learned.

Paso 3 Write your revised draft below.

———
———
———
———
———
———
———
———
———
———
———
———
———
———
———
———
———
———
———
———
———

Autoprueba

WB 7-23 | La ropa Para cada categoría escribe el nombre de la prenda apropiada.

> **Modelo**   Para las manos: *los guantes*

las botas

la blusa

los calcetines

la corbata

la falda

el impermeable

las medias

los pantalones

las sandalias

el sombrero

el traje

el traje de baño

el vestido

los zapatos

1. Para nadar:

_____

2. Para la cabeza:

_____

3. Para los pies:

_____

4. Para las mujeres:

_____

5. Para los hombres:

_____

6. Para la lluvia:

_____

WB 7-24 | En la tienda Completa la conversación con la palabra o frase apropiada de la lista. **¡OJO!** No tienes que usar todas las palabras y frases.

en qué puedo servirle	le debo	probarme	talla
ganga	moda	queda bien	tarjeta de crédito
hace juego	número	rebaja	

DEPENDIENTE: Buenas tardes, señor. **1.** ¿_____?

CLIENTE: Buenas tardes. Busco un traje nuevo. ¿Puedo **2.** _____ este traje?

DEPENDIENTE: Sí, por aquí.

CLIENTE: Ay, este traje no es mi **3.** _____. No me **4.** _____.

DEPENDIENTE: Lo siento, señor. Aquí está otro.

CLIENTE: Sí, este es mejor. Y esta camisa, ¿qué opina? **5.** ¿_____ con el traje?

DEPENDIENTE: Sí, es un juego perfecto. Además, es de última **6.** _____.

CLIENTE: Muy bien, ¿cuánto **7.** _____?

DEPENDIENTE: En total son 200 dólares.

CLIENTE: ¡Qué **8.** _____! ¿Puedo pagar con **9.** _____?

DEPENDIENTE: ¡Claro que sí!

WB 7-25 | ¡Fin de semana! Completa la conversación con el pretérito de los verbos indicados.

DELIA: ¿Adónde **1.** _____ (ir) este fin de semana?

NORA: (Yo) **2.** _____ (Ir) con mi familia a Santa Fe.

DELIA: ¿Qué **3.** _____ (hacer) Uds. allí?

NORA: **4.** _____ (Tener) que ir a una fiesta con nuestros amigos.

DELIA: Ah, **5.** ¿_____ (venir) muchas personas a la fiesta?

NORA: Sí, y todos **6.** _____ (traer) algo distinto para comer. ¡La comida **7.** _____ (estar) riquísima! ¿Y tú? ¿Qué **8.** _____ (hacer) este fin de semana?

DELIA: Bueno, para mí el fin de semana no **9.** _____ (ser) muy bueno. No **10.** _____ (hacer) nada. El viernes quería ir a una fiesta, pero a mi novio no le gusta la persona que hacía la fiesta y él no **11.** _____ (querer) ir. El sábado había una exposición de arte en el museo, pero yo no **12.** _____ (saber) que el museo estaba abierto hasta demasiado tarde.

NORA: ¡Qué pena!

WB 7-26 | ¡A comer! Completa la conversación con el pronombre de objeto directo apropiado.

1. "Preparaste una cena muy buena, Marcos. ¡Qué amable!".

   "Gracias, Elena. _____ preparé porque sé que estás enferma".

2. "Beto, ¿ya comiste tu postre?".

   "Pues… no, papá. Mi hermanito _____ está comiendo".

3. "Mamá, ¿tú _____ quieres a mí?".

   "Sí, tu papá y yo _____ queremos mucho, Beto".

4. "Quiero una de esas manzanas, papá".

   "Bien, Beto. Acabo de comprar _____ ayer".

WB 7-27 | Mi niñez Completa la narración sobre la niñez de Héctor usando el imperfecto de los verbos apropiados de la lista.

comer   comprar   gustar   ir   limpiar   sacar   tener   vivir

De joven, yo **1.** _____ cerca de Asunción. (Yo) **2.** _____ algunos quehaceres en casa.

Por ejemplo, **3.** _____ la basura y **4.** _____ las habitaciones de la casa.

Cada sábado mi mamá y yo **5.** _____ de compras al centro. A veces ella no **6.** _____

nada, pero nos **7.** _____ mirar las cosas de las tiendas. Por la tarde nosotros **8.** _____

un pequeño almuerzo en un café.

WB 7-28 | ¡Y ahora baila! Completa la conversación entre dos hermanas con la forma apropiada del **pretérito** o el **imperfecto** de los verbos que están entre paréntesis.

PACA: Anoche mientras nosotras **1.** _____ (trabajar) en la cocina, Marcos me
         2. _____ (llamar) por teléfono.

PECA: ¿Marcos? Sabes que él y yo no nos llevamos bien. Cuando nosotros **3.** _____ (ser)
         jóvenes, él siempre **4.** _____ (burlarse) *(made fun)* de mí.

PACA: ¿Sí? Bueno, ahora es una persona muy simpática. De hecho *(in fact)*, él me **5.** _____
         (invitar) a salir a bailar el próximo sábado.

PECA: ¡Qué curioso! De joven él nunca **6.** _____ (bailar) con nadie.

         Bueno, **7.** ¿ _____ (aceptar) (tú) su invitación?

PACA: Sí, la **8.** _____ (aceptar). ¡Y vamos a salir mañana!

Fiestas y vacaciones
Guatemala y El Salvador

VOCABULARIO 1   Fiestas y celebraciones

WB 8-1 | Las celebraciones Completa cada frase con la palabra apropiada.

anfitrión   brindis   cohetes   disfraz   máscara   pastel   velas

1. Se oyen muchos _____ durante la celebración de la Independencia de los Estados Unidos.

2. El _____ es la persona que da la fiesta.

3. Para celebrar Mardi Gras en Nueva Orleans, mucha gente se pone una _____.

4. Se ponen las _____ en el _____ de cumpleaños.

5. En los Estados Unidos, la gente se pone un _____ para celebrar el día 31 de octubre.

6. Al hacer el _____, la gente dice "¡salud!".

WB 8-2 | ¿Qué pasó en la fiesta? Paulino no fue la fiesta sorpresa de Luci anoche, pero escuchó los siguientes detalles sobre lo que pasó. Empareja los detalles con los dibujos y luego pon la lista de los detalles en orden.

Orden		Letra del dibujo
1. _____ Juan Carlos le gritó a Javi y Javi se asustó.		_____
2. _____ Todos lo pasaban bien, menos su novio, Juan Carlos.		_____
3. ___1___ Anoche se reunió toda la familia de Luci.		___D___
4. _____ Juan Carlos reaccionó mal cuando vio que Javi, el ex novio de Luci, estaba en la fiesta.		_____
5. _____ Luci cumplió 20 años y su familia le dio una fiesta sorpresa.		_____
6. _____ Luci lloró y le dijo a Juan Carlos que se portaba muy mal.		_____
7. _____ Todos los invitados le trajeron regalos.		_____

WB 8-3 | ¡Qué dramáticos! Carlos habla de cómo reaccionan los miembros de su familia en los días festivos. Para saberlo, forma oraciones con una forma apropiada de **ponerse** + el adjetivo dado. Recuerda que los adjetivos tienen que concordar en número y género con la persona que describen. Sigue el modelo.

Modelo　El cumpleaños: Teresa y Gabriel / triste
Teresa y Gabriel se ponen tristes.

1. El Día de los Reyes Magos: Carolina / enojado

　_____

2. El Día de los Muertos: Javier y Silvia / asustado

　_____

3. El Día de la Raza: yo (Carlos) / emocionado

　_____

4. La Noche Vieja: nosotros / cansado

　_____

WB 8-4 | Nuestras costumbres Para saber lo que hace Normita y su familia en los días festivos, rellena los espacios en blanco con la palabra o frase apropiada de la lista. No vas a usar todas las palabras, pero ninguna palabra se usa *(is used)* más de una vez. ¡OJO! Tienes que conjugar los verbos según el sujeto *(subject)*.

cumpleaños	cumplir años	hacer una fiesta	olvidar
pasarlo	reaccionar	recordar	reunirse

Cuando alguien en mi familia **1.** _____, nosotros siempre **2.** _____.

Nosotros **3.** _____ con todos los miembros de la familia y siempre

4. _____ bien. Cuando celebramos el **5.** _____ de mi madre, ella

siempre se pone molesta porque mi padre nunca **6.** _____ la fecha y no le compra

un regalo.

ESTRUCTURA Y USO 1 Inquiring and providing information about people and events: Interrogative words

WB 8-5 | Una llamada a mamá Mónica llama a su mamá en El Salvador y, como siempre, su mamá tiene muchas preguntas. Completa su conversación con las palabras interrogativas apropiadas. **¡OJO!** Recuerda que estas palabras siempre llevan un acento escrito.

SEÑORA LÓPEZ: ¡Bueno!

MÓNICA: ¡Hola, mamá! Soy yo, Mónica.

SEÑORA LÓPEZ: ¡Mónica! **1.** ¿—————————— estás, hija?

MÓNICA: Bien, mami, bien.

SEÑORA LÓPEZ: Me alegro. Oye, **2.** ¿—————————— estás ahora? ¿Estás en la residencia?

MÓNICA: Sí, mami. ¿Y papi, **3.** ¿—————————— está? ¿Está en casa?

SEÑORA LÓPEZ: Sí, pero ya se durmió. **4.** ¿—————————— hora es allí?

MÓNICA: Son las once. Dentro de poco voy a una fiesta.

SEÑORA LÓPEZ: Mónica, **5.** ¿—————————— quieres ir a una fiesta tan tarde? ¿No tienes clases mañana?

MÓNICA: Ay, mami. Sí, tengo clases, pero está bien. No pasa nada.

SEÑORA LÓPEZ: **6.** ¿—————————— vas? ¿Con **7.** —————————— vas?

MÓNICA: Mami, no te preocupes. No vamos a salir de la residencia. Voy con mi amiga Carola.

SEÑORA LÓPEZ: **8.** ¿—————————— es Carola? **9.** ¿—————————— es ella? ¿Es de Nueva York?

10. ¿—————————— tiempo hace que la conoces?

MÓNICA: ¡Mami! Tranquila. Es mi amiga y es de Manhattan, pero habla español muy bien. Es muy buena gente *(a good person)* y vamos a estar bien. Dime, mami,

11. ¿—————————— pasa allí? ¿Alguna novedad?

SEÑORA LÓPEZ: Pues, sí. ¡Nació *(was born)* tu primera sobrina!

MÓNICA: ¿De verdad? **12.** ¿—————————— nació? **13.** ¿—————————— se llama?

SEÑORA LÓPEZ: Se llama Verónica y nació anoche.

MÓNICA: **14.** ¿—————————— pesa?

SEÑORA LÓPEZ: Unas ocho libras. Es grande.

MÓNICA: ¡Qué alegría, mami! Mira, me voy a tener que ir, pero quería preguntarte, ¿te acuerdas *(do you remember)* del libro que me recomendaste la semana pasada?

SEÑORA LÓPEZ: **15.** ¿—————————— libro?

MÓNICA: El libro de cuentos. **16.** ¿—————————— era el título?

SEÑORA LÓPEZ: Ay, mi amor, ya soy tan vieja que no puedo recordar.

MÓNICA: Bueno, mami. Tal vez la próxima vez. Mira, ya me tengo que ir. Un beso para papi y dos para mi nueva sobrina. Chau.

SEÑORA LÓPEZ: Te quiero mucho. Chau, Mónica.

ESTRUCTURA Y USO 2   Narrating in the past: The preterite and the imperfect

WB 8-6 | Una pachanga Anoche Lupe asistió a una fiesta con sus colegas *(coworkers)* de trabajo y ella dice que pasaron algunas cosas muy extrañas *(strange)*. Ahora le cuenta a Eva sobre la fiesta. Selecciona la forma correcta de los verbos indicados.

Eva, anoche (yo) **1.** (vi / veía) algo muy raro en la fiesta del trabajo. Cuando **2.** (llegué / llegaba) a la fiesta, ya **3.** (hubo / había) un ambiente *(atmosphere)* muy extraño. Por ejemplo, Ofelia **4.** (bailó / bailaba) en la mesa mientras que Ledia **5.** (recitó / recitaba) poesía en un rincón *(corner)* y Kati le **6.** (habló / hablaba) a Miguel sobre su esposo famoso. De repente *(all of a sudden)*, Samuel **7.** (corrió / corría) medio desnudo por la sala recitando palabra por palabra episodios del *Quijote*.

Eva, yo creo que tus colegas se han vuelto locos *(they've gone crazy)*. ¿Recuerdas que el año pasado ellos **8.** (fueron / iban) a la fiesta y no **9.** (se divirtieron / se divertían) para nada?

WB 8-7 | Traducciones Traduce *(Translate)* las siguientes oraciones al español. **¡OJO!** Cada oración requiere un verbo en el pretérito y otro en el imperfecto.

1. My grandmother was preparing food when the guests arrived.

   _____

2. My little brother was behaving poorly and he had to go to his bedroom.

   _____

3. My girlfriend called while I was watching television.

   _____

4. Teri and Juan remembered the party while they were at the office.

   _____

5. It began to rain as Santi was leaving the house.

   _____

Nombre _____ Fecha _____

WB 8-8 | Un cuento de hadas *(fairy tale)* Rellena los espacios en blanco con la forma apropiada del verbo en el pretérito o el imperfecto. Lee la historia una vez antes de rellenar los espacios para comprender el contexto y luego escoge *(choose)* la forma apropiada del verbo. Al final, adivina *(guess)* qué cuento de hadas es.

1. _____ (Haber) una vez un rey que **2.** _____ (tener) cinco hijas. De todas ellas, la más joven **3.** _____ (ser) la más bonita. La princesa **4.** _____ (tener) una pelota y siempre **5.** _____ (ir) a jugar a solas con esta pelota al lado de un estanque *(pond)* cerca del castillo. Un día la princesa **6.** _____ (perder) su pelota en el agua del estanque. La pobre princesa no **7.** _____ (saber) nadar y por eso no **8.** _____ (poder) recoger su pelota favorita. La princesa **9.** _____ (estar) muy triste y **10.** _____ (empezar) a llorar. De repente, la princesa **11.** _____ (oír) una voz. La voz le decía: "Princesa, ¿qué **12.** _____ (pasar) aquí? ¿Por qué lloras?". La princesa no **13.** _____ (saber) de dónde **14.** _____ (venir) la voz, pero pronto ella **15.** _____ (ver) un sapito *(little frog)*. En este momento, el sapo **16.** _____ (volver) a hablar y **17.** _____ (decir): "Yo te puedo devolver *(return)* tu querida pelota si me haces un favor". La princesa **18.** _____ (preguntar) cuál **19.** _____ (ser) el favor y el sapo le **20.** _____ (contestar) que él **21.** _____ (querer) un beso. La princesa **22.** _____ (tener) que pensar un minuto: ella **23.** _____ (querer) su pelota, pero no **24.** _____ (saber) si **25.** _____ (poder) darle un beso al sapo. Al final **26.** _____ (decidir) que sí. Ella **27.** _____ (ir) a darle un beso al sapo.

En ese momento, el sapo se zambulló *(dove)* en el agua y le **28.** _____ (devolver) la pelota a la princesa. Ahora la princesa **29.** _____ (tener) que besarlo. Ella **30.** _____ (cerrar) los ojos y lo **31.** _____ (besar). Un segundo después, la princesa **32.** _____ (saber) por qué el sapo quería el beso. ¿Cómo se llama el cuento? **33.** _____

a. "Caperucita Roja" *(Little Red Riding Hood)*

b. "La princesa y el sapo" *(The Frog Prince)*

c. "Los tres cerditos" *(The Three Little Pigs)*

VOCABULARIO 2 La playa y el campo

WB 8-9 | Activos Javi y sus amigos son muy deportistas y activos. Escribe una oración completa para describir las actividades que hacen en cada dibujo. Sigue el modelo.

Modelo Javi *pasea en canoa.*

1. Nadia _____

2. Carlos _____

3. Alicia _____

4. Javi y Ángela _____

5. Rafa _____

WB 8-10 | De vacaciones Luis y Jorge fueron de vacaciones con sus amigos. Para saber cómo lo pasaron, completa el párrafo con las palabras apropiadas de la siguiente lista.

balneario	canoa	olas
broncearse	bloqueador solar	parrillada
pescar	lago	playa
camping	mar	tomar el sol

La semana pasada Luis, Jorge y algunos amigos decidieron irse de vacaciones. A Jorge le gusta mucho estar

en las montañas, así que él quería hacer **1.** _____. Jorge dijo que conocía un lugar precioso

donde podían nadar en un **2.** _____ y también **3.** _____. Pero a los otros les gusta más estar cerca del mar y decidieron ir a un **4.** _____. Encontraron un hotel

que estaba justo al lado *(right along side)* del **5.** _____. El primer día de sus vacaciones,

salieron del hotel temprano y fueron a la **6.** _____ para **7.** _____. Para

protegerse contra el sol, se aplicaron **8.** _____. Después de **9.** _____

lo suficiente *(sufficiently)*, decidieron hacer algunas actividades acuáticas. Primero corrieron las

10. _____ y después decidieron pasear en **11.** _____. Esa noche,

para cenar, todos hicieron una **12.** _____. Se divirtieron mucho y hasta *(even)* Jorge

estaba muy contento.

ESTRUCTURA Y USO 3 Stating indefinite ideas and quantities: Affirmative and negative expressions

WB 8-11 | Conversaciones en el café Estás en un café en San Salvador y escuchas partes de diferentes conversaciones. Lee las preguntas y respuestas y luego selecciona la palabra afirmativa o negativa apropiada para rellenar el espacio. **¡OJO!** No es necesario que uses todas las palabras y puedes usar algunas de las palabras más de una vez.

algo   alguien   nada   nadie   ni… ni   nunca   o… o   siempre

1. ¿Quieres tomar algo más?

   No, no quiero tomar _____.

2. ¿Tomas café con leche?

   No, _____ tomo café con leche.

3. ¿Conoces a _____ de esa compañía?

   Sí, conozco a varias personas.

4. ¿Quieres hacer camping este fin de semana o prefieres correr las olas?

   Este fin de semana _____ quiero hacer camping _____ quiero correr las olas. Prefiero quedarme en casa.

5. ¿Viste _____ interesante en la tele anoche?

   No. No vi _____ interesante anoche.

WB 8-12 | Bienvenida, abuela La abuela de Rafa acaba de llegar y Rafa piensa que ella le trajo un regalo. Para saber si lo hizo, rellena los espacios en blanco con la palabra afirmativa o negativa apropiada.

algo   algún   algunas   algunos   ningún   ninguna   siempre   tampoco

RAFA: ¿Me trajiste **1.** _____ regalo, abuela?

ABUELA: ¡Claro! **2.** _____ te traigo regalos, ¿verdad?

RAFA: Sí. ¿Me trajiste **3.** _____ tarjetas de iTunes?

ABUELA: No, Rafa. No te traje **4.** _____ tarjeta.

RAFA: ¿Me trajiste **5.** _____ para comer?

ABUELA: **6.** _____, Rafa.

RAFA: Pues, ¿qué me trajiste, abuela?

ABUELA: Te traje **7.** _____ libros de historia.

RAFA: ¡Ay, no quiero **8.** _____ libro de historia!

ABUELA: …y un juego electrónico.

RAFA: ¡Eres mi abuela favorita!

WB 8-13 | Opuestos Forma una oración con el significado opuesto sustituyendo las palabras afirmativas con palabras negativas.

1. Hay algunas canoas para alquilar en el balneario.

   _____

2. Todos en nuestro grupo saben pescar.

   _____

3. Talía también sabe bucear.

   _____

4. Pati o quiere nadar o quiere broncearse.

   _____

VIAJEMOS POR GUATEMALA Y EL SALVADOR

En estos segmentos del video, vas a aprender un poco
sobre los países de Guatemala y El Salvador.

WB 8-14 | ¿Dónde se ubican? Identifica los países
de Guatemala y El Salvador en el mapa.

1. ——————— Escribe la letra del mapa que corresponde a
Guatemala.

2. ——————— Escribe la letra del mapa que corresponde a
El Salvador.

WB 8-15 | En estos segmentos del video, vas a escuchar muchos
cognados que pueden facilitar tu comprensión del video.
Algunos de estos cognados aparecen aquí. Antes de ver los
segmentos, trata de pronunciar cada palabra o frase y luego trata
de emparejar *(match)* los cognados con su definición en inglés.

1. ——————— descendientes
2. ——————— ritos
3. ——————— volcanes
4. ——————— erupciones
5. ——————— tumba
6. ——————— extinto

a. eruptions
b. descendants
c. tomb
d. rituals
e. volcanoes
f. extinct

WB 8-16 | Mira el video otra vez y trata de rellenar los espacios en blanco con el cognado apropiado de la
actividad **WB 8-15**.

del segmento sobre Guatemala:

1. Las costumbres religiosas de sus habitantes, que son ——————————— de los mayas, son una
mezcla de ——————————— mayas y cristianos.

2. Desde el lago se ven los ——————————— Atitlán, Tolimán y San Pedro.

del segmento sobre El Salvador:

3. El Salvador, el país más pequeño de Centroamérica, tiene una historia larga de ———————————
volcánicas.

4. El Cerro Verde es un volcán ———————————.

WB 8-17 | Después de ver el video, indica si las siguientes oraciones son **ciertas** (C) o **falsas** (F).

	cierto	falso
1. Chichicastenango es una ciudad turística de El Salvador.	☐	☐
2. Los huipiles son blusas tradicionales indígenas típicas de Guatemala.	☐	☐
3. Los guatemaltecos son descendientes de los mayas.	☐	☐
4. San Salvador es un pueblo pequeño.	☐	☐
5. Muchos visitan la Catedral Metropolitana de San Salvador para ver la tumba del arzobispo Óscar Romero.	☐	☐

¡A ESCRIBIR!

Strategy: Writing a summary

A good summary tells the reader the most important information about an event. The following is a list of important data that one should include in a summary:

- An interesting title or topic sentence
- Description of the setting: when and where the action took place, who was involved, any special conditions that were in existence
- What made the situation interesting or unique
- What actions took place, expected or unexpected
- How the event or situation ended or was resolved

Task: Writing a summary of a favorite holiday or celebration

Paso 1 When you were young, what was your favorite holiday or celebration? How long has it been since you last celebrated? How did you celebrate? Did something special / funny /interesting happen? Answer these questions below in Spanish.

_____

_____

_____

Paso 2 Based on your responses above, write a descriptive paragraph to summarize these details. Since your description will be in the past, you will need to pay attention to your use of the preterite and the imperfect. Refer to your text to review the use of these verb forms.

_____

_____

_____

_____

_____

Paso 3 Revise your first draft, making sure your ideas are organized and that your verb forms are accurate; then write your final draft below.

———
———
———
———
———
———
———
———
———
———

Autoprueba

WB 8-18 | Una celebración especial Para saber cómo lo pasaron en la fiesta de Ana anoche, completa la siguiente descripción con una palabra apropiada de la lista. ¡OJO! Vas a tener que conjugar algunos de los verbos.

anfitriona	entremeses	pasarlo
brindis	felicidades	pastel
celebrar	gritar	recordar
cumplir	invitados	regalos
disfraz	llorar	reunirse
disfrazarse	máscara	velas

Ayer Silvia **1.** _____ treinta años y Ana le hizo una fiesta divertida. Había mucha cerveza,

vino y sodas. Ana también preparó varios **2.** _____ y todos comieron un montón. Todos

los **3.** _____ tuvieron que **4.** _____ de su personaje histórico favorito.

Ana se puso una **5.** _____ de María Antonieta (*Marie Antoinette*) y su esposo, Jorge,

se puso un **6.** _____ de Simón Bolívar. A las once de la noche, a la misma hora en que

nació Silvia, todos **7.** _____ para **8.** _____ el momento. Hicieron un

9. _____ y todos **10.** _____, **11.** "¡_____!".

Luego, empezaron a comer el **12.** _____ de cumpleaños. Esta vez, no tenía

13. _____ porque Silvia no quería **14.** _____ cuántos años cumplía.

A la medianoche, Silvia abrió sus **15.** _____. Su novio, Raúl, le dio un anillo de

diamantes y Silvia empezó a **16.** _____. La fiesta acabó a las tres de la mañana.

Todos **17.** _____ muy bien y antes de salir todos le dieron las gracias a la

18. _____, que había preparado (*had prepared*) una fiesta tan buena. ¡La celebración

fue un éxito total!

WB 8-19 | En la playa y en el campo Escribe la letra de cada actividad descrita (*described*).

_____ **1.** nadar debajo del agua con un tubo	**a.** bucear	
_____ **2.** nadar debajo del agua con un tanque	**b.** acampar	
_____ **3.** jugar en el agua con una tabla	**c.** tomar el sol	
_____ **4.** navegar en bote de vela en el mar	**d.** correr las olas	
_____ **5.** descansar tranquilamente en la playa	**e.** pasear en canoa	
_____ **6.** cocinar carne al aire libre	**f.** hacer esnórquel	
_____ **7.** dormir debajo de las estrellas	**g.** hacer una parrillada	
_____ **8.** navegar por los ríos en un bote	**h.** pasear en velero	

WB 8-20 | Preguntas Un amigo te hace preguntas por Internet. Completa sus preguntas con la palabra interrogativa apropiada.

1. Soy de la ciudad de Guatemala. ¿_____ eres tú?

2. Ahora estoy en la universidad. ¿_____ estás tú ahora mismo?

3. A mí me encanta la música de Pink Floyd. ¿_____ es tu música favorita?

4. Paso mucho tiempo en la selva con mis amigos. ¿_____ vas tú para divertirte?

5. Salimos a bailar mucho. ¿_____ haces tú para divertirte en tu ciudad?

6. Tomo tres clases este semestre. ¿_____ clases tomas tú?

7. Estudio relaciones internacionales. ¿_____ estudias tú?

WB 8-21 | Un viaje inolvidable Lee la siguiente narración sobre un viaje memorable de Guillermo. Después, escribe la forma apropiada del pretérito o del imperfecto de cada verbo entre paréntesis.

Cuando yo **1.** _____ (ser) más joven, **2.** _____ (hacer) una vez un viaje a

Belice. **3.** _____ (Ir) con toda mi familia. Mi hermanito **4.** _____ (tener)

tres años y yo **5.** _____ (tener) catorce. Después de pensarlo mucho, mis padres

6. _____ (decidir) hacer el viaje a Belice porque quedaba muy cerca de donde nosotros

7. _____ (vivir) en Guatemala en esos años. Recuerdo todo de ese viaje. El lugar

8. _____ (ser) tan limpio y bonito y en las playas **9.** _____ (haber)

muchos pájaros y otros animales bonitos. Yo sí **10.** _____ (poder) nadar, pero mi

hermanito todavía no **11.** _____ (saber) nadar. Un día yo **12.** _____ (ir)

a nadar sin él y él **13.** _____ (empezar) a llorar. ¡Pobre Juan! En realidad, pobre de mí,

porque ese día mientras yo **14.** _____ (nadar) en el mar, un pez grande me

15. _____ (morder) *(to bite)*. En un instante yo **16.** _____ (sentir)

un dolor tremendo y **17.** _____ (gritar): "¡Mamá, ayúdame!". Mi mamá

18. _____ (meterse) al agua y me **19.** _____ (salvar) la vida.

Después de salir del agua, yo **20.** _____ (tener) que ir al hospital. Al final no

21. _____ (ser) nada serio, pero de todas formas toda la situación me

22. _____ (asustar) mucho.

WB 8-22 | Significados especiales Recuerda que ciertos verbos tienen un significado especial en el pretérito o el imperfecto. Completa las siguientes oraciones con el pretérito o imperfecto según *(according to)* el significado de la oración.

1. Anoche nosotros _____ (tener) que asistir a una reunión muy aburrida. No salimos hasta las 10:00 de la noche.

2. El año pasado Elisa _____ (saber) que Esteban tenía una hermana. No lo _____ (saber) antes.

3. Anita quería llevarme a una celebración familiar, pero yo no _____ (querer) ir. Me quedé en casa.

4. La semana pasada Dolores trató de sacar dinero del banco, pero no _____ (poder). El cajero automático estaba descompuesto *(broken)* y el banco estaba cerrado.

5. Cuando yo era más joven, _____ (tener) que estudiar mucho.

WB 8-23 | ¿Quiere algo? Completa las oraciones con una palabra apropiada de la lista.

algo	algún	algunas	algunos	nada	ni… ni
ninguna	nunca	también	tampoco		

VENDEDOR: ¿Quiere **1.** _____, señor?

CLIENTE: Sí, quiero **2.** _____ tomates, por favor.

VENDEDOR: Bien. ¿Quiere **3.** _____ manzanas **4.** _____? Están muy frescas.

CLIENTE: No, no quiero **5.** _____ porque no como fruta.

VENDEDOR:: ¿Necesita **6.** _____ huevos frescos, señor?

CLIENTE: No, **7.** _____ como huevos.

VENDEDOR: ¿De verdad? Mi esposa no come **8.** _____ frutas **9.** _____ huevos. ¡Qué coincidencia! ¿Necesita pan hoy?

CLIENTE: No, gracias, no necesito **10.** _____ más.

VENDEDOR: Muy bien… catorce quetzales, por favor.

De viaje por el Caribe
Cuba, Puerto Rico y la República Dominicana

VOCABULARIO 1 Viajar en avión

WB 9-1 | Rompecabezas Usa las pistas *(clues)* para solucionar este rompecabezas sobre los viajes. Escribe la palabra más apropiada, según la pista.

1. Un grupo de maletas: ___ ___ ___ ___ p ___ ___ ___

2. Donde guardas la ropa para un viaje: ___ ___ ___ ___ ___ a

3. Un viaje directo de Miami a Puerto Rico es un vuelo sin: e ___ c ___ ___ ___

4. El momento en que el avión sale del aeropuerto: s ___ ___ ___ ___ a

5. Para saber cuándo sale un vuelo tienes que consultar un: ___ ___ r ___ ___ ___ o

6. Para comprar un boleto de avión, vas a una: ___ ___ ___ n ___ ___ ___ de viajes.

7. Un boleto de San Francisco a San Juan y de San Juan a San Francisco es un boleto de:
   ___ d ___ y ___ ___ ___ l ___ ___

8. Donde esperas el avión justo antes del vuelo: ___ ___ e ___ ___ ___

9. La persona que te trae bebidas y comida durante el vuelo: ___ s ___ ___ ___ ___ ___ t ___

10. El documento necesario para pasar por la aduana: ___ ___ ___ ___ p ___ ___ ___ ___ ___

11. Las personas que viajan en un avión: ___ ___ ___ ___ ___ ___ ___ ___ ___ s

WB 9-2 | Un viaje gratis Quieres viajar en tus vacaciones y ahora consultas con el agente de viajes. ¿Qué preguntas te hace? Para saberlo, rellena los espacios en blanco con la palabra apropiada de la lista. **¡OJO!** En algunos casos, tienes que conjugar el verbo.

abordar   aduana   avión   boleto   control de seguridad   facturar
llegada   pasaporte   perdón   ventanilla   viajar

1. ¿Adónde quieres _____?

2. ¿Deseas un _____ de ida y vuelta o solamente de ida?

3. ¿Prefieres ir en _____ o en tren?

4. Por lo general, ¿_____ las maletas cuando vas en avión?

5. ¿Tienes un _____ para pasar la aduana sin problemas?

WB 9-3 | Un viaje a Puerto Rico Quieres ir a Puerto Rico este verano y decides pedirle ayuda a tu amigo Ricardo. Es de San Juan y te dice todo lo que hace para planear sus viajes a Puerto Rico. Para saber lo que dice, rellena los espacios en blanco con la palabra apropiada de la lista. **¡OJO!** En algunos casos, tienes que conjugar el verbo.

abordar	boletos	inmigración
aeropuerto	equipaje de mano	pasaporte
agencia de viajes	escala	pasillo
agente	facturar las maletas	recoger
asiento	hacer las maletas	ventanilla
bajarse	horario	viaje

Cuando hago mis planes para viajar a Puerto Rico, siempre voy a la **1.** _____,

donde compro los **2.** _____. Lola, mi **3.** _____, es excelente.

Siempre sabe encontrar los mejores precios. Yo le digo las fechas de mi **4.** _____

y después ella consulta el **5.** _____ de los vuelos. Aunque vivimos más cerca de

San Diego, siempre salgo del **6.** _____ de Los Ángeles porque los precios son

mucho más baratos. El único problema es que de ningún sitio tienen vuelos directos. Todos hacen una

7. _____ en Chicago o en Miami. Lola siempre me consigue un

8. _____ específico en el avión. A mí me gusta ver el paisaje desde el avión y

por eso siempre me siento en la **9.** _____. Pero a mi novia le gusta caminar por el

avión muchas veces durante el vuelo. Por eso, ella siempre se sienta en el **10.** _____.

Ahora, tú sabes que yo fumo como una chimenea, pero ya no podemos fumar en los aviones. Está bien. Yo

lo que hago es fumar tres o cuatro cigarrillos antes de **11.** _____ el avión. Antes

del viaje siempre estoy muy ocupado con los preparativos. Siempre hago una lista de todo lo que tengo

que empacar *(pack)*. Así *(So)*, cuando **12.** _____ no me olvido de nada esencial.

Nunca llevo **13.** _____ porque nunca hay suficiente espacio en el avión.

Cuando llego al aeropuerto, siempre tengo que **14.** _____, pero no es gran cosa.

Voy cómodo en el avión, y al llegar a Puerto Rico, **15.** _____ del avión,

16. _____ el equipaje, ¡y listo! Bueno, creo que lo vas a pasar superbién en Puerto

Rico. Recuerda que no necesitas un **17.** _____ y que no tienes que pasar por la

18. _____ porque Puerto Rico es parte de los Estados Unidos. Y, obviamente,

¡no olvides llevar el traje de baño!

ESTRUCTURA Y USO 1   Simplifying expressions (1): Indirect object pronouns

WB 9-4 | **¿Locos de amor?** Pablo e Inés están en su luna de miel y hablan de los recuerdos *(souvenirs)* que van a comprar. Para saber qué compró Pablo para Inés, completa su conversación con el pronombre de objeto indirecto apropiado. Luego contesta la pregunta que está al final del diálogo.

PABLO: Inés, mi amor, ¿a mi mamá ya **1.** _____ mandamos una tarjeta postal?

INÉS: Pues, yo no **2.** _____ mandé nada, cielo. Y ahora no queda tiempo. A tus

padres **3.** _____ compramos un recuerdo; no necesitan una tarjeta postal.

PABLO: Tienes razón, mi amor. Pero me siento mal porque ellos ya **4.** _____ mandaron dos cartas a nosotros, ¡y ellos no están de vacaciones!

INÉS: Pero tus padres son así. ¡No te preocupes *(Don't worry)*! No van a estar enojados. Ahora, a tu

hermana, ¿qué **5.** _____ compraste ayer en San Juan?

PABLO: Nada, mi amor, porque no sabía que quería algo de San Juan.

INÉS: Pues, Pablito, a ti **6.** _____ pidió dos botellas de ron Don Q Gran Añejo. ¿No lo recuerdas, cielo?

PABLO: No, no recuerdo nada. Creo que estoy demasiado enamorado de ti como para pensar en otras personas.

INÉS: Ah, ¡qué mono eres! Pues ayer cuando estabas de compras, ¿a mí **7.** _____ compraste algo?

PABLO: Claro que sí. ¡A ti **8.** _____ compré mil años más conmigo!

INÉS: ¡Qué romántico! Pero, Pablo, entonces, ¿a quién **9.** _____ vas a regalar este equipo de buceo que tienes escondido *(hidden)* en el armario?

PABLO: Eh, eh, pues, mi amor, sabes cuánto me gusta bucear… y el año pasado yo

10. _____ pedí un equipo de buceo y tú nunca **11.** _____ regalaste el equipo que quería… y, pues el precio era muy bueno…

INÉS: ¡Pablo! Creo que tienes que volver a San Juan, mi amor.

¿Qué recuerdo le regaló Pablo a Inés? **12.** _____

WB 9-5 | **¿Qué hiciste?** Tu amiga, Teresa Enrollada, siempre tiene problemas difíciles. Cuando ella te cuenta un problema, tú le preguntas cómo va a solucionar su problema. Escribe tus preguntas usando un pronombre de objeto indirecto. Sigue el modelo.

> **Modelo**   La profesora está enojada y quiere hablar conmigo. (¿hablar?)
> *¿Le vas a hablar? / ¿Vas a hablarle?*

1. Mis amigos quieren copiar mi tarea. (¿enseñar / tarea?)

_____

2. Mi ex novio necesita 300 dólares. (¿dar / dinero?)

_____

3. Tengo que hacerte una pregunta importante. (¿hacer / pregunta?)

_____

4. Mi nuevo amigo de Internet quería una foto de mí. (¿ofrecer / foto?)

_____

5. Este amigo de Internet quiere mandarnos una foto a nosotros dos. (¿mandar / foto?)

_____

WB 9-6 | Planes Julio y sus compañeros de casa van de viaje a la República Dominicana y a Haití. Ahora están hablando de lo que cada persona hace para planear el viaje. Forma oraciones completas con los elementos que siguen, incorporando pronombres de objeto indirecto.

1. Carlos / comprar / una maleta / a Anita

_____

2. Julio / prometer / hacer las reservaciones / a sus compañeros

_____

3. Alicia y Mabel / mandar / un correo electrónico / a su primo en Santo Domingo

_____

4. el señor Martínez / ir a recomendar / un hotel / a nosotros

_____

5. yo / ir a explicar / los planes / a ti

_____

ESTRUCTURA Y USO 2   Simplifying expressions (2): Double object pronouns

WB 9-7 | ¡Feliz cumpleaños! Carmen le cuenta a una amiga sobre la fiesta de cumpleaños de Olga que tuvo lugar (took place) anoche. Completa su historia con un pronombre de objeto directo o un pronombre de objeto indirecto. ¡OJO! Vas a usar sólo uno en cada caso y no los dos juntos.

Ayer fue el cumpleaños de Olga y ella **1.** _____ pasó muy bien. Todos sus amigos

2. _____ dieron muchos regalos. **3.** _____ compraron en diferentes

tiendas especializadas del viejo San Juan. Por ejemplo, Paco **4.** _____ compró una blusa

de seda. A Olga le gustó mucho la blusa y ella **5.** _____ dio un beso a Paco. Mateo,

el novio de Olga, también **6.** _____ dio un regalo especial. A nosotros Mateo

7. _____ dijo que iba a ser algo increíble, y realmente fue increíble. Después de que

Olga abrió todos sus regalos, Mateo miró a Olga y **8.** _____ dijo: "Olga,

9. _____ quiero mucho, y tú **10.** _____ sabes. Y también creo que tú

11. _____ quieres a mí, ¿verdad? Pues **12.** _____ compré este regalo,

13. ¡abre _____ ahora mismo!". Cuando Olga **14.** _____ abrió, empezó

a gritar. Era un anillo de diamantes. De repente, ella **15.** _____ miró a nosotros y

16. _____ dijo: "¡Voy a casarme con Mateo!".

WB 9-8 | Regalos para todos Ernesto le pregunta a Fernando sobre los regalos que dio y recibió el Día de los Reyes Magos. Selecciona la mejor respuesta a las preguntas de Ernesto, según los dibujos. Sigue el modelo.

Modelo ¿Quién te dio las maletas?
___X___ Tú me las diste.
_____ Uds. se las dieron.
_____ Nos las dieron Uds.

1. ¿A quién le regalaste el libro?

_____ Me lo regaló mi abuela.

_____ Me la regaló mi abuela.

_____ Se lo regalé a mi abuela.

2. ¿A quién le regalaste los discos compactos?

_____ Se las regalé a mis hermanas.

_____ Se los regalé a mis hermanas.

_____ Me las regaló mis hermanas.

3. ¿Quién les compró las bicicletas a ti y a tu hermano?

_____ Nos las compraron nuestros padres.

_____ Se las compramos a nuestros padres.

_____ Nos los compraron nuestros padres.

4. ¿A quién le mandaste dinero?

_____ Se los mandé a mis sobrinos.

_____ Nos los mandaron mis sobrinos.

_____ Se lo mandé a mis sobrinos.

WB 9-9 | ¡Qué buen servicio! La familia Suárez está pasando una semana de vacaciones en el hotel Meliá de San Juan, Puerto Rico. Completa las siguientes conversaciones entre un empleado *(employee)* del hotel y el señor Suárez. Forma oraciones usando los pronombres de objeto directo e indirecto. Sigue el modelo.

> **Modelo** SR. SUÁREZ: Señor, ¿me puede cambiar el cuarto?
> EMPLEADO: Sí, *se lo cambio.*

1. SR. SUÁREZ: Señor, ¿nos puede traer una plancha?

EMPLEADO: Sí, _____.

2. SR. SUÁREZ: Señor, ¿les puede enseñar la piscina a mis hijos?

EMPLEADO: Sí, _____.

3. SR. SUÁREZ: Señor, ¿me puede explicar cómo funciona el televisor?

EMPLEADO: Sí, _____.

4. SR. SUÁREZ: Señor, ¿le puede servir el almuerzo a mi esposa?

EMPLEADO: Sí, _____.

WB 9-10 | ¡Házmelo! Alfonso se enferma el último día de sus vacaciones y Javier le tiene que hacer varias cosas. Para saber qué le pide Alfonso a Javier, usa los elementos que están abajo para formar mandatos y usar los pronombres de objeto directo e indirecto. **¡OJO!** Cuando usas los dos pronombres con el mandato, tienes que usar un acento escrito sobre la vocal acentuada. Sigue el modelo.

> **Modelo** Tengo sed y necesito un vaso de agua. (traer / el vaso de agua / a mí)
> *Tráemelo, por favor.*

1. A mi novia todavía no le compré su regalo. (comprar / el regalo / a mi novia)

_____

2. Tengo que preparar mis maletas, pero no puedo. (preparar / las maletas / a mí)

_____

3. Tengo que mandarles la tarjeta postal a mis padres, pero no puedo. (mandar / la tarjeta postal / a ellos)

_____

4. Quiero comer fruta. (servir / fruta / a mí)

_____

5. Necesito una aspirina. (dar / la aspirina / a mí)

_____

6. Necesitamos reconfirmar los vuelos. (reconfirmar / los vuelos / a nosotros)

_____

VOCABULARIO 2   El hotel

WB 9-11 | Hoteles El hotel El Lagarto y el hotel Sol y Luna son dos hoteles muy diferentes de San Juan, Puerto Rico. Mira los dibujos y decide si las siguientes oraciones son ciertas o falsas.

	cierto	falso
1. El hotel El Lagarto no tiene ascensor.	☐	☐
2. Los cuartos del hotel El Lagarto tienen baños privados.	☐	☐
3. El hotel El Lagarto no tiene aire acondicionado.	☐	☐
4. Los cuartos del hotel El Lagarto son muy cómodos	☐	☐
5. El hotel Sol y Luna es un hotel de cuatro estrellas.	☐	☐
6. Los cuartos del hotel Sol y Luna no están muy limpios.	☐	☐
7. Los cuartos del hotel Sol y Luna tienen camas dobles.	☐	☐

WB 9-12 | ¿Un hotel de cuatro estrellas? El señor Vargas quiere quedarse en un hotel de cuatro estrellas cuando va a la República Dominicana. Para saber si encuentra uno, completa su conversación con la recepcionista del hotel Las Brisas con una palabra apropiada de la lista. Luego contesta la pregunta que está al final del diálogo.

aire acondicionado	cama doble	cuarto	llave
ascensor	camas sencillas	cuatro estrellas	quedarse
baño privado	cómodos	limpio	quejarse

SEÑOR VARGAS: Buenos días. Quiero un **1.** _____ para dos personas, por favor.

RECEPCIONISTA: ¿Con una **2.** _____ o con dos **3.** _____, señor?

SEÑOR VARGAS:	Una doble, por favor, con un **4.** _____.
RECEPCIONISTA:	Bien. Tengo un cuarto en el sexto piso: número 606. ¿Está bien, señor?
SEÑOR VARGAS:	Pues, el hotel tiene **5.** _____, ¿verdad?
RECEPCIONISTA:	No, señor. Lo siento. Ese es el encanto del hotel. A nuestros clientes les ofrecemos un descanso de la edad moderna.
SEÑOR VARGAS:	Pues hace mucho calor aquí. ¿Tiene **6.** _____ el cuarto?
RECEPCIONISTA:	No, señor, pero cada cuarto tiene un abanico *(handheld fan)*. ¡No se preocupe, señor! Nuestros cuartos son muy **7.** _____. ¿Cuántas noches quiere **8.** _____?
SEÑOR VARGAS:	Tres noches, pero no sé si puedo aguantar *(put up with)* el calor y las escaleras.
RECEPCIONISTA:	No va a haber ningún problema, señor. A Ud. nuestro pequeño paraíso le va a gustar mucho. Este no es un hotel de **9.** _____, pero todo está muy **10.** _____ y Ud. no va a **11.** _____ de nada.
SEÑOR VARGAS:	Pues, no sé. ¿Puedo ver el cuarto antes de decidir?
RECEPCIONISTA:	Sí, señor. Aquí tiene la **12.** _____.

¿Es el hotel Las Brisas un hotel de cuatro estrellas? **13.** _____

ESTRUCTURA Y USO 3 Giving directions: Prepositions of location, adverbs, and relevant expressions

WB 9-13 | Medios de transporte ¿Cuáles son los siguientes medios de transporte? Ordena las letras para revelar las palabras.

1. icaicletb: _____

2. rbaoc: _____

3. xita: _____

4. cheoc: _____

5. tremo: _____

6. úbotasu: _____

WB 9-14 | En la ciudad Lee la siguiente descripción de la ciudad y selecciona la preposición más apropiada, según el mapa.

La plaza está en el centro de la ciudad. Hay un parque que está **1.** (lejos de / detrás de / cerca de) la biblioteca. Hay un museo **2.** (entre el / a lado del / a la derecha del) banco y la oficina de correos. **3.** (Lejos del / Entre / Al lado del) parque está la gasolinera. La gasolinera está **4.** (a la derecha de / delante de / lejos de) la terminal de autobuses. **5.** (Enfrente de / Lejos de / Al lado de) la terminal está la estación de trenes, que está **6.** (a la izquierda del / a la derecha del / lejos del) mercado central. **7.** (A la derecha del / Enfrente del / Detrás del) hotel hay una iglesia. La iglesia está **8.** (lejos de / entre / cerca de) la oficina de correos. El aeropuerto está **9.** (cerca de / lejos de / enfrente de) la ciudad.

WB 9-15 | ¿Cómo llego? La señora López está en el hotel de la ciudad que aparece en el mapa de la actividad **WB 9-14.** Quiere saber cómo llegar a varias partes de la ciudad y pide direcciones en la recepción. ¿Cómo le contestan en la recepción? Mira otra vez el plano de la ciudad y completa las siguientes conversaciones con las palabras apropiadas de la lista. **¡OJO!** Puedes usar la misma palabra más de una vez y no tienes que usar todas las palabras.

A

a la derecha	doble
a la izquierda	en avión
a pie	hacia
cuadras	perdón
cruce	siga

SEÑORA LÓPEZ: 1. _____, señora, ¿cómo llego a la estación de trenes?

RECEPCIONISTA: Es muy fácil, señora. Usted puede ir **2.** _____. Salga *(Leave)* del

hotel y **3.** _____ a la derecha. **4.** _____ la calle y

5. _____ derecho **6.** _____ el sur dos

7. _____. La estación está **8.** _____.

B

a pie	izquierda
cuadras	lejos
derecha	pararse
doble	perdón
en autobús	siga
hacia	un taxi

SEÑORA LÓPEZ: Y dígame, por favor, ¿cómo llego al aeropuerto?

RECEPCIONISTA: Pues, el aeropuerto queda un poco **1.** _____ de la ciudad,

pero usted tiene varias opciones. Puede ir **2.** _____, pero es más

fácil llamar **3.** _____. Salga del hotel y **4.** _____

a la **5.** _____. **6.** _____ derecho tres

7. _____ y **8.** _____ a la **9.** _____.

De allí, el aeropuerto queda a unos 25 kilómetros **10.** _____ el oeste.

ESTRUCTURA Y USO 4 Telling someone to do something: Formal commands and negative *tú* commands

WB 9-16 | Mandatos Escribe la forma apropiada del mandato según las indicaciones. Sigue el modelo.

> **Modelo** tú, negativo / hablar: *no hables*
> usted, positivo / comer: *coma*

1. usted, positivo / viajar: _____

2. ustedes, negativo /fumar: _____

3. tú, negativo / llegar: _____

4. usted, positivo / bañarse: _____

5. ustedes, negativo / abrir: _____

6. tú, negativo / ir: _____

7. usted, positivo / bajarse: _____

8. tú, negativo / pedir: _____

9. ustedes, positivo / salir: _____

10. tú, negativo / dormirse: _____

WB 9-17 | En el Viejo San Juan Es la primera semana que Gloria está en San Juan y no conoce la ciudad. Les pide indicaciones a muchas personas que encuentra. Completa las siguientes conversaciones usando los mandatos formales de los verbos indicados.

En la calle

GLORIA: Perdón, señor. ¿Sabe Ud. si hay un mercado por aquí?

SEÑOR ORTEGA: Sí, señora. 1. _____ (Seguir) Ud. derecho hasta la esquina.

GLORIA: Luego 2. _____ (doblar) a la derecha en la calle Norzagaray y

3. _____ (pasar) dos cuadras más hasta la calle Tanca. Allí está

el mercado.

GLORIA: Gracias, señor.

SEÑOR ORTEGA: De nada, señora.

En el mercado

EMPLEADO: Señora, 4. _____ (decirme) qué quiere Ud.

GLORIA: 5. _____ (Darme) medio kilo de esas manzanas, por favor. Y, ¿están

frescos los mangos?

EMPLEADO: Sí, 6. _____ (mirar) Ud. Están superfrescos.

GLORIA: Muy bien. Y, ¿dónde puedo encontrar la sección de carnes?

EMPLEADO: Lo siento, señora. Aquí no vendemos carnes. **7.** _____ (Ir) a la

carnicería. Queda muy cerca de aquí.

GLORIA: Bien. Entonces, eso es todo. Gracias.

EMPLEADO: De nada. **8.** _____ (Tener) Ud. un buen día.

¡Y **9.** _____ (volver) pronto!

GLORIA: Gracias. ¡Adiós!

WB 9-18 | ¡Despiértense! Ernesto y sus amigos querían pasar las vacaciones de primavera en un club deportivo en Puerto Rico, pero su agente de viajes se equivocó y los alojó *(lodged them)* en un balneario para gente que quiere bajar de peso *(lose weight)*. A las 6:00 de la mañana del primer día, el director del club viene a despertarlos. ¿Qué les manda? Forma mandatos informales y plurales con los siguiente elementos. **¡OJO!** Los pronombres van conectados al final de los mandatos afirmativos y van delante de los mandatos negativos.

> **Modelo**   A todos: levantarse
> *¡Levántense todos!*
>
> A Ernesto: no dormirse otra vez
> *¡No te duermas otra vez!*

1. A todos: vestirse rápidamente

   _____

2. A Ernesto: no ducharse

   _____

3. A todos: ponerse los zapatos de tenis

   _____

4. A todos: correr 10 millas

   _____

5. A Ernesto: no pararse para descansar

   _____

6. A todos: subir la escalera

   _____

7. A todos: quitarse los zapatos y meterse en la piscina

   _____

VIAJEMOS POR CUBA, PUERTO RICO Y LA REPÚBLICA DOMINICANA

En estos segmentos del video, vas a aprender un poco sobre Cuba, Puerto Rico y La República Dominicana.

WB 9-19 | En estos segmentos del video, vas a escuchar muchos cognados que pueden facilitar tu comprensión del video. Algunos de estos cognados aparecen aquí. Antes de ver el video, trata de pronunciar cada palabra o frase y luego trata de emparejar *(match)* los cognados con su definición en inglés.

1. _____ máscaras
2. _____ quioscos
3. _____ militar
4. _____ socialista
5. _____ Antillas
6. _____ conventos
7. _____ mármol
8. _____ estatua
9. _____ bautizó (bautizar)

a. marble
b. military
c. masks
d. convents
e. socialist
f. Antilles
g. statue
h. kiosks
i. baptized

WB 9-20 | Mira los segmentos del video otra vez y trata de rellenar los espacios en blanco con el cognado apropiado de la actividad **WB 9-19**.

del segmento sobre Cuba:

1. La República _____ de Cuba, situada en el mar Caribe, es la isla más grande de las _____ Mayores.

2. En La Habana Vieja están todos los grandes monumentos antiguos, las fortalezas, los _____ e iglesias, los palacios, las callejuelas, los balcones.

del segmento sobre Puerto Rico:

3. Este es el Fuerte de San Felipe del Morro, una edificación _____ de seis niveles, estructura clave en el fortalecimiento del Imperio Español en el Nuevo Mundo.

4. Estas _____ hechas de papel maché representan la influencia africana en la cultura puertorriqueña.

del segmento sobre la República Dominicana:

5. Cristóbal Colón _____ la isla La Española.

WB 9-21 Después de ver los segmentos otra vez, selecciona la mejor respuesta a las siguientes preguntas.

1. ¿Dónde está situada La República de Cuba?

   a. En el océano Atlántico

   b. En el mar Caribe

   c. Al lado de Puerto Rico

2. ¿Qué es el monumento a José Martí?

   a. Una estatua de mármol ubicada *(located)* en el punto más alto de La Habana

   b. La fortificación construida por los españoles

   c. Una estatua ubicada en el Malecón

3. ¿Cuál es otro nombre para la isla de Puerto Rico?

   a. Bacalaíto

   b. El Malecón

   c. La Ciudad Amurallada

4. ¿Qué es Ponce?

   a. Un monumento histórico del Viejo San Juan

   b. La plaza principal de La Habana

   c. La segunda ciudad más grande de Puerto Rico

5. ¿Cuál es el deporte más practicado y popular en la República Dominicana?

   a. La natación

   b. El béisbol

   c. El tenis

6. ¿Cuál es otro nombre para la República Dominicana?

   a. Madre de Todas las Tierras

   b. Faro a Colón

   c. Malecón

Nombre —————————————— Fecha ——————————————

¡A ESCRIBIR!

Strategy: Using commands to give directions

If you're travelling in a Spanish-speaking country or city, chances are you might need to ask for directions. In addition, you might even have to give directions! The most important element of explaining to someone how to get from one place to another is accuracy. If you explain your directions clearly and concisely, people will be able to follow them easily.

Here are six basic requirements for giving directions to a place:

1. Choose the easiest route.

2. Be very clear in your directions.

3. Give the directions in chronological order.

4. Use linking expressions such as **Primero…, Luego…, Después de eso…, Entonces…, Usted debe…, Después…,** and **Finalmente…**

5. Identify clearly visible landmarks such as:

la avenida *avenue*	**el cruce de caminos** *intersection*
el bulevar *boulevard*	**el edificio** *building*
la calle *street*	**el letrero** *sign*
el camino *road*	**el puente** *bridge*
la colina *hill*	**el semáforo** *traffic light*

6. When possible, include a sketch of the route.

Modelo *Para llegar a mi casa del aeropuerto, siga estas indicaciones. Primero, siga la calle del aeropuerto hasta la salida. Doble a la derecha y siga por el bulevar Glenwood dos kilómetros hasta el primer semáforo, donde hay un cruce de caminos. Entonces, doble a la izquierda y siga por el camino Parkers Mill dos kilómetros (pasando debajo de un puente) hasta la calle Lane Allen. En esa calle, doble a la derecha y siga otros dos kilómetros hasta el segundo semáforo. Después, doble a la izquierda en el camino Beacon Hill y siga derecho medio kilómetro hasta el camino Normandy. Doble a la izquierda y vaya a la cuarta casa a la derecha. Allí vivo yo, ¡y allí tiene su casa!*

Task: Giving directions from the airport to a place in town

The Álvarez family is coming from Puerto Rico to visit your city for the first time. They want to know what they should do while there, where they should stay, and of course, where they should go for fun. Write a letter to Mr Álvarez describing your city and giving directions for how to get to your favorite place in the city from the closest airport.

© 2014 Cengage Learning. All Rights Reserved. May not be scanned, copied or duplicated, or posted to a publicly accessible website, in whole or in part.

Paso 1 Using the strategy above, write out the directions from the airport to your favorite part of the city.

_____

_____

_____

_____

_____

Paso 2 Using the directions you wrote above, write out a first draft of the letter and include information about where the Álvarez family should stay and what they should do in your favorite part of the city.

Paso 3 After revising your first draft, write out your second draft below.

_____

_____

_____

_____

_____

_____

_____

_____

_____

_____

Autoprueba

WB 9-22 | Viajes Empareja la descripción de la columna de la izquierda con las palabras de la columna de la derecha.

_____ 1. maletas y mochilas   **a.** la aduana

_____ 2. las horas de salida y llegada   **b.** el horario

_____ 3. las personas que viajan   **c.** el equipaje

_____ 4. donde hacen la inspección de las maletas   **d.** los pasajeros

_____ 5. donde los turistas presentan los pasaportes   **e.** el pasaporte

_____ 6. donde los turistas compran sus boletos de viaje   **f.** la inmigración

_____ 7. el documento oficial para entrar en otro país   **g.** la agencia de viajes

WB 9-23 | En el hotel El Sr. Morales tiene que pasar tres noches en un hotel en San Juan y el gerente le cuenta algunos detalles del hotel. Completa su descripción usando palabras de la lista.

aire acondicionado   ascensor   cómodo   cuartos   cuatro estrellas
dobles   limpios   privado   recepción   sencillas   sucios

Este es un hotel de lujo, es decir, de **1.** _____. En este hotel todos los

2. _____ siempre están **3.** _____ y nunca están

4. _____. Según su preferencia, tenemos habitaciones con camas

5. _____ o **6.** _____. Todas tienen baño **7.** _____.

Como esta zona es tropical y normalmente hace mucho calor, todas las habitaciones también tienen

8. _____. La mejor habitación está en el octavo piso, pero no se preocupe, tenemos

9. _____. Si durante su visita necesita cualquier cosa, por favor llame a la

10. _____. Le pueden traer todo lo que Ud. necesite. Creo que Ud. va a estar muy

11. _____ en este hotel.

WB 9-24 | ¿Dónde está todo? Mira el mapa. Estás en la Avenida Constitución. Completa las oraciones con las preposiciones apropiadas de la lista. No repitas ninguna palabra.

a la derecha   a la izquierda   al lado   delante   detrás   enfrente   entre

1. La terminal de autobuses está _____ de la iglesia.

2. El hotel El Sol está _____ de la iglesia.

3. La estación de trenes está _____ de la oficina de correos.

4. La oficina de correos está _____ la estación de trenes y el Banco Nacional.

5. El Banco Nacional está _____ de la oficina de correos.

6. El Café Roma está _____ de la librería.

WB 9-25 | Indicaciones Ana Marie está perdida en una calle de Santo Domingo y le pide indicaciones a alguien en la calle. Completa las indicaciones con las palabras apropiadas. Vas a usar una de las siguientes palabras dos veces.

cruce   doble   hacia   siga   suba

Para llegar a su hotel de aquí, 1. _____ esta calle y 2. _____ derecho por

dos cuadras más. 3. _____ a la izquierda y luego 4. _____ una cuadra en

la calle Palacios. 5. _____ derecho 6. _____ el sur y el hotel estará a la

derecha.

WB 9-26 | Una carta Completa la siguiente conversación con pronombres de objeto indirecto.

JUAN CARLOS: Celina, 1. _____ escribí una carta a mis padres hoy.

GLORIA: ¿Qué 2. _____ dijiste?

JUAN CARLOS: A mi mamá 3. _____ dije que estoy muy contento aquí y a mi papá

4. _____ dije que necesito más dinero. Pero es interesante, porque cuando

5. _____ fui a enviar la carta, encontré que ellos 6. _____

habían escrito (had written) una carta a mí.

GLORIA: ¡Qué coincidencia! ¿Qué 7. _____ decían a ti?

JUAN CARLOS: Pues 8. _____ decían que estaban bien y que no 9. _____

iban a enviar más dinero. Al final, decidí no mandar 10. _____ la carta.

WB 9-27 | Elena, la buena Elena siempre les hace favores a sus amigos. Escribe sus respuestas a las preguntas de sus amigos usando el pronombre de objeto directo e indirecto.

1. Elena, ¿me puedes prestar *(loan)* tu chaqueta azul?

_____

2. Elena, ¿nos preparas una cena especial?

_____

3. Elena, ¿nos puedes escribir el ensayo?

_____

4. Elena, ¿te podemos pasar nuestra tarea?

_____

5. Elena, ¿le puedes comprar un regalo a Rosa?

_____

WB 9-28 | ¿Dónde está el banco? Olga sale del mercado y le pide ayuda al dueño. Completa su conversación con el mandato formal de los verbos que están entre paréntesis. **¡OJO!** En algunos casos, tienes que usar un pronombre.

OLGA: **1.** _____ (Perdonar), señor. Por favor, **2.** _____ (darme) tres tomates más.

DUEÑO: Cómo no, señora. **3.** _____ (Tomar) Ud. estos. Están muy frescos y dulces.

OLGA: Gracias. **4.** _____ (Decirme) una cosa, señor. ¿Sabe Ud. si hay un banco cerca de aquí?

DUEÑO: Pues, sí. **5.** _____ (Salir) del mercado y **6.** _____ (ir) dos cuadras todo derecho. El banco está a la izquierda.

OLGA: ¡Muchas gracias! **7.** _____ (Tener) Ud. un buen día.

DUEÑO: Ud. también señora. **8.** _____ (Volver) pronto. Nos Vemos.

10 Las relaciones sentimentales
Honduras y Nicaragua

VOCABULARIO 1   Las relaciones sentimentales

WB 10-1 | Palabras revueltas Pon en orden las letras de las siguientes palabras sobre relaciones sentimentales.

1. samitda: ———— ———— ———— ———— ———— ————

2. tica: ———— ———— ———— ————

3. cirasepaón: ———— ———— ———— ———— ———— ———— ———— ————

4. sader la noma: ———— ———— ———— ———— ———— ———— ———— ———— ————

5. roma: ———— ———— ———— ————

6. promimcoso: ———— ———— ———— ———— ———— ———— ———— ———— ————

WB 10-2 | ¿Qué palabra es? Lee las pistas *(clues)* y escribe las palabras de relaciones sentimentales que se describen.

1. Otro nombre para el amor que demuestran los novios

   ———— ———— ———— ———— ———— ————

2. El viaje que hacen los novios después de casarse

   ———— ———— ———— ————   ———— ————   ———— ———— ———— ————

3. Lo opuesto del matrimonio

   ———— ———— ———— ———— ———— ———— ————

4. Lo que hacen los novios que no se llevan bien

   ———— ———— ———— ———— ———— ———— ———— ————

5. Decoración utilizada en la ceremonia

   ———— ———— ———— ————

6. Lo que lleva la novia durante la ceremonia

   ———— ———— ———— ————

7. La fase de la relación amorosa justo antes del matrimonio

   ———— ———— ———— ———— ———— ———— ————

8. Nombre para la ceremonia que inicia el matrimonio

   ———— ———— ———— ————

WB 10-3 | La boda de Juan Antonio y María Teresa Carmen está explicándole a su amiga Nuria algo sobre la boda de su hermano Juan Antonio. Para saber cómo fue, completa su descripción con una palabra o frase apropiada de la siguiente lista.

amor	boda	casarse	novia	novios	quería
ramo	de flores	recién casados	rompió	salió	se besaron

Juan Antonio 1. _____ con su 2. _____ María Teresa por tres años. Ellos están

muy contentos ahora, pero no siempre ha sido así. Hace un año María Teresa 3. _____ con Juan

Antonio porque conoció a otro hombre. Pero después de varios meses, María Teresa se dio cuenta de que

4. _____ mucho a mi hermano y ellos se reunieron y decidieron 5. _____.

Ellos hicieron muchos planes para el día de la 6. _____ y ese día fue fantástico. María

Teresa se vistió de blanco y llevó un 7. _____ que consistía de rosas rojas, símbolo del

8. _____. Mi hermano llevaba un traje elegante y estaba muy guapo. Cuando el cura les dijo a los

9. _____: "Los declaro marido (*husband*) y mujer", ellos 10. _____ y salieron de la

iglesia. Después, todas fuimos a una recepción en honor de los 11. _____. Estoy muy contenta

de que todo salió bien con ellos a pesar de sus dificultades.

ESTRUCTURA Y USO 1   Describing recent actions, events, and conditions: The present perfect tense

WB 10-4 | ¡Lo he perdido! Marta ha perdido algo en la universidad. Para saber lo que es, completa la siguiente conversación con formas apropiadas del verbo **haber**.

MARTA: Hola, soy Marta.

CATALINA: Hola, soy Catalina. ¿Qué te 1. _____ pasado?

MARTA: 2. _____ perdido mi bolsa con mi pasaporte. ¿La 3. _____

visto tú por aquí?

CATALINA: Pues, no. Lo siento. No 4. _____ visto ninguna bolsa. ¿De dónde eres?

MARTA: Soy de Managua. Mi hermana y yo 5. _____ venido a la universidad para

estudiar informática.

CATALINA: ¡Qué bueno! Uds. son nicaragüenses. ¿6. _____ llamado Uds. a la policía?

MARTA: No, nosotras no lo 7. _____ hecho todavía. Lo vamos a hacer ahora mismo.

CATALINA: Bien. ¡Buena suerte!

WB 10-5 | Formas verbales Indica la forma correcta del presente perfecto de los siguientes verbos. ¡OJO! El presente perfecto requiere una forma del verbo **haber** y el participio pasado. Sigue el modelo.

Modelo   yo, cantar: *he cantado*

1. yo, hablar: _____

2. tú, comer: _____

3. él, dormir: _____

4. ella, ir: _____

5. nosotros, abrir: _____

6. vosotros, decir: _____

7. ellos, hacer: _____

8. ustedes, volver: _____

9. yo, escribir: _____

10. tú, ver: _____

WB 10-6 | Los últimos detalles Linda y su mamá están hablando de las preparaciones para la boda de Linda. Completa su conversación con la forma correcta del verbo indicado en el presente perfecto. ¡OJO! Recuerda que varios de los verbos tienen participios irregulares.

LINDA: Bueno, mamá, ¿qué más tenemos que hacer?

MAMÁ: **1.** ¿_____ (comprar) las invitaciones?

LINDA: Sí, y ya les **2.** _____ (mandar) invitaciones a todos los invitados.

MAMÁ: **3.** ¿_____ (pagar) el vestido de boda?

LINDA: Ahhh... Se me olvidó. Y tampoco **4.** _____ (hablar) con el sastre *(tailor)*

sobre los arreglos. Y mamá, ¿sabes si papá ya **5.** _____ (reservar) su

esmoquin *(tuxedo)*?

MAMÁ: Sí, Linda. ¡No te preocupes! Tu papá ya lo **6.** _____ (hacer). ¿No

7. _____ (ver) el recibo?

LINDA: No, mamá. Papá todavía no me lo **8.** _____ (traer). Se lo voy a pedir. Bueno,

mamá, ¿algo más?

MAMÁ: No, Linda, creo que nosotras **9.** _____ (recordar) todo. Ay, a lo mejor queda

un detalle. Tu novio, ¿ **10.** _____ (decir) que quiere casarse contigo?

LINDA: ¡Mamá!

WB 10-7 | ¡Casados ya! Hace dos meses que Miguel y Ana están casados y ahora Ana le escribe una carta a sus abuelos para decirles cómo les va. ¿Qué les ha pasado hasta ahora? Forma oraciones con los siguientes elementos, usando el presente perfecto.

> **Modelo**   nosotros / pasarlo bien
> *Nosotros lo hemos pasado bien.*

Queridos abuelos:

1. nosotros / volver / de la luna de miel

_____

2. la vida de casados / ser / perfecto

_____

3. cada día / Miguel / decir / que me quiere mucho

_____

4. nuestros amigos / escribirnos / muchas cartas

_____

5. nosotros / abrir / una cuenta bancaria

_____

6. Y, ¿saben qué? / ¡el conejo / morir!

_____

Con mucho cariño,

Ana y Miguel

ESTRUCTURA Y USO 2   Qualifying actions: Adverbs and adverbial expressions of time and sequencing of events

WB 10-8 | Adverbios Forma adverbios de los siguientes adjetivos. Sigue el modelo.

> **Modelo**   frecuente: *frecuentemente*

1. inmediato _____

2. nervioso _____

3. regular _____

4. tranquilo _____

5. constante _____

6. rápido _____

WB 10-9 | Don Juan Berta acaba de conocer a Esteban, el "don Juan" de su residencia universitaria. Ahora le está haciendo preguntas a Cristina sobre cómo es este don Juan. ¿Cómo contesta Cristina? Escribe la respuesta de Cristina, convirtiendo el adjetivo en adverbio.

    Modelo   ¿Cómo les habla Esteban a las chicas? / paciente
                        Habla a las chicas pacientemente.

  1. ¿Cómo conquista a las chicas Esteban? / fácil

    _____

  2. ¿Cuándo llama a las chicas? / frecuente

    _____

  3. ¿Cómo besa a las chicas? / apasionado

    _____

  4. ¿Cómo corta con las chicas? / rápido

    _____

WB 10-10 | Las vacaciones de Adolfo Adolfo le escribió un correo electrónico a su *pen pal* sobre sus vacaciones. Termina la carta, rellenando los espacios en blanco con los adverbios apropiados de la siguiente lista.

                         a veces   cada   nunca   siempre   solamente

1. _____ año voy de vacaciones a las lindas playas de Nicaragua. Cuando era niño,

2. _____ iba con mi familia, pero ahora que soy mayor, voy con mi novia. De hecho,

prefiero viajar solo con ella; **3.** _____ invito a nadie más. Normalmente paso dos meses,

pero este año **4.** _____ voy a poder pasar dos semanas. ¡Pero voy a aprovechar el tiempo!

5. _____ voy a explorar la selva y después voy a bañarme en el mar y comer fruta fresca.

6. _____ me gusta pasar tiempo en Managua con algunos de mis amigos, pero este año,

con tan poco tiempo, creo que voy a quedarme cerca de la playa y la selva. ¡Sé que lo voy a pasar superbien!

VOCABULARIO 2   La recepción

WB 10-11 | La recepción ¿Cuáles de las siguientes actividades son parte de una recepción de una boda tradicional en los Estados Unidos? Indica estas actividades con una X.

  1. _____ Los novios van de pesca inmediatamente después de la ceremonia.

  2. _____ Los invitados felicitan a los novios.

  3. _____ La celebración toma lugar en un lugar especial.

  4. _____ Los novios se ponen patines y pasean por el salón.

  5. _____ La novia les tira su vestido a las chicas solteras.

  6. _____ Todos los invitados se visten de gala.

  7. _____ El novio pasa la aspiradora.

8. _____ La pareja baila con la música de la orquesta.

9. _____ La pareja entra en el salón y todos los invitados aplauden.

10. _____ Los padres de la novia planchan la ropa.

WB 10-12 | Así se hace Maribel le está contando a su amiga Ángela cómo son las recepciones en su país. Para saber cómo son, completa la descripción con la palabra apropiada de la siguiente lista. **¡OJO!** Tienes que conjugar los verbos en el presente del indicativo.

agarrar   aplaudir   asistir   banquete   felicitar   orquesta   terminar

Después de la ceremonia, todos los invitados **1.** _____ a una fiesta elegante para celebrar

el matrimonio. Todo empieza con un brindis para los novios. Después, los invitados toman su champán

(champagne) y **2.** _____ a los recién casados.

Generalmente, el **3.** _____ comienza a las nueve de la noche. Hay todo tipo de comida

rica; mientras comen los invitados, la **4.** _____ toca música moderna y tradicional.

Después de la cena, todos se divierten mucho bailando y charlando hasta muy tarde. Al final, la novia tira su

ramo de flores y una chica lo **5.** _____. Eso significa que ella va a casarse pronto. La fiesta

6. _____ cuando los novios se van. Todos **7.** _____ y los recién casados

salen para su luna de miel.

ESTRUCTURA Y USO 3   Talking about future events: Future tense

WB 10-13 | Predicciones Andrés piensa en cómo será su futuro y el futuro de las siguientes personas. Escribe lo que piensa Andrés usando el futuro.

Modelo   Yo ... tomar una clase / trabajar para una organización política el año que viene
Yo tomaré una clase y trabajaré para una organización política el año que viene.

1. Yo ... ir a Nicaragua para encontrar a Marina / estudiar filosofía con Marina / enamorarme de Marina / olvidarme de mi novia en Honduras

   _____

   _____

2. Marina ... conocerme mejor / asistir a una clase de política contemporánea / querer cambiar de especialidad / decirme que me quiere

   _____

   _____

3. El novio de Marina ... saber que Marina ya no lo quiere / escribirle muchas cartas de amor / hacer muchos esfuerzos para no perderla / tener que encontrar a una nueva novia

   _____

   _____

4. Marina y yo ... irnos de Nicaragua / volver a Honduras / casarnos / tener cuatro hijos

   _____

   _____

WB 10-14 | ¿Qué pensará Marina? Marina también está pensando en Andrés y escribe varias de sus predicciones para el futuro. Para saber lo que escribe, completa los párrafos usando el futuro de los verbos apropiados de cada lista.

A

ahorrar   tener   venir   volver

Un día yo **1.** _____ a Nicaragua. Esta vez mi ex-novio Eduardo no **2.** _____

conmigo. Creo que (yo) **3.** _____ más dinero que ahora porque mi nuevo novio Andrés y

yo lo **4.** _____ cada semana.

B

divertirse   escribir   querer   visitar

Antes de irme para Managua, yo les **1.** _____ a mis otros amigos nicaragüenses para

decirles que yo los **2.** _____. Estoy segura de que ellos **3.** _____ verme y

que nosotros **4.** _____ mucho.

C

haber   hacer   poder   saber   ser   tomar

Yo **1.** _____ el viaje en la primavera. En esa temporada **2.** _____ menos

turistas que ahora y todo **3.** _____ más tranquilo y barato. Yo **4.** _____

más sobre la política de Nicaragua porque **5.** _____ más clases. Así

6. _____ tener más en común con Andrés.

WB 10-15 | Te haces Walter Mercado Tú te has convertido en el famoso psíquico latino, Walter Mercado, y ahora estás haciendo muchas predicciones para todo el mundo. Escribe tus predicciones.

1. El(La) novio(a) de mi mejor amigo(a) le _____ (decir) que quiere salir conmigo.

2. Yo _____ (hacer) un viaje por las Américas.

3. El dueño del lugar donde vivo me _____ (cancelar) el contrato.

4. Mis padres _____ (ganar) la lotería.

5. Mis amigos y yo _____ (mudarnos) a Honduras para vivir allí.

WB 10-16 | Consulta con el oráculo Carolina decidió preguntarle al oráculo sobre varias de sus predicciones para el futuro. Escribe sus preguntas. **¡OJO!** Recuerda que en las preguntas el sujeto va después del verbo. Sigue el modelo.

> **Modelo** Borat ser presidente de Kazajistán
> *¿Será Borat presidente de Kazajistán?*

1. Hillary Clinton   estar   al lado de los conservadores

   ¿_____?

2. El Presidente Obama   aprender   hablar español como un nativo

   ¿_____?

3. Las hijas de Obama   ser   políticas

   ¿_____?

4. Varios países del mundo   aprobar   las leyes para acabar con las guerras.

   ¿_____?

5. Todos los países del mundo   llevarse bien

   ¿_____?

ESTRUCTURA Y USO 4   Expressing conjecture or probability: The conditional

WB 10-17 | Si pudiera... Lidia Rodríguez está hablando con su amigo Pedro sobre cómo sería si ella estuviera encargada *(were in charge)* de todas las decisiones importantes de la universidad. Para saber lo que dice, forma oraciones en el condicional usando los elementos dados. Sigue el modelo.

> **Modelo** los estudiantes / no pagar / ninguna matrícula *(tuition)*
> *Los estudiantes no pagarían ninguna matrícula.*

1. los estudiantes / poder / obtener becas *(scholarships)* más fácilmente

   _____

2. nosotros / no tener que / asistir a clases por la mañana

   _____

3. haber / fiestas / continuamente

   _____

4. los profesores / no darles / notas a los estudiantes

   _____

5. todos los estudiantes / querer / asistir a esta universidad

   _____

WB 10-18 | Paqui la periodista Paqui es reportera para la sección social de un periódico hispano. Hoy les pide opiniones a varios novios sobre qué harían para tener una boda perfecta. Ayúdale a elaborar la lista de preguntas, rellenando los espacios en blanco con una forma del **condicional** de los verbos indicados.

1. ¿_____ (Tener) Uds. una boda grande o pequeña?

2. ¿Les _____ (decir) Uds. a los invitados que no quieren regalos extravagantes?

3. ¿_____ (Querer) Uds. quedarse hasta el final de la recepción?

4. ¿Les _____ (gustar) escribir sus propios votos?

5. ¿_____ (Saber) los invitados adónde _____ (ir) Uds. de luna de miel?

WB 10-19 | Imagínate Patricia soñó *(dreamt)* que el presidente de la compañía Google le dio a ella un puesto en su nueva división en Nicaragua. Es un trabajo garantizado por cinco años con un salario de trescientos mil dólares al año. Se despertó y ahora piensa en cómo sería su vida si su sueño fuera *(were)* realidad. Escribe oraciones con el condicional.

1. Toda mi familia / estar / muy contenta

_____

2. Yo / mudarse / a Managua

_____

3. Mi familia y yo / le donar / mucho dinero a la gente pobre de Latinoamérica

_____

4. Mi novio y yo / casarse / en una ceremonia en una playa privada de Nicaragua

_____

5. Nosotros / no querer volver / a los Estados Unidos

_____

VIAJEMOS POR HONDURAS Y NICARAGUA

En estos segmentos del video, vas a aprender un poco sobre Nicaragua y Honduras.

WB 10-20 | Cognados En estos segmentos del video, vas a escuchar muchos cognados que pueden facilitar tu comprensión del video. Algunos de estos cognados aparecen aquí. Antes de ver los segmentos, trata de pronunciar cada palabra o frase y luego trata de emparejar los cognados con su definición en inglés.

1. _____ inactivo
2. _____ reserva natural
3. _____ silueta
4. _____ rotondas
5. _____ resucitado
6. _____ panorámicas
7. _____ jeroglíficos

a. resuscitated (resurrected)
b. panoramic
c. hieroglyphics
d. rotundas
e. natural reserve
f. silhouette
g. inactive

WB 10-21 | Cognados en contexto Mira el video y trata de rellenar los espacios en blanco con el cognado apropiado de la actividad **WB 10-20.**

del segmento sobre Nicaragua:

1. En Managua está la famosa _____ de Sandino, que es el monumento al líder de la

   revolución y héroe nacional Augusto César Sandino.

2. La ciudad fue reconstruida después del terremoto de 1974, y hoy vemos ejemplos de su desarrollo

   urbano, con construcciones como _____.

del segmento sobre Honduras:

3. Desde el parque Picacho, se pueden ver el estadio de fútbol Francisco Morazán y una extensa vista

   _____ del centro de la ciudad.

4. La herencia indígena de Honduras tiene su mayor representación en la Escalinata de los

   _____, en las ruinas mayas de Copán.

WB 10-22 | Comprensión Después de ver el video otra vez, selecciona la mejor respuesta a las siguientes preguntas.

1. _____ ¿Cuál de los siguientes volcanes nicaragüenses está inactivo?

   a. Momotombo   **b.** Masaya   **c.** Mombacho

2. _____ ¿Quién fue Rubén Darío?

   a. el fundador de Managua   **b.** el héroe nacional de Nicaragua   **c.** un poeta del modernismo

3. _____ ¿Cuál es otro nombre para el país de Nicaragua?

   a. Copán   **b.** Junto al agua   **c.** El lago bonito

4. _____ ¿De qué siglo *(century)* es la Basílica de Suyapa en Tegucigalpa?

   a. XVI dieciséis   **b.** XVII diecisiete   **c.** XVIII dieciocho

5. _____ ¿Cuál es otro nombre para los hondureños?

   a. los orgullosos   **b.** los indígenas   **c.** los catrachos

¡A ESCRIBIR!

Strategy: Writing a descriptive paragraph

Descriptive paragraphs occur in many contexts. They are often found in works of fiction, such as novels and short stories, but they also appear in newspaper articles, advertising materials, educational publications, and personal letters. A descriptive paragraph contains sentences that describe people, places, things, and/or events. In this chapter we focus on describing events. To express how often events take place or how often you or others do something, you can use adverbs of frequency such as the following:

a veces	*sometimes*
cada año / todos los años	*each/every year*
dos veces a la semana	*twice a week*
muchas veces	*often*
nunca	*never*
rara(s) vez/veces	*rarely, infrequently*
siempre	*always*
todos los días	*every day*
una vez al mes	*once a month*

You can also modify these expressions to express a wide variety of time frames: **dos veces al mes, tres veces a la semana, cada mes,** and so on.

Task: Writing a descriptive paragraph

Now you will apply the strategy to describe the activities you do with your "fantasy family."

Paso 1 Begin by assuming that all your dreams have come true. Make a list of all the activities you and your family do now that life is perfect.

_____

_____

Paso 2 Now think about how frequently you do these activities. Next to each activity, write a phrase describing the frequency. Remember to use the adverbs you learned in your text.

Paso 3 Now write a well-developed paragraph to describe these activities, with whom you do them, and with what frequency. Revise the paragraph and write the second draft below.

_____

_____

_____

_____

_____

Autoprueba

WB 10-23 | El amor y los novios David y Nidia hablan de su relación. Para saber lo que dicen, completa su conversación con la palabra apropiada de la siguiente lista. **¡OJO!** Si seleccionas un verbo, tienes que conjugarlo. No repitas ninguna palabra.

amor   cariño   casados   enamorados   enamorarse   llevarse   matrimonio   noviazgo

DAVID: Mi amor, ¿no es cierto que nuestro **1.** _____ comenzó el día que nos conocimos?

NIDIA: Sí, cariño, fue **2.** _____ a primera vista, ¿verdad?

DAVID: Claro, porque **3.** _____ en un instante.

NIDIA: Tan grande era nuestro **4.** _____ desde el principio.

DAVID: Ay, cómo recuerdo nuestra primera cita. Me invitaste al cine y luego fuimos a un café.

NIDIA: Sí, ¡y **5.** _____ tan bien! Estábamos **6.** _____. ¡Ay!

DAVID: Y al poco tiempo te hice una propuesta de **7.** _____.

NIDIA: Y cinco años después, ¡todavía estamos **8.** _____!

WB 10-24 | La boda Mónica le está contando a su amiga cómo son las típicas bodas norteamericanas. Completa su descripción usando palabras y frases de la siguiente lista. **¡OJO!** Si seleccionas un verbo, es posible que tengas que conjugarlo.

agarrar	brindis	luna de miel	recepción
aplaudir	casarse	novios	recién casados
banquete	divorciarse	orquesta	separarse
besarse	felicitar	ramo de flores	tener lugar

Muchas veces los **1.** _____ deciden **2.** _____ en una iglesia.

Cuando **3.** _____ delante del altar, ya están casados. Después de esa ceremonia, los

4. _____ salen de la iglesia y todos **5.** _____. Luego todos salen para la

6. _____. A veces, estas fiestas **7.** _____ en un restaurante o en un

parque bonito. Allí es típico tener un **8.** _____ elegante, pero antes de comer alguien le

hace un **9.** _____ a la pareja. Todos los invitados **10.** _____ a los novios

y entonces empiezan a comer. Después de comer, la **11.** _____ empieza a tocar y

todos salen a bailar. Más tarde, la novia tira el **12.** _____ y una chica lo trata de

13. _____. Finalmente, los novios salen para la **14.** _____ y los

otros continúan la fiesta. Con suerte, los novios no **15.** _____, pero generalmente,

el 50 por ciento de los matrimonios **16.** _____ después de siete años de matrimonio.

WB 10-25 | ¿Qué han hecho? Leonel acaba de volver de un viaje de negocios y quiere saber qué han hecho los diferentes miembros de su familia durante la última semana. ¿Cómo contestan? Forma oraciones completas con los siguiente elementos, usando el presente perfecto.

1. Pablo / leer / tres libros

   _____

2. Teresa y Ángela / ver / una película nueva

   _____

3. mamá y yo / escribir / cartas a la familia

   _____

4. yo / divertirse / con mis amigos

   _____

5. tú / volver / de un viaje largo

   _____

WB 10-26 | Miguel lo hace así ¿Cómo hace Miguel las cosas? Cambia el adjetivo a adverbio y escribe una oración completa para describir cómo hace Miguel las siguientes cosas.

1. leer el periódico / detenido (careful)

   _____

2. hablar con las chicas / nervioso

   _____

3. comer / rápido

   _____

4. sacar buenas notas / fácil

   _____

5. ir a fiestas / frecuente

   _____

WB 10-27 | La rutina Arcelia describe su rutina diaria. Completa su descripción con el adverbio apropiado de la siguiente lista.

a veces   muchas veces   nunca   siempre   solamente   todos los días   una vez

1. _____ me despierto a las 6:00 de la mañana porque tengo muchísimas cosas que hacer

en un día normal. 2. _____ tengo ganas de volver a dormirme, pero no puedo, así que

me levanto en seguida. 3. _____ los sábados y domingos puedo levantarme tarde, ya que

son mis días de descanso. Cuando me levanto, me preparo rápidamente y en seguida me voy corriendo a la
universidad.

4. _____ voy a un café para tomar un cafecito, pero normalmente no tengo tiempo porque

mi primera clase empieza a las 7:30.

5. _____ pensé que tenía tiempo para el café, pero no lo tenía. Llegué tarde a la clase y el

profesor me regañó enfrente de todos. ¡Qué vergüenza!

Después de la clase, desayuno. 6. _____ pierdo el desayuno con mis amigos porque es casi

la única oportunidad que tengo para descansar durante todo el día.

Después de desayunar, voy a mis otras clases y, finalmente, a trabajar. Vuelvo a la casa a las 9:30 de

la noche y 7. _____ estoy cansada.

WB 10-28 | ¿Cómo lo hago? La novia de Jorge está fuera del país y Jorge quiere mandarle un correo electrónico, pero no sabe hacerlo. Para ayudarlo, escribe las instrucciones para mandar un correo electrónico, usando los adverbios de secuencia que aprendiste en tu libro de texto: **primero, luego, después, entonces** y **finalmente**.

_____ Te compras *software* para el correo electrónico.

_____ Te sacas una cuenta electrónica en Internet.

_____ Le pides a tu novia su dirección electrónica.

_____ Le envías el mensaje.

_____ Puedes escribir el mensaje que quieres mandar.

1. _____

2. _____

3. _____

4. _____

5. _____

WB 10-29 | El primer día Lorena Magaña empieza su primer día como organizadora de bodas *(wedding planner)*. Su secretaria le ha dejado el siguiente mensaje para hablar del horario del primer día. Completa el mensaje rellenando los espacios en blanco con la forma apropiada del futuro de los verbos que están entre paréntesis.

Hola, Lorena:

Hoy tú **1.** _____ (tener) muchas cosas que hacer. Tu primera reunión

2. _____ (comenzar) a las diez y **3.** _____ (ser) en la oficina de la iglesia.

Los novios **4.** _____ (venir) a buscarte a las nueve y media para acompañarte al hotel.

Ellos no **5.** _____ (saber) que el gerente del hotel **6.** _____ (querer) saber

cuáles son todas decisiones para la recepción, pero no importa. Tú se lo **7.** _____ (decir)

cuando los acompañes al hotel.

A la una **8.** _____ (haber) otra reunión con los músicos. Esta no **9.** _____

(durar) mucho tiempo.

A las tres de la tarde, yo te **10.** _____ (ver) aquí en la oficina. Tenemos que hablar de tu

propia boda y creo que **11.** _____ (poder) hacerlo a esa hora. ¡No te preocupes! Para

ti, yo **12.** _____ (hacer) todos los planes, pero sólo necesito saber de ti algunos detalles

importantes.

Bueno, sé que **13.** _____ (ser) una organizadora excelente y que en tu primer día te

14. _____ (ir) superbien.

Suerte,

Ana María

WB 10-30 | Puros sueños David y Magali acaban de comprar dos boletos para la lotería. Ahora están conversando sobre sus planes para el dinero que piensan que van a ganar. Completa su conversación usando el condicional de los verbos indicados.

DAVID: ¿Qué **1.** _____ (hacer) tú con tanto dinero, Magali?

MAGALI: Yo **2.** _____ (viajar) a todos los países del mundo.

DAVID: Me **3.** _____ (gustar) acompañarte. **4.** ¿_____ (poder) ir yo?

MAGALI: ¡Cómo no! Nosotros **5.** _____ (salir) inmediatamente después de ganar.

DAVID: ¡Qué bueno! ¿Adónde **6.** _____ (ir) nosotros primero?

MAGALI: Pues mira, esto lo he pensado bastante. Primero **7.** _____ (tomar) un avión

desde acá hasta Tegucigalpa. **8.** _____ (pasar) unas semanas viajando por

Honduras y también **9.** _____ (querer) pasar unas semanas en Nicaragua,

después **10.** _____ (volar) a Buenos Aires.

DAVID: Y después de eso, nosotros **11.** _____ (tener) que ir a Europa, ¿no?

MAGALI: ¡Claro que sí! ¡Espero que ganemos!

11 El mundo del trabajo
Chile

VOCABULARIO 1   Profesiones y oficios

WB 11-1 | Sopa de palabras Pon en orden las letras de los siguientes nombres de profesiones.

1. dabaogo _____

2. rloepuequ _____

3. narquebo _____

4. ótagarfof _____

5. enioringe _____

6. urisaqita _____

7. ostepridia _____

8. dorcanot _____

WB 11-2 | ¿Qué profesión es? Lee las siguientes descripciones y escribe el nombre de la profesión que describe.

1. Traduce textos de un idioma a otro: _____

2. Protege a los ciudadanos de una ciudad: _____

3. Puede arreglar el lavabo: _____

4. Diseña casas y edificios: _____

5. Escribe programas para computadoras: _____

6. Médico que cuida los dientes: _____

7. Supervisor en el lugar de trabajo: _____

8. Prepara comida en un restaurante: _____

ESTRUCTURA Y USO 1   Making statements about motives, intentions, and periods of time: *Por* vs. *para*

WB 11-3 | ¿Por o para? Lee las siguientes oraciones con las preposiciones **por** y **para**. Luego, pon la letra de la razón por la que se usa **por** o **para** al lado de la oración.

a. in order to / for the purpose of

b. during

c. through

d. employment

e. opinion

f. on behalf of

g. duration of time

h. cost

i. destination

j. specific time

k. member of a group

_____ 1. Alicia tiene que estudiar para el examen.

_____ 2. Claudio gana $40,00 por hora.

_____ 3. Antonio sale para el trabajo a las 6:00.

_____ 4. Antonio trabaja para Telefónica.

_____ 5. Para Carmela, ser dentista es muy agradable.

_____ 6. Julia fue a trabajar por su amiga ayer.

_____ 7. Juan Carlos trabajó por 30 años.

_____ 8. Compró el CD para Julieta.

_____ 9. Para ser extranjera, Teresita habla español muy bien.

_____10. Nidia necesita el artículo para el martes que viene.

WB 11-4 | Entrevista Ernesto es el jefe de una compañía y va a entrevistar a un candidato. Ayúdale con las preguntas. Rellena los espacios en blanco con **por** o **para**.

1. ¿_____ cuántos años ha trabajado Ud.?

2. ¿_____ qué compañías ha trabajado?

3. _____ Ud., ¿cuál es el mejor lugar en el mundo hispano _____ trabajar

   y vivir?

4. ¿Cree Ud. que es difícil _____ un norteamericano vivir y trabajar en un país extranjero?

5. ¿Cuánto dinero piensa Ud. ganar _____ hora?

6. ¿_____ cuándo piensa comenzar el nuevo trabajo?

WB 11-5 | ¿Puedes ir? Tita y Sara hacen planes para ir de compras, pero Sara tiene que trabajar. Completa su conversación con la forma apropiada de **por** o **para**.

SARA: ¿Aló?

TITA: Hola, Sara, habla Tita. Oye, ¿quieres ir de compras hoy 1. _____ la tarde?

SARA: Sí, me encantaría, pero hoy tengo que trabajar 2. _____ Amanda. Está enferma y

          no puede trabajar.

TITA: ¡Otra vez! Esta es la tercera vez este mes. 3. _____ ser una chica tan joven,

          se enferma muchísimo.

SARA: Ya lo sé. 4. _____ mí ya es demasiado pero, ¿qué puedo hacer? Es mi hermanita.

TITA: Bueno, 5. ¿_____ cuántas horas tienes que trabajar hoy?

SARA: Sólo dos o tres. 6. ¿_____ qué no pasas 7. _____ mi casa a las siete

          de la tarde?

TITA: A las siete va a haber mucho tráfico, así que voy a salir 8. _____ tu casa a las seis.

          ¿Sabes qué? ¿Va a estar allí Mónica?

SARA: No lo sé. ¿Qué quieres con Mónica?

TITA: Pues mi hermano, Carlos, le compró algo 9. _____ su cumpleaños, pero le da

          mucha vergüenza dárselo. Entonces se lo voy a llevar yo.

SARA: ¡Ay, 10. _____ Dios! ¡Esa Mónica tiene a todos los chicos pero locos de verdad!

VOCABULARIO 2   La oficina, el trabajo y la búsqueda de un puesto

WB 11-6 | Una de estas cosas no es como las otras Selecciona la palabra que no va con las otras de su lista.

1. _____ **a.** fax   **b.** fotocopiadora   **c.** sueldo   **d.** computadora

2. _____ **a.** solicitud   **b.** impresora   **c.** candidato   **d.** currículum

3. _____ **a.** jubilarse   **b.** puesto   **c.** entrevista   **d.** beneficios

4. _____ **a.** reunión   **b.** empresa   **c.** sala de conferencias **d.** llenar

5. _____ **a.** contratar   **b.** correo electrónico **c.** solicitar   **d.** entrevista

WB 11-7 | ¡Un buen trabajo! Carolina Corral le escribe una carta a su hermana Tita para decirle un poco sobre lo que está haciendo su hijo, Jorge. Completa la carta rellenando los espacios en blanco con una palabra apropiada de la siguiente lista. **¡OJO!** Tienes que conjugar algunos de los verbos en el pretérito.

beneficios	currículum	llamar	reunirse
candidato	empresa	llenar	solicitud
contratar	entrevista	pedir un aumento	sueldo
correo electrónico	jubilarse	puesto	tiempo completo

Hola Tita:

Espero que estés bien *(you are well)* en todo. Aquí te cuento que mi querido Jorgito acaba de graduarse de la universidad y ahora busca trabajo con una **1.** _____ internacional. La semana pasada encontró un **2.** _____ con AT&T en el campo de telecomunicaciones.

Ya que las telecomunicaciones son su especialidad, Jorge va a ser un buen **3.** _____ para el trabajo. Jorge **4.** _____ a la compañía por teléfono y pidió una **5.** _____.

Se la mandaron inmediatamente y en seguida *(right away)* él la **6.** _____ y se la mandó de vuelta. ¡Y ahora quieren hacerle una **7.** _____!

Es un trabajo de **8.** _____, es decir, cinco días a la semana desde las 8:00 de la mañana hasta las 6:00 de la tarde. Tal vez va a ser difícil, pero la compañía ofrece muy buenos **9.** _____.

Le van a pagar el seguro médico privado y el **10.** _____ es relativamente alto para un principiante *(beginner)*: ¡ofrecen 20.000 pesos al año! Jorge dice que después de su primer año, si todo va bien, él puede **11.** _____. También dice que la persona que antes hacía este trabajo acaba de **12.** _____ y él, al final de su carrera de 20 años con la compañía, ganaba 60.000 pesos al año. Jorge va a tener que viajar mucho, pero cuando sea *(whenever)* puedo mandarle algún

13. _____ para estar en contacto con él.

Jorge quiere prepararse bien, así que hoy va a **14.** _____ con su consejero y él le va a ayudar a pulir *(polish)* su **15.** _____. Jorge está superpreocupado porque quiere este trabajo, pero yo sé que AT&T lo va a **16.** _____. Claro, es mi hijo, ¡así que es perfecto!

Un abrazo fuerte y un besito,

Carolina

ESTRUCTURA Y USO 2 Expressing subjectivity and uncertainty: The subjunctive mood with statements of volition, desire, and intention

 To hear more about the **subjunctive mood,** visit www.cengage.com/spanish/viajes

WB 11-8 | El diario ¿Qué encontró Andrés en el diario de Laura cuando lo leyó? Para saberlo, lee los siguientes pensamientos de Laura. Observa que cada oración usa el subjuntivo. Escribe el verbo que está en subjuntivo y escoge la letra de la razón por la que se usa en cada caso. Sigue el modelo. Al final, indica lo que descubre Tomás.

> **Modelo**   Quiero que Tomás limpie más la casa.
> *limpie / a (volition)*

a. volition   **b.** negation   **c.** doubt   **d.** emotion

1. Dudo que la novia de Tomás lo quiera. _____

2. Siento que la novia de Tomás tenga otro novio. _____

3. Estoy muy contenta de que Tomás trabaje conmigo. _____

4. No hay otra mujer que conozca a Tomás mejor que yo. _____

5. Estoy muy triste porque Tomás no sabe cómo es su novia. _____

6. El siquiatra recomienda que yo hable con Tomás sobre mis sentimientos. _____

7. Es imposible que yo le diga a Tomás cómo me siento. Tengo demasiado miedo. _____

8. _____ ¿Qué descubre Tomás al leer el diario de Laura?

a. que Laura va a jubilarse

b. que Laura va a divorciarse de su esposo

c. que a Laura no le gusta su trabajo

d. que Laura está enamorada de Tomás

WB 11-9 | Los consejos Después de descubrir el secreto de Laura, Tomás le pide consejos a su jefe. ¿Qué consejos le da? Selecciona el consejo más lógico en cada caso. Sigue el modelo.

Modelo   *a*   **a.** Recomiendo que ya no hables con Laura en el trabajo.
           b. Es necesario que consultes con el médico.

1. _____ **a.** Es necesario que consultes con la jefa de Laura.

   b. Estoy contento de que quieras ser arquitecto.

2. _____ **a.** Dudo que la fotocopiadora no funcione.

   b. La compañía no permite que sus empleados tengan relaciones amorosas.

3. _____ **a.** Es probable que Laura cambie de trabajo.

   b. No creo que debas comprarle flores.

4. _____ **a.** Recomiendo que dejes de leer su diario.

   b. No es cierto que la nueva candidata sea más bonita que Laura.

WB 11-10 | Situaciones Tus amigos te piden ayuda con varias situaciones. Lee cada situación y escoge el consejo más lógico en cada caso.

1. _____ Un amigo quiere estudiar en Chile el próximo año. El problema es que no ha ahorrado suficiente dinero y necesita 1.000 dólares más. ¿Qué sugieres que haga?

   a. Recomiendo que te levantes más temprano.

   b. Insito en que pidas un préstamo.

   c. Prohíbo que pagues sus facturas por los siguientes tres meses.

2. _____ Una amiga tuya acaba de cortar con su novio. Dice que piensa en él todo el día y no sabe qué hacer. ¿Qué recomendación le das?

   a. Prefiero que le ofrezcas dinero para que sea tu novio.

   b. Deseo que solicites un nuevo puesto de trabajo.

   c. Recomiendo que busques otro novio.

3. _____ Dos amigos tuyos necesitan un lugar donde vivir porque acaban de echarlos *(kick them out)* de su propio apartamento y ahora quieren vivir contigo. ¿Qué recomendación les das?

   a. Prefiero que comiencen a buscar apartamentos baratos.

   b. Deseo que saquen dinero del cajero automático.

   c. No quiero que se diviertan.

WB 11-11 | ¡Tantos consejos! Hoy Ramón va a dejar su trabajo y todos sus amigos quieren darle consejos. ¿Qué le dicen? Para saberlo, rellena los espacios en blanco con la forma apropiada del verbo en el presente del subjuntivo.

1. Antonia recomienda que Ramón le _____ (escribir) una carta a su jefe.

2. Tomás quiere que Ramón _____ (hablar) directamente con su jefe.

3. María Dolores prefiere que Ramón no _____ (venir) al trabajo hoy.

4. Carmen quiere que Ramón le _____ (dar) una semana más al jefe antes de dejar el puesto.

5. José insiste en que Ramón no _____ (dejar) el puesto y que simplemente

   _____ (pedir) un aumento.

WB 11-12 | Marimandona Gloria es la jefa de una compañía y siempre les dice a sus empleados que hagan algo. Luz Consuelo le está contando a un amigo qué les dice su jefa. Forma oraciones completas con los elementos dados. **¡OJO!** Tienes que usar el presente del subjuntivo en la frase subordinada. Sigue el modelo.

> **Modelo**   Gloria / querer / Juan Carlos y Antonio / traerle café / todas las mañanas
> *Gloria quiere que Juan Carlos y Antonio le traigan café todas las mañanas.*

1. Gloria / insistir en / todos los empleados / trabajar / diez horas al día

   _____

2. Gloria / no permitir / Magaly y yo / usar / el correo electrónico

   _____

3. Gloria / prohibir / nosotros / hacerle / preguntas

   _____

4. Gloria / no querer / yo / divertirme / durante las horas de trabajo

   _____

5. Gloria / mandar / Alejandro / servirle / el almuerzo / todos los días

   _____

WB 11-13 | Tertulia Estás en el café donde Cecilia, Felipe y otros amigos se reúnen todos los días. Cada uno expresa sus deseos y tú los escuchas. ¿Qué dicen? Rellena los espacios en blanco con la forma correcta de los verbos indicados. Tienes que decidir entre el presente del indicativo y el presente del subjuntivo.

1. Yo _____ (insistir) en que la policía _____ (ser) más justa.

2. Javier _____ (desear) que el presidente _____ (saber) más sobre las necesidades de la gente.

3. Felipe _____ (desear) que _____ (haber) más trabajos para todos.

4. Cecilia _____ (recomendar) que tú no _____ (dormirse) mientras hablamos.

5. Nosotros _____ (esperar) que tú _____ (ir) de vacaciones más a menudo.

6. Felipe y Cecilia _____ (preferir) que todos _____ (ser) felices durante toda la vida.

7. Ellos _____ (querer) que no _____ (tener) que trabajar tanto.

WB 11-14 | ¡Qué horror! Tere tiene que cuidar a su primo, un niño travieso *(rascal)*. Decide mandarle un correo electrónico a su mamá para decirle lo que está haciendo su hijo. Rellena los espacios en blanco con la forma apropiada del verbo que está entre paréntesis. Tienes que decidir si necesitas usar el infinitivo o el presente del subjuntivo. **¡OJO!** Sólo es necesario usar el subjuntivo cuando hay un cambio de sujeto.

Hola Lupe:

Te cuento que ahora quiero **1.** _____ (matar) a tu hijo. Manuel insiste en no **2.** _____ (acostarse) y no sé qué hacer. Deseo que Manuel **3.** _____ (dejar) de jugar con sus juguetes porque ya es demasiado tarde, pero prefiere que nosotros **4.** _____ (jugar) más. De hecho, insiste en que nosotros **5.** _____ (seguir) jugando. No deseo **6.** _____ (ser) antipática, ¡pero te juro que este niño me tiene loca! Espero que tú **7.** _____ (poder) ayudarme. Me interesa saber qué recomiendas que yo **8.** _____ (hacer) con este niño travieso. Por favor, ¡contéstame pronto!

Tere

◉ VIAJEMOS POR CHILE

En este video, vas a aprender un poco sobre Chile.

WB 11-15 | Geografía Mira el mapa y responde a las siguientes preguntas sobre Chile.

1. ¿Qué letra corresponde al país de Chile? _____

2. ¿Cuáles son los tres países vecinos de Chile? _____ _____ _____

© Cengage Learning 2014

WB 11-16 | Cognados En el video, vas a escuchar muchos cognados que pueden facilitar tu comprensión del video. Algunos de estos cognados aparecen aquí. Antes de ver el segmento, trata de pronunciar cada palabra o frase y luego trata de emparejar los cognados con su definición en inglés.

1. _____ centro financiero
2. _____ patriota
3. _____ exhiben (exhibir)
4. _____ construcciones
5. _____ teleférico

a. teleferic (tram)
b. constructions (buildings)
c. financial center
d. exhibit
e. patriot

WB 11-17 | Cognados en contexto Mira el video otra vez y trata de rellenar los espacios en blanco con el cognado apropiado de la actividad **WB 11-16**.

1. Santiago reúne barrios tradicionales, _____ antiguas y modernos edificios vanguardistas.

2. La Plaza de Armas es un lugar agradable para pasear y admirar los cuadros *(paintings)* que _____ los artistas.

3. Otro gran atractivo es el _____.

WB 11-18 | Comprensión Después de ver el video otra vez, decide si las siguientes oraciones son **ciertas** o **falsas**.

	cierto	falso
1. Santiago es la capital de Chile.	☐	☐
2. La avenida principal de Santiago se llama Mapocho.	☐	☐
3. La ciudad de Santiago tiene metro.	☐	☐
4. Los edificios de Santiago reflejan sus muchas influencias indígenas.	☐	☐
5. El presidente de Chile vive en un palacio muy elegante.	☐	☐
6. En la Plaza de Armas hay un monumento a Simón Bolívar.	☐	☐
7. Para la gente joven, El Palacio de la Moneda es un destino muy popular.	☐	☐

¡A ESCRIBIR!

Strategy: Writing from an idea map

An idea map is a tool for organizing your ideas before you begin developing them in a composition. In this section you are going to use an idea map to write a paragraph about the personal qualities that make you an ideal employee. Using an idea map will help you organize your thoughts about this topic before you write about it.

Writing task: Writing about what makes you an ideal employee

Paso 1 Spend 10 minutes thinking about the personal qualities that make you a good employee. Write each of these qualities down on a piece of paper. Do not worry about grammar or spelling at this point. Just get your ideas on paper.

Paso 2 Try to categorize the ideas you have just written. For example, did you mention information about your character? about your professional experience? about your academic history? These categories can help you to organize your paragraph.

Paso 3 For each of your qualities, draw a line to a space on the paper where you can write an example that demonstrates this quality. For example, if you mentioned that you have studied in one of the best universities in the country, write the name of the university in the space. These examples will help form the content of your paragraph.

Paso 4 Look at the map you have drawn and write a sentence that summarizes all the information you have included. This will be the topic sentence of your paragraph. An example: **Tanto mi experiencia profesional como mi preparación académica me hacen el (la) empleado(a) ideal.**

Paso 5 Write your paragraph following the organization of your map.

Paso 6 After writing a first draft, review the grammar and spelling and then write a second draft below.

_____

_____

_____

_____

_____

_____

_____

_____

_____

_____

_____

_____

_____

_____

_____

_____

_____

_____

_____

Autoprueba

WB 11-19 | **¿Qué debe hacer?** Ernesto está un poco confundido sobre su futura carrera. Quiere hacerlo todo. Ahora está describiendo lo que le gusta hacer. Para cada una de sus descripciones, escribe el nombre de la profesión que describe.

1. Me gusta dibujar y diseñar edificios.

   ———

2. Me gusta cortar el pelo.

   ———

3. Me encantan los números.

   ———

4. Quiero escribir artículos interesantes.

   ———

5. Me interesa escribir programas de *software*.

   ———

6. Quiero enseñar en una escuela.

   ———

7. Me encantan los idiomas.

   ———

8. Quiero proteger a la gente.

   ———

9. Me interesa analizar los problemas de la gente.

   ———

10. Me fascinan los dientes.

   ———

WB 11-20 | Solicitando trabajo Juan Antonio trabaja para un servicio de empleos. Hoy le está explicando a Ana María los pasos que tiene que seguir para conseguir un buen puesto. Para saber lo que dice, rellena los espacios en blanco con la palabra apropiada de la lista.

beneficios	empleados	jubilarte	solicitud
computadora	entrevista	llamar	sueldo
contratar	fotocopias	proyectos	tiempo completo
currículum	impresora	solicitar	tiempo parcial
despedir	imprimir		

Si vas a **1.** _____ un puesto, lo primero que tienes que hacer es actualizar *(to update)* tu

2. _____. Tienes que escribirlo en la **3.** _____ e **4.** _____ el documento

en un papel muy elegante. Recomiendo una **5.** _____ láser. Después tienes que hacer muchas

6. _____ porque lo vas a mandar a muchas compañías.

Si encuentras un trabajo que te interese, tienes que pedir una **7.** _____ de la compañía. Creo que

debes **8.** _____ por teléfono para pedirla. Así vas a tener tu primera oportunidad de impresionar

a los empleados de la compañía. Si les caes bien, pueden ofrecerte una **9.** _____ inmediatamente.

Si te invitan a la compañía, vístete bien. Lleva un traje azul o negro. Ese día te van a explicar mejor el puesto

y los **10.** _____ que vas a tener que llevar a cabo.

También te van a describir los **11.** _____ que les ofrecen a los **12.** _____. Ese no es el

momento de hablar del **13.** _____. Si la compañía decide que te quiere **14.** _____, te

lo van a decir y entonces puedes hablar de dinero.

Antes de aceptar el trabajo, tienes que establecer si es un puesto de **15.** _____ o de

16. _____. También vas a querer hablar más de los beneficios. Vas a querer saber cuál es la edad

para **17.** _____ y vas a querer saber qué seguros ofrecen si te tienen que **18.** _____.

WB 11-21 | De vacaciones Marta ha estado de vacaciones y ahora ha vuelto a su oficina. Completa su conversación con Elena. Rellena los espacios en blanco con las preposiciones **por** o **para**.

MARTA: ¿Sabes qué, Elena? La semana pasada estuve en un crucero y pasamos **1.** _____ el

        canal de Panamá. ¡Fue fantástico! Regresé anoche **2.** _____ la tarde.

ELENA: ¡Que bueno, Marta! **3.** ¿_____ cuánto tiempo estuviste en el crucero?

MARTA: Fue un crucero de catorce días. No te diste cuenta de que yo no estaba aquí.

ELENA: Ay, Marta, lo siento, pero no. Tuve que preparar un informe **4.** _____el jefe y él lo

        quería **5.** _____ hoy. No noté nada porque estaba trabajando como loca.

MARTA: Ay, sí, Héctor, el jefe es horrible. **6.** _____ ser padre de dos hijos tan simpáticos, es un

        hombre demasiado antipático. Pues dime, ¿terminaste?

ELENA: Sí, casi. Sólo hace falta sacar una fotocopia, pero la máquina está descompuesta. ¿No hay otra

        7. _____ aquí?

MARTA: Sí, en la oficina de Juan. Pero antes de irte, compré este regalito 8. _____ ti. Si no

te gusta, selecciona otro. Compré un montón de cosas en el Caribe 9. _____ muy

poco dinero.

ELENA: Bueno, gracias. Pues ahora, ¿qué vas a hacer?

MARTA: Me siento un poco cansada todavía. Creo que voy 10. _____ la casa para descansar.

No le digas nada a Héctor.

ELENA: No, no le digo nada. ¡Adiós!

MARTA: Chao.

WB 11-22 | El amor y los negocios Mientras trabajas en la computadora de un colega de trabajo,
encuentras el siguiente correo electrónico que alguien le escribió a un hombre que trabaja en la compañía
rival. Selecciona los verbos apropiados de la lista para completar el correo. Conjuga los verbos en el presente
del subjuntivo.

divertirse   enamorarse   escribir   ir   llamar   mandar
mirar   pensar   perder   tener

Querido amor:

Gracias por tu mensaje. También he pensado mucho en ti. Quiero que me 1. _____ correos

electrónicos y que me 2. _____ por teléfono a veces. Espero que 3. _____ un

buen día hoy, y que no te 4. _____ ninguna otra mujer. También prefiero que tú no

5. _____ en otras mujeres. ¡Sabes que soy muy celosa! Sabes que te quiero mucho y espero

con todo el corazón que tú 6. _____ de mí. Sé que tu jefe no quiere que sus empleados

7. _____ mucho tiempo con los correos electrónicos, pero te pido que me 8. _____

por lo menos uno al día y así voy a saber que estás pensando en mí. Quiero invitarte a salir el viernes que

viene. Quiero que nosotros 9. _____ al nuevo restaurante caribeño y que 10. _____
mucho.

Espero verte muy pronto.

Con todo mi cariño,

Paula

WB 11-23 | Entre amigos Completa la siguiente conversación entre dos colegas del trabajo. Rellena los espacios en blanco con una forma apropiada del verbo indicado. Tienes que decidir entre el infinitivo y el presente del subjuntivo.

LUIS: Tengo ganas de descansar un poco, Jorge. Quiero **1.** _____ (salir) a tomar algo.

          ¿Quieres **2.** _____ (venir) conmigo al Coyote Pub?

JORGE: No, prefiero que nosotros **3.** _____ (seguir) trabajando un poco más. Sólo nos queda

          una hora más.

LUIS: Tienes razón, pero quiero que nosotros **4.** _____ (trabajar) rápidamente para así

          terminar temprano.

JORGE: Bueno, pero después de terminar no quiero **5.** _____ (ir) al Coyote. Mi esposa insiste

          en que yo siempre **6.** _____ (volver) a casa después del trabajo. Así que prefiero que

          tú me **7.** _____ (acompañar) a mi casa para tomar algo. ¿Qué te parece?

LUIS: Pues está bien. Entonces te acompaño.

El medio ambiente
Costa Rica y Panamá

VOCABULARIO 1   La geografía rural y urbana

WB 12-1 | Palabras revueltas Usa las pistas y pon las letras en orden para revelar las palabras de geografía rural y urbana.

1. Lugar donde usas tu carro: acaterrer _____.

2. La subes y bajas: licona _____.

3. Un ritmo rápido de la vida: dolarecea _____.

4. Mucha población en una zona pequeña: andes _____.

WB 12-2 | ¿Una vida tranquila? Completa los perfiles *(profiles)* de las siguientes personas, rellenando los espacios en blanco con las palabras apropiadas de la lista.

agricultor	arroyo	basura	bellos	bosque	colinas	cultiva
finca	metrópolis	rascacielos	ruido	tierra	transporte	público

1. Juan Carlos es _____. Trabaja en el campo cultivando la _____.

2. María Teresa vive cerca de Chicago. No tiene que batallar el tráfico porque usa el sistema de

   _____, pero sí tiene que aguantar *(put up with)* el _____ y la

   _____, es decir, los problemas típicos de la vida en la _____.

3. Manuel Antonio y Ana Lisa viven en una _____ donde tienen muchos animales.

   Desde la ventana de la casa, pueden ver toda la naturaleza del lugar. Al lado de la casa, pasa un

   _____ donde se bañan en los días calurosos *(warm)*. Los fines de semana, ellos

   montan en bicicleta y andan por las _____ altas donde se cultiva café.

4. Francisco Javier es accionista y vive en un apartamento en un _____ de la ciudad

   de Nueva York. El edificio está al lado de un parque que tiene árboles muy _____.

   El apartamento tiene un balcón donde él _____ flores.

WB 12-3 | Geografía Lee las pistas y escribe la palabra de geografía que describe.

1. La causa de mucho ruido urbano: el _____

2. Cuerpo de agua parecido a un río: el _____

3. Demasiada gente concentrada en una metrópolis: la _____

4. Lo que ya no se usa y se tira: la _____

5. Echar agua a las plantas: _____

6. La Amazonia es una: _____

7. Sin problemas o complicaciones: _____

8. Autobuses, metros y trenes son formas de: _____ público.

9. Lugar donde se producen varios productos: una _____

10. Lugar donde se cultivan plantas: una _____

11. Edificios altísimos: los _____

12. La persona que cultiva la tierra: el _____

13. La persona que trabaja en el campo: el _____

14. Destino popular para una luna de miel: la _____

ESTRUCTURA Y USO 1   Expressing emotion and opinions: Subjunctive following verbs of emotion, impersonal expressions, and *ojalá*

To hear more about **the subjunctive,** visit www.cengage.com/spanish/viajes.

WB 12-4 | Emociones ¿Qué opinan los estudiantes de la clase de la profesora Ramírez sobre el medio ambiente y el futuro? Selecciona la forma apropiada del verbo que está entre paréntesis.

1. Espero que los agricultores (cultivan / cultiven) más vegetales sin pesticidas. _____

2. Es importante que todos (conservan / conserven) los recursos naturales. _____

3. Me preocupa que nosotros no (tratamos / tratemos) bien a la Tierra. _____

4. Es ridículo que (hay / haya) tanta basura en las calles. _____

WB 12-5 | Consejería Trabajas para un consejero y hoy te pide que le ayudes con los consejos que les va a dar a sus clientes. Selecciona el consejo más lógico para cada caso.

1. _____ Carlos quiere visitar un lugar bello y tranquilo.

   a. Es necesario que vaya al bosque de Monteverde.

   b. Es mejor que visite la metrópolis.

2. _____ Alicia busca una alternativa al coche porque no le gusta el tráfico.

   a. Es importante que deje de trabajar.

   b. Es lógico que tome el transporte público.

3. _____ A Adolfo y Érika les preocupa que no llevan una vida tranquila.

   a. Es posible que tengan miedo de cultivar plantas.

   b. Es necesario que no trabajen tanto.

4. _____ A Silvia le molesta que sus vecinos tiren tanta basura en la calle.

   a. Es importante que se queje del problema con sus vecinos.

   b. Es ridículo que le moleste la basura.

WB 12-6 | La primera visita a Costa Rica ¿Qué piensan Luis y Ana de Costa Rica después de su primer día en el país? Completa su conversación con la forma apropiada del presente de subjuntivo del verbo que está entre paréntesis.

ANA: ¡Es increíble este país! ¿No te parece, Luis?

LUIS: Sí, Ana. ¡Qué bueno que nosotros **1.** _____ (estar) aquí y no en Atlanta!

ANA: Me alegro de que el lugar **2.** _____ (ser) tan bonito y tranquilo.

LUIS: Tranquilo, sí. Es increíble que acá en San José, la capital, no **3.** _____ (haber) mucho tráfico ni mucho ruido.

ANA: Es cierto. Me sorprende a mí que en un lugar tan grande, la ciudad no **4.** _____ (tener) muchos problemas de superpoblación, como contaminación, tráfico, basura, etcétera.

LUIS: Estoy de acuerdo. Esto es muy interesante porque vivimos en una ciudad más pequeña, pero nos quejamos siempre de que la gente no **5.** _____ (respetar) el medio ambiente. Es una lástima que todo el mundo no **6.** _____ (poder) ser como Costa Rica.

ANA: Bueno, Luis, es imposible que todo el mundo **7.** _____ (ajustarse) *(to adjust itself)* al modelo de Costa Rica. Pero de todas formas, sería *(it would be)* una situación ideal.

LUIS: Pues sí. Oye, mañana es necesario que nosotros **8.** _____ (hacer) el *tour* por el Bosque Nuboso de Monteverde. ¿Está bien?

ANA: Sí, ¿pero por qué es necesario hacerlo mañana?

LUIS: Pues mañana es viernes, y si no lo hacemos mañana es posible que el sábado no **9.** _____ (poder) hacerlo porque va a haber mucha gente.

ANA: Tienes razón, pero entonces es importante que tú **10.** _____ (llamar) ahora para hacer la reserva.

LUIS: Bueno, la voy a hacer ahora mismo.

WB 12-7 | Una reunión de Greenpeace Estás en una reunión de Greenpeace y todos los miembros están expresando sus opiniones sobre varios temas importantes. Para saber lo que dicen, forma oraciones con los elementos dados. Recuerda que solamente los verbos en la frase subordinada van a estar en el presente de subjuntivo.

> **Modelo**   Yo / sentir / algunas de nuestras actividades / ser / radicales
> *Yo siento que algunas de nuestras actividades sean radicales.*

1. Nosotros / tener miedo de / nuestros esfuerzos / no tener éxito / en este caso

   _____

2. Javier / esperar / nuestro grupo / conservar / el medio ambiente

   _____

3. Ojalá / el gobierno / nos apoyar

   _____

4. Es una lástima / las grandes compañías / no hacer / más inversiones "verdes"

   _____

5. Es ridículo / la gente / tener miedo / de nosotros

   _____

6. Nosotros / sentir / mucha gente / no entender / los objetivos de Greenpeace

   _____

VOCABULARIO 2   La conservación y la explotación

WB 12-8 | Problemas y soluciones Identifica cuáles son problemas ambientales y cuáles son soluciones. Pon las letras con su categoría correcta.

Problemas ambientales: _____

Soluciones: _____

   a. la destrucción de la capa de ozono

   b. explotar la energía solar

   c. el desperdicio

   d. la contaminación del aire

   e. reciclar productos de plástico, metal, vidrio *(glass)* y papel

   f. la reforestación

   g. desarrollar métodos alternativos de transporte público

   h. la destrucción de los bosques

   i. la escasez de recursos naturales

   j. acabar con la contaminación de las grandes fábricas

WB 12-9 | Una clase de ecología Jorge acaba de tomar una clase de ecología y dice que la clase le ha cambiado la vida. ¿Cómo ha cambiado Jorge? Completa el siguiente párrafo con las palabras apropiadas de la lista para saberlo.

capa de ozono   conservar   contaminación   energía solar   escasez   medio ambiente

naturaleza   proteger   reciclar   recursos naturales   resolver   transporte público

Antes de tomar la clase de ecología, yo nunca pensaba en la **1.** _____. Nunca me

preocupaban los problemas del **2.** _____, como la **3.** _____ de

petróleo o la destrucción de la **4.** _____. Sin embargo, en la clase aprendí que cada

persona tiene que **5.** _____ nuestros **6.** _____ y que tenemos

que **7.** _____ el aire y la tierra. Ahora sé que tengo que hacer mi parte para

8. _____ nuestros problemas ambientales. Voy a **9.** _____ todos los

productos de plástico y de papel que uso en mi casa para evitar el desechos. También voy a tratar de

usar **10.** _____ para calentar mi piscina. Finalmente, siempre que sea posible, voy

a tomar el autobús o cualquier otra forma de **11.** _____ para así no contribuir a la

12. _____ del aire. Sé que yo solo no puedo cambiar el mundo, pero en la clase aprendí

que puedo hacer mi parte para cambiarlo.

ESTRUCTURA Y USO 2   The subjunctive with verbs or expressions of doubt and uncertainty; adjective clauses, and time clauses

To hear more about **the subjunctive,** visit www.cengage.com/spanish/viajes

WB 12-10 | ¿Qué hacemos ahora? Luis y Ana todavía están en Costa Rica y están planeando cómo quieren pasar los próximos días de vacaciones. Para saber lo que dicen, completa su conversación con la forma apropiada de los verbos que están entre paréntesis. ¡OJO! Tienes que decidir si el verbo debe estar en el presente de indicativo o de subjuntivo.

LUIS: Ana, mañana creo que nosotros **1.** _____ (deber) ir al Parque Nacional Volcán

Poás. Tomás y María también van mañana. ¿Qué te parece?

ANA: Bueno, no pienso que ellos **2.** _____ (ir) mañana. Me dijeron que iban a otro

lugar. Pienso que **3.** _____ (ser) mejor ir a Puntarenas mañana. Allí es donde

está el Parque Nacional Palo Verde.

LUIS: No creo que Palo Verde **4.** _____ (estar) allí Creo que en Puntarenas

5. _____ (poder) visitar las playas y tal vez el Parque Manuel Antonio.

ANA: Ay, Manuel Antonio. Sí, lo quiero ver. No creo que **6.** _____ (quedar) muy lejos

del hotel La Mariposa, ¿verdad?

LUIS: Es cierto que La Mariposa **7.** _____ al lado del parque. Pero, bueno… ¿Qué

hacemos, entonces?

ANA: Mañana es lunes y es dudoso que **8.** _____ (haber) mucha gente en cualquier

lugar, así que todo depende de ti.

LUIS: Como no estamos seguros de que Tomás y María **9.** _____ (visitar) el Volcán

Poás mañana, ¿por qué no los llamamos y así lo averiguamos? Si van mañana, los podemos

acompañar.

ANA: Pienso que **10.** _____ (ser) una buena idea.

WB 12-11 | ¡Qué preciosidad! Luis y Ana decidieron ir al Parque Nacional Manuel Antonio y ahora están comentando el viaje y el lugar. Para saber lo que dicen, completa su conversación con la forma correcta de los verbos que están entre paréntesis. **¡OJO!** Tienes que decidir si los verbos deben estar en el presente de indicativo o de subjuntivo.

LUIS: No creo que el viaje a Quepos **1.** _____ (pasar) rápidamente.

ANA: Yo creo que nosotros **2.** _____ (tardar) demasiado tiempo en llegar.

LUIS: María y Tomás piensan que los titís *(squirrel monkeys)* **3.** _____ (venir) a jugar

en la playa de Manuel Antonio.

ANA: Yo dudo que los titís **4.** _____ (venir) a jugar en la playa.

LUIS: Yo creo que **5.** _____ (haber) más de 600 tipos de aves en el Parque

Manuel Antonio.

ANA: No es cierto que **6.** _____ (haber) tantas aves en ese lugar.

LUIS: No estoy seguro que el parque **7.** _____ (estar) abierto toda la noche.

ANA: Es imposible que el parque **8.** _____ (cerrar) temprano.

WB 12-12 | Más planes Ahora Ana y Luis están planeando un viaje al Volcán Poás. Para saber lo que dicen, completa su conversación con la frase más lógica y gramatical. **¡OJO!** Antes de empezar, repasa el uso del subjuntivo en las frases adjetivales en tu libro de texto.

1. Tenemos que buscar el autobús _____.

   a. que va a Poás

   b. que dure por lo menos tres horas

   c. que sea muy barato

2. Queremos un autobús _____.

   a. que es muy barato

   b. que dure por lo menos tres horas

   c. que pueda hacer el viaje de San José a Poás

3. Es mejor alquilar un coche _____.

   a. que dura cuatro horas

   b. que pueda hacer el viaje de San José a Poás

   c. que es muy barato

4. Tomás tiene un coche _____.
   a. que dure por lo menos tres horas
   b. que vaya directamente a Poás
   c. que puede hacer el viaje de San José a Poás

5. Podemos tomar ese servicio de taxi _____.
   a. que es muy barato
   b. que dure por lo menos tres horas
   c. que vaya directamente a Poás

6. En el hotel no conocen ningún servicio de taxi _____.
   a. que es muy barato
   b. que sea muy barato
   c. que puede hacer el viaje de San José a Poás

7. Necesitamos buscar un *tour* del parque _____.
   a. que dure por lo menos tres horas
   b. que vaya directamente a Poás
   c. que dura cuatro horas

WB 12-13 | Lo que quieran ¿Cómo es la vida de Andrea y sus amigos y cómo quieren que sea? Para saberlo, forma oraciones con los elementos dados. ¡OJO! Tienes que decidir si los verbos deben estar en indicativo o subjuntivo. Sigue el modelo.

> **Modelo** Andrea / querer vivir / en una ciudad / no tener contaminación
> *Andrea quiere vivir en una ciudad que no tenga contaminación.*

1. Carmen / tener / una casa / estar en la ciudad

   _____

2. Carmen y Andrea / buscar / compañeros de casa / ser simpáticos

   _____

3. Alberto / tener / un coche / usar / poca gasolina

   _____

4. Ramón / necesitar / un trabajo / pagar / mucho dinero

   _____

WB 12-14 | ¿Vamos o no vamos? Ana y Julia están conversando sobre si van o no van a ir al cine con Antonio y Tomás. Completa su conversación seleccionando la conjunción más lógica en cada caso.

ANA: Julia, Antonio nos invitó al cine, pero no sé si quiero ir. ¿Quieres ir?

JULIA: Bueno, Ana, voy **1.** _____ (con tal de que / para que / a menos que) vaya también

David, el hermano de Antonio. ¿Sabes que me gusta mucho? Si él no va, yo no voy.

ANA: Julia, ¡no seas tan difícil! **2.** _____ (Cuando / Aunque / Después de que) no vaya

David, te vas a divertir mucho con Antonio y conmigo. También nos va a acompañar Tomás.

JULIA: ¿Tomás? Ay, no, por favor. Ese tipo me molesta demasiado. No voy, entonces. **3.** _____

(Para que / Cuando / Hasta que) veas a Antonio y Tomás, diles que estoy muy enferma y por eso

no pude acompañarte. A propósito *(By the way)*, ¿qué película van a ver?

ANA: No te lo voy a decir **4.** _____ (tan pronto como / cuando / a menos que) nos

acompañes. Si no vas, ¿qué te importa qué película vemos?

JULIA: Ay, chica, **5.** _____ (antes de que / en caso de que / después de que) te enojes

conmigo, te voy a decir que sí los voy a acompañar... **6.** ¡ _____ (para que / tan

pronto como / hasta que) invites a David! ¡Por favor!

ANA: Julia, David no puede ir al cine esta tarde; tiene que trabajar. Pero, mira, **7.** _____

(sin que / en caso de que / después de que) salgamos del cine, vamos a visitar a David en su lugar

de trabajo. ¿Qué te parece?

JULIA: Me parece muy bien. Pero no voy a salir de la casa **8.** _____ (sin que / para que /

aunque) me digas el título de la película que vamos a ver. ¡Espero que sea la nueva película sobre

el medio ambiente!

ANA: Sí, Julia, es la nueva sobre el medio ambiente.

WB 12-15 | La telenovela del momento Varios estudiantes están hablando de la nueva telenovela, "La
ciudad y el campo". Para saber lo que dicen, forma oraciones completas usando los elementos dados. ¡OJO!
Tienes que poner el verbo de la cláusula subordinada en subjuntivo.

> **Modelo**   Gerardo ir a casarse con Juanita / aunque / a Juanita no le gusta vivir en la metrópolis.
> *Gerardo va a casarse con Juanita aunque a Juanita no le gusta vivir en la metrópolis.*

1. Javier / no ir a volver a Panamá / hasta que / la policía encontrar al asesino

   _____

2. Elena / hacer tratamientos médicos / para que / ella y Omar poder tener un bebé

   _____

3. Manuel / ir a tomar el transporte público / sólo cuando / alguien le robar el carro

   _____

4. Alberto y Claudia / ir a mudarse / a menos que / los vecinos dejar de hacer ruido

   _____

5. Santi / ir a estar mejor / tan pronto como / casarse con la campesina de su sueños

   _____

WB 12-16 | Los hábitos de Jorge Para saber cuán *(how)* peculiar es Jorge, selecciona la frase que mejor termine cada oración. Luego explica tu elección, indicando si la oración implica:

a. una acción habitual,

b. algo que va a ocurrir en el futuro,

c. algo que es cierto,

d. algo que es incierto.

Sigue los modelos.

> **Modelos** Jorge empieza a ver la tele tan pronto como [llegue a casa / llega a casa].
> *llega a casa*   *Explicación:*   *a. acción habitual*
>
> Aunque su madre [le diga / le dice] que no vea tanta televisión, sigue haciéndolo.
> *le dice*   *Explicación:*   *c. algo cierto*

1. Jorge ve las telenovelas cuando [no pasen programas sobre el medio ambiente / no pasan programas sobre el medio ambiente].

_____ Explicación: _____

2. Jorge piensa comprar otra finca después de que [le paguen en el trabajo / le pagan en el trabajo].

_____ Explicación: _____

3. Jorge piensa estudiar ecología tan pronto como [termine sus estudios actuales / termina sus estudios actuales].

_____ Explicación: _____

WB 12-17 | ¿Qué hacemos esta noche? Daniel quiere hacer algo divertido esta noche y le manda el siguiente correo electrónico a su amigo Carlos. Para saber lo que dice, rellena los espacios en blanco con la forma apropiada del verbo. Usa el presente de indicativo o el presente de subjuntivo, según sea necesario.

Hola Carlos:

Esta noche no sé qué vamos a hacer. La verdad es que no me importa mucho exactamente qué hacemos, con tal de que nosotros **1.** _____ (hacer) algo divertido. Hoy es el cumpleaños de Amalia y su novio le va a hacer una fiesta. Aunque **2.** _____ (ser) una fiesta de cumpleaños, creo que lo van a pasar bien allí. Otra opción es ir al cine del centro para ver una película. Me gusta ese cine porque tan pronto como **3.** _____ (salir) las películas nuevas, las pasan allí, y no cobran demasiado. Prefiero ver una película de intriga a menos que tú **4.** _____ (querer) ver algo diferente. Mira, Carlos, cuando tú **5.** _____ (recibir) este mensaje, llámame y podemos decidir qué hacemos. En caso de que yo no **6.** _____ (estar) en casa, llámame a casa de Elvia. Ella va a ayudarme con mi tarea de matemáticas. No te preocupes, ¡no voy a salir con Elvia esta noche! De hecho *(In fact)*, no voy a hacer planes para esta noche hasta que tú no me **7.** _____ (llamar).

VIAJEMOS POR COSTA RICA Y PANAMÁ

En estos segmentos del video, vas a aprender un poco sobre Costa Rica y Panamá.

WB 12-18 | Geografía Mira el mapa e identifica los países de Costa Rica y Panamá.

1. _____ Escribe la letra del mapa que corresponde a Costa Rica.

2. _____ Escribe la letra del mapa que corresponde a Panamá.

© Cengage Learning 2014

WB 12-19 | Cognados En los segmentos del video, vas a escuchar muchos cognados que pueden facilitar tu comprensión del video. Algunos de estos cognados aparecen aquí. Antes de ver los segmentos, trata de pronunciar cada palabra o frase y luego trata de emparejar (*match*) los cognados con su definición en inglés.

1. _____ precolombino
2. _____ privilegiado
3. _____ himno nacional
4. _____ interoceánico
5. _____ abundancia
6. _____ centros bancarios

a. abundance
b. pre-Columbian
c. national anthem
d. privileged
e. banking center
f. inter-oceanic

WB 12-20 | Cognados en contexto Mira los segmentos del video otra vez y trata de rellenar los espacios en blanco con el cognado apropiado de la actividad **WB 12-19**.

del segmento sobre Costa Rica:

1. El Museo Nacional está localizado en un antiguo fuerte. Allí se puede apreciar arte

   _____ y de la época colonial de Costa Rica.

2. Los ticos son gente de naturaleza amable y tranquila, que viven y disfrutan la paz de un

   país _____.

del segmento sobre Panamá:

3. Su capital es la ciudad de Panamá. Allí se encuentra el Canal de Panamá; es un canal _____ entre las costas del océano Atlántico y el océano Pacífico.

4. La Ciudad de Panamá es uno de los _____ más fuertes del mundo y el centro financiero y de seguros más poderoso de toda Latinoamérica.

WB 12-21 | Comprensión Después de ver el video otra vez, indica si las siguientes oraciones son **ciertas** o **falsas**.

	cierto	falso
1. Costa Rica contiene aproximadamente el 50% de la biodiversidad del planeta.	☐	☐
2. San José de Costa Rica tiene una copia pequeña de la famosa Ópera de París.	☐	☐
3. Los "ticos" son las personas que viven en la ciudad de Panamá.	☐	☐
4. La palabra Panamá significa "abundancia de peces".	☐	☐
5. La mayoría de la población de Panamá es de origen europeo.	☐	☐
6. El Puente de las Américas pasa sobre el Canal de Panamá.	☐	☐

¡A ESCRIBIR!

Strategy: Making your writing persuasive

Writers often try to convince readers to understand or adopt particular points of view.

Persuasive writing is used by writers of editorials, by political figures, and often by professionals, such as attorneys, medical personnel, educators, and reviewers or critics. In this section, you will write an essay in which you try to convince your reader of your point of view regarding a particular environmental issue. The following words and phrases will allow you to connect your ideas in this type of composition.

To express opinions ...

creo que	*I believe*
pienso que	*I think*
en mi opinión	*in my opinion*

To support opinions ...

primero	*first*
una razón	*one reason*
por ejemplo	*for example*

To show contrast ...

pero	*but*
aunque	*although*
por otro lado	*on the other hand*

To summarize ...

por eso	*therefore*
finalmente	*finally*
en conclusión	*in conclusion*

Task: Writing a persuasive essay

Paso 1 Form your opinion about one of the following topics (one that you didn't select in your textbook).

- El problema global más grande

- La mejor manera de resolver los problemas del mundo

- Si es justo mantener los animales en los zoológicos

- Si el gobierno debe permitir la manipulación genética

Paso 2 On a separate sheet of paper, write a sentence that demonstrates your opinion about the topic you selected. Then write two to three reasons that support your opinion. Finally, write your essay. Remember that the essay must include:

- An introductory statement of your opinion

- Reasons in favor of your opinion, along with specific examples where possible

- A conclusion—a summary of your opinion.

Paso 3 After writing the first draft, revise the content and check the grammar. Try to incorporate several of the expressions you learned in this chapter to express your opinion. If you use these phrases, decide whether they require the indicative or the subjunctive. When you are finished, write your final draft here.

_____

_____

_____

_____

_____

_____

_____

_____

_____

_____

_____

_____

_____

_____

_____

_____

_____

_____

_____

_____

_____

Autoprueba

WB 12-22 | La geografía rural y urbana Completa los espacios en blanco con las palabras apropiadas de cada lista.

acelerada medio ambiente basura bella contaminación metrópolis

público recogen ruido superpoblación tráfico transporte

A

La ciudad de Nueva York es una de las **1.** _____ más conocidas en todo el mundo. Como en cualquier otra gran ciudad, el ritmo de la vida es muy **2.** _____ en Nueva York y allí es común encontrar problemas asociados con la **3.** _____. Estos problemas incluyen el **4.** _____, el **5.** _____ y la **6.** _____ del aire. Sin embargo, la ciudad tiene un sistema de **7.** _____ que facilita el movimiento de gente y también protege el **8.** _____. Para ser una ciudad tan grande, no está demasiado sucia. La gente no arroja mucha **9.** _____ en las calles y hay muchas personas que la **10.** _____ cuando alguien lo hace. A pesar de ser grande, es una ciudad **11.** _____.

arroyos campesinos colinas cultivar regar tranquila

B

A diferencia de la vida urbana, la vida rural es bastante **1.** _____, pero aún así es bastante dura. Los **2.** _____ trabajan desde muy temprano de la mañana. Sus trabajos incluyen **3.** _____ la tierra, **4.** _____ las plantas y atender a los animales. Sin embargo, las zonas rurales pueden ser muy pintorescas. Las **5.** _____ y los **6.** _____ ayudan a crear un ambiente bastante agradable para trabajar, vivir y jugar.

capa de ozono desarrollar desperdicio destrucción energía solar escasez

explotar petróleo reciclar recursos naturales reforestar resolver

C

Tanto en las zonas urbanas como en las zonas rurales hay problemas ecológicos que hay que **1.** _____ para proteger el medio ambiente. Si no hacemos algo rápidamente, vamos a acabar con todos los **2.** _____, como el **3.** _____. Algunas soluciones son **4.** _____ los bosques, preservar la **5.** _____ y **6.** _____ programas para limpiar el aire. También es importante **7.** _____ otras formas de energía, como la **8.** _____. Cada individuo puede hacer su parte para evitar el **9.** _____ y la **10.** _____ de la naturaleza. Por ejemplo, todos pueden **11.** _____ las botellas, las latas *(cans)* y los papeles que usan en casa. Si todos hacen su parte, no vamos a tener que hablar de la **12.** _____ de los recursos importantes.

WB 12-23 | Un secreto Completa la siguiente conversación usando apropiadamente el infinitivo o el subjuntivo de los verbos que están entre paréntesis.

JORGE: Me alegro de que nosotros **1.** _____ (estar) en Costa Rica otra vez. Me gusta

2. _____ (poder) explorar las selvas y ver todas las especies de animales.

LUIS: Sí, creo que es bueno **3.** _____ (venir) a Costa Rica cada año, pero lamento que Moni

y Alicia no **4.** _____ (estar) aquí con nosotros.

JORGE: ¿Cómo? ¡Es ridículo que tú **5.** _____ (decir) eso! Es mejor que las novias no nos

6. _____ (acompañar) en estos viajes.

LUIS: ¡Jorge! Me sorprende que **7.** _____ (pensar) así. Creo que es una lástima que Moni y

Alicia no **8.** _____ (ir) a poder disfrutar de la belleza de Costa Rica.

JORGE: Bueno, Luis, cálmate. Quiero mucho a mi novia. Pero también creo que es importante que

los hombres **9.** _____ (tener) su tiempo libre, ¿no? Y otra cosa: ojalá que esta

conversación **10.** _____ (ser) secreto nuestro, ¿eh?

WB 12-24 | Hablando del viaje Carmen y Tere están hablando del viaje que van a hacer a Costa Rica. Para saber lo que dicen, forma oraciones usando los siguientes elementos. Tienes que determinar si los verbos deben estar conjugados en el presente de indicativo o en el presente de subjuntivo.

1. TERE: yo / creer / estas vacaciones / ser / excelentes

CARMEN: sí, pero yo / dudar / David / querer venir / este año

TERE: _____

CARMEN: _____

2. TERE: Gabriela / no estar segura / el hotel / ser / bueno

CARMEN: yo / estar segura / todos los hoteles / ir a ser / muy buenos

TERE: _____

CARMEN: _____

3. TERE: en San José nosotros / tener que buscar / un restaurante / servir / gallo pinto (a Costa Rican dish of rice, beans, and cilantro)

CARMEN: yo / conocer / un buen hotel / servir / gallo pinto

TERE: _____

CARMEN: _____

4. TERE: yo / querer visitar / una reserva biológica / tener muchas especies exóticas

CARMEN: Manuel Antonio / ser una reserva preciosa / tener todo tipo de animales exóticos

TERE: _____

CARMEN: _____

WB 12-25 | Consejos para la cita Esta noche Paulo tiene cita con la mujer de sus sueños, Silvia. Su amigo Carlos trata de darle consejos para que todo salga bien. Para saber lo que dicen, rellena los espacios en blanco con una forma apropiada del verbo. **¡OJO!** Tienes que leer la conversación y entender bien el contexto para decidir si el verbo debe ir en el presente de subjuntivo o el presente de indicativo.

CARLOS: Hola, Paulo, ¿qué me cuentas? ¿Cómo estás?

PAULO: ¡Estoy superbien! Sabes que Silvia por fin viene a visitarme, bueno, con tal de que

1. _____ (limpiar) la casa antes de que ella 2. _____ (venir).

CARLOS: ¿Silvia? ¿Te va a visitar a ti? Pero tu casa es un desastre. ¿Qué vas a hacer para que Silvia no

3. _____ (asustarse) cuando 4. _____ (llegar)?

PAULO: Mira, Carlos, aunque mi casa sí 5. _____ (estar) un poco sucia, no es un desastre. La puedo limpiar.

CARLOS: Pues, suponiendo que sí puedas limpiar la casa, ¿qué van a hacer Uds.?

PAULO: No lo sé. Creo que voy a alquilar un video de Jackie Chan. Creo que a Silvia le va a gustar. Pero, en caso de que no le 6. _____ (gustar), también voy a alquilar mi película favorita, *Napoleon Dynamite*. Sé que con una de esas no puedo fallar *(miss)*.

CARLOS: ¡Paulo, Paulo! ¿Cuándo 7. _____ (ir) a aprender? ¿Cuántas veces te lo tengo que decir? Cuando 8. _____ (invitar) a tu casa a una chica como Silvia, tienes que pensar en ella. Tienes que preguntarle a ella qué quiere ver. Esta noche, pregúntale a Silvia qué quiere ver y entonces, cuando ella te 9. _____ (decir) el título de la película, Uds. dos pueden ir juntos a la tienda para alquilarla.

PAULO: Entonces, ¿no crees que una película de Jackie Chan le vaya a gustar?

CARLOS: Paulo, aunque le 10. _____ (gustar), tienes que esperar hasta que ella

11. _____ (decidir) qué es lo que prefiere ver. ¡Qué cabezota *(stubborn person)* eres!

Lab Manual

¡Mucho gusto!
El mundo hispano

VOCABULARIO 1   Saludos y despedidas

🔊 **LM P-1 | Saludos y despedidas** You will hear six brief dialogues. After listening to each one, identify the
1-2 correct speakers and situations by writing the letter of the dialogue in the appropriate space below.

_____ **1.** Two students meeting each other for the first time.

_____ **2.** Two close friends saying good-bye.

_____ **3.** A student addressing her professor.

_____ **4.** Two people of the same age saying hello.

_____ **5.** A patient greeting his doctor.

_____ **6.** A daughter greeting her mother.

🔊 **LM P-2 | ¿Qué dices?** For each statement you hear, you will hear two replies. Choose the correct
1-3 reply/replies by selecting **a** or **b**.

1. a b   4. a b

2. a b   5. a b

3. a b   6. a b

🔊 **LM P-3 | ¿Tú o Ud.?** Listen to the following greetings. Decide if the speaker is addressing people in a
1-4 formal or an informal manner by selecting **tú** or **Ud.**

1. tú Ud.   3. tú Ud.

2. tú Ud.   4. tú Ud.

ESTRUCTURA Y USO 1   Talking about yourself and others: Subject pronouns and the present tense of the verb *ser*

🔊 **LM P-4 | El verbo *ser*** You will hear sentences containing forms of the verb **ser**. Decide which subject
1-5 pronoun corresponds to the sentences. Write the appropriate letter next to each pronoun.

_____ **1.** yo   _____ **4.** nosotros

_____ **2.** tú   _____ **5.** ella

_____ **3.** Ud.   _____ **6.** ellos

◀)) **LM P-5 | ¿Cómo son?** Say whether you agree (**sí**) or disagree (**no**) with the recorded statements. Write **sí**
1-6 or **no** accordingly.

1. _____

2. _____

3. _____

4. _____

5. _____

◀)) **LM P-6 | ¿Cómo eres tú?** You will hear a total of six statements. Pick three that identify you and write
1-7 their corresponding letters in the blanks provided.

1. _____   4. _____

2. _____   5. _____

3. _____   6. _____

ESTRUCTURA Y USO 2   Identifying quantities: *Hay* and numbers 0–30

◀)) **LM P-7 | Identificación** Match the statement you hear with its corresponding illustration. **¡OJO!** Pay close
1-8 attention to the **hay** form.

1. _____   2. _____   3. _____

4. _____   5. _____   6. _____

🔊 **LM P-8 | Los números** Listen carefully to the following numbers. After repeating them aloud, write them
1-9 in the spaces below, first as numerals and then spelled out.

1. _____

2. _____

3. _____

4. _____

5. _____

6. _____

7. _____

8. _____

9. _____

10. _____

🔊 **LM P-9 | Las matemáticas** Listen carefully to the following math problems and write down the numerical
1-10 responses in the spaces provided.

1. _____

2. _____

3. _____

4. _____

5. _____

6. _____

ESTRUCTURA Y USO 3   Asking questions: Interrogative words

🔊 **LM P-10 | Interrogaciones** Listen carefully to the partial questions and write the letter of the question
1-11 that best corresponds to each interrogative word.

_____ 1. Cómo   _____ 6. Por qué

_____ 2. Cuál   _____ 7. Qué

_____ 3. Cuándo   _____ 8. Quién

_____ 4. Cuántos   _____ 9. Dónde

_____ 5. De dónde   _____ 10. Cómo

◀))) **LM P-11 | Información personal** Listen to the following statements and select the appropriate
1-12 interrogative word. Make sure each word and statement agree in number and gender.

1. Cuánta   Cuánto   Cuántos   Cuántas

2. Quién   Quiénes

3. Cuál   Cuáles

4. Cuánta   Cuánto   Cuántos   Cuántas

5. Cuál   Cuáles

6. Dónde   Cuándo

◀))) **LM P-12 | ¿Quién eres?** Answer the following questions posed by Detective Austin, *el "Poderoso"*.
1-13 ¡OJO! Make sure you spell out the numbers!

1. _____

2. _____

3. _____

4. _____

5. _____

6. _____

En una clase de español
Los Estados Unidos

VOCABULARIO 1   En la clase

🔊 **LM 1-1 | La clase de español de la profesora Muñoz** You will hear pairs of sentences based on the
1-14 following illustration. After repeating each sentence aloud, select the one that best describes the illustration.
Indicate your choice by selecting **a** or **b**.

© Cengage Learning 2014

1. a b   2. a b   3. a b

4. a b   5. a b   6. a b

🔊 **LM 1-2 | ¿Es posible?** Mari is going to tell you who or what can be found either in a classroom or
1-15 in a backpack. **¡OJO!** She sometimes exaggerates. Listen to what she says and select **a. Es posible** or
b. Es imposible according to the statements she makes. Follow the model.

Modelo   En la clase: la pizarra
a. Es posible

1. **a.** Es posible   **b.** Es imposible   6. **a.** Es posible   **b.** Es imposible

2. **a.** Es posible   **b.** Es imposible   7. **a.** Es posible   **b.** Es imposible

3. **a.** Es posible   **b.** Es imposible   8. **a.** Es posible   **b.** Es imposible

4. **a.** Es posible   **b.** Es imposible   9. **a.** Es posible   **b.** Es imposible

5. **a.** Es posible   **b.** Es imposible   10. **a.** Es posible   **b.** Es imposible

🔊 **LM 1-3 | ¿De qué color es?** Listen to the colors of the following objects. Repeat the colors after the speaker
1-16   and write them in the spaces provided. Then, answer the questions with the appropriate color.

1. El papel es _____.

   Es _____.

2. Los bolígrafos son _____.

   Son _____.

3. La mochila es _____.

   Es _____.

4. La pizarra es _____.

   Es _____.

5. Los escritorios son _____.

   Son _____.

ESTRUCTURA Y USO 1   Talking about people, things and concepts: Definite and indefinite articles, gender, and plural nouns

🔊 **LM 1-4 | ¿Definido o indefinido?** Choose the correct sentence from each set by selecting **a** or **b.**
1-17   ¡OJO! Pay close attention to the use of definite and indefinite articles.

1. a b	2. a b	3. a b
4. a b	5. a b	

🔊 **LM 1-5 | ¡En plural!** You will hear vocabulary words in the singular form. Write their plural forms
1-18   including articles in the spaces provided.

1. _____   5. _____

2. _____   6. _____

3. _____   7. _____

4. _____   8. _____

🔊 **LM 1-6 | ¿Cuántas? ¿Cuántos?** Answer the following questions in a complete sentence. Follow the model.
1-19

Modelo   ¿Cuántas computadoras hay en la clase?
              Hay una computadora en la clase.

1. _____

2. _____

3. _____

4. _____

5. _____

6. _____

VOCABULARIO 2 Lenguas extranjeras, materias y lugares universitarios

🔊 **LM 1-7 | Los estudiantes internacionales de la profesora Muñoz** Listen to a brief description of eight
1-20 international students in Professor Muñoz's class and complete the following sentences by stating their native language.

1. Felicitas Semprini habla _____

2. Trini Whitmanabaum habla _____

3. Miguel Paz d'Islilla habla _____

4. Marilina Ribelina habla _____

5. Kianu Tomasaki habla _____

6. Stéphane Pagny habla _____

7. Sergei Morosoff habla _____

8. João do Maura habla _____

🔊 **LM 1-8 | ¿Qué cursos?** Listen again to the description and identify what courses each student is taking.
1-21 List their courses in the spaces provided below.

1. Felicitas Semprini estudia _____

2. Trini Whitmanabaum estudia _____

3. Miguel Paz d'Islilla estudia _____

4. Marilina Ribelina estudia _____

5. Kianu Tomasaki estudia _____

6. Stéphane Pagny estudia _____

7. Sergei Morosoff estudia _____

8. João do Maura estudia _____

🔊 **LM 1-9 | En mi universidad** Listen to the following university places. Then write the proper name of the
1-22 corresponding building at your university. Follow the model.

Modelo la clase de español
Hellems Hall 202

1. _____

2. _____

3. _____

4. _____

5. _____

6. _____

🔊 **LM 1-10 ¿Qué hacen? *(What do they do?)*** Listen to the sentences describing what each of the following people is doing. Then match the letter with the corresponding illustration.

1-23

1. _____

2. _____

3. _____

4. _____

5. _____

6. _____

🔊 **LM 1-11 | Este semestre** Liliana is very excited about all of the things she and her friends are doing this
1-24 semester; but who does what? Listen to each of her statements and then choose who the subject of each
sentence is. Follow the model.

Modelo Descansas por la noche.
b. tú

1. a. yo	**b.** mis compañeros y yo	**c.** la profesora
2. a. ellas	**b.** usted	**c.** mis amigas y yo
3. a. ustedes	**b.** la profesora	**c.** yo
4. a. mis compañeros	**b.** mi compañera de cuarto	**c.** tú
5. a. los profesores	**b.** yo	**c.** mi amigo

🔊 **LM 1-12 | La vida de los estudiantes internacionales** Listen to a student's daily routine and compare it
1-25 to your own by writing a sentence that describes your life. Follow the model.

Modelo Sergei estudia mucho por la noche.
Estudio durante el día.

1. _____

2. _____

3. _____

4. _____

5. _____

6. _____

🔊 **LM 1-13 | Mi rutina semanal (weekly)** Fernando participates in many different activities during the week.
1-26 Listen carefully as he describes his weekly routine. Match each activity with the corresponding day(s) of
the week.

1. _____ canta en una banda   **a.** lunes
2. _____ toca la guitarra   **b.** martes
3. _____ dibuja en el parque   **c.** miércoles
4. _____ trabaja en la librería   **d.** jueves
5. _____ enseña música   **e.** viernes
                                          f. sábado
                                          g. domingo

ESTRUCTURA Y USO 3   Telling the time and talking about the days of the week: La hora y los días de la semana

🔊 **LM 1-14 | ¿Qué hora es?** Match the time you hear with the corresponding times written below.
1-27

_____ **1.** 2:15 AM   _____ **4.** 8:45 PM

_____ **2.** 8:30 AM   _____ **5.** 12:00 PM

_____ **3.** 1:25 AM   _____ **6.** 10:45 PM

🔊 **LM 1-15 | Los días de la semana** Identify the days of the week you hear and write them in the space
1-28 provided.

1. _____

2. _____

3. _____

4. _____

5. _____

6. _____

PRONUNCIACIÓN 1   *a, e, i, o,* and *u*

🔊 Even though the letters **a, e, i, o, u,** and sometimes **y** are used to represent vowel sounds in both English
1-29 and Spanish, the pronunciation of the vowel sounds is different. English vowels are generally longer than
those in Spanish. In addition, English vowel sounds often merge with other vowels to produce combination
sounds. As a general rule, pronounce Spanish vowels with a short, precise sound.

🔊 **LM 1-16 | ¡Así suena!** Listen and repeat.
1-30

a: armario   papel   lápiz   cuaderno   mochila

Hay tres lápices en la mochila.

e: reloj   mesa   secretaria   escritorio   pupitre

En la clase hay un reloj, un escritorio y veinte pupitres.

i: libro   mochila   cinta   silla   televisor

En la universidad hay sillas, libros y televisores.

o: consejero   bolígrafo   biblioteca   profesor   borrador

Hoy el profesor no necesita el borrador.

u: nueve   universidad   Ud.   alumnos   única

Un profesor de la universidad tiene nueve alumnos.

PRONUNCIACIÓN 2   *h* and *ch*

🔊 The letter **h** is the only silent letter in the Spanish alphabet; it is never pronounced: **historia. Ch** is
1-31 pronounced as in the English word *church*: **mochila.**

🔊 **LM 1-17 | ¡Así suena!** Listen and repeat.
1-32

h: historia   hoy   hola   hamburguesa   Héctor

Hoy hay un examen en la clase de historia.

ch: mochila   ocho   chico   dieciocho   poncho

El chico tiene ocho ponchos y mochilas. ¡Son muchos!

¡A VER!

LM 1-18 | Comprensión After watching the ¡A ver! video segment for Chapter 1, answer **cierto** *(true)* or **falso** *(false)* for the following statements.

	cierto	falso
1. Hay dos chicos y tres chicas en la casa.	☐	☐
2. Todos son estudiantes.	☐	☐
3. Javier es de Argentina.	☐	☐
4. Valeria estudia filología.	☐	☐
5. Los padres de Antonio son de los Estados Unidos.	☐	☐
6. Alejandra es colombiana.	☐	☐
7. Sofía vive en Aragón, España.	☐	☐

LM 1-19 | Las materias Match the name of each student with his or her major.

1. _____ Javier
2. _____ Alejandra
3. _____ Sofía
4. _____ Valeria
5. _____ Antonio

a. administración de empresas
b. filología
c. danza moderna
d. medicina
e. diseño

2 En una reunión familiar
México

VOCABULARIO 1   La familia

🔊 **LM 2-1 | Los miembros de la familia** Listen to each description and find the family relation to which it
2-2 refers. Then, write the letter of the correct description next to it.

_____ 1. mi tío   _____ 6. mi abuelo

_____ 2. mi hermana   _____ 7. mi tía

_____ 3. mi abuela   _____ 8. mi padre

_____ 4. mi madre   _____ 9. mi hermano

_____ 5. mis primos

🔊 **LM 2-2 | Tu familia** Listen to the following sentences and select the response that best fits your family
2-3 situation.

1. a b c   3. a b c   5. a b c

2. a b c   4. a b c   6. a b c

🔊 **LM 2-3 | No es de la familia** You will hear a list of family relationships in pairs. Repeat each pair aloud.
2-4 On the lines provided, write the pairs that do not belong.

1. _____

2. _____

3. _____

4. _____

5. _____

6. _____

ESTRUCTURA Y USO 1   Indicating ownership and possession: Possession with *de(l)* and possessive adjectives

🔊 **LM 2-4 | ¿Cómo son?** Juan Carlos is describing some family members. Complete his descriptions with the
2-5 possessive adjectives that you hear. Follow the model below.

Modelo   El padre de Juan Carlos es paciente.
             Su padre es paciente.

1. _____ hermanas son cómicas.   4. _____ novias son atléticas.

2. _____ padres son generosos.   5. _____ abuelita es artística.

3. _____ hermanos son responsables.   6. ¿Y _____ abuelita, es artística?

🔊 **LM 2-5 | ¿Cómo se llaman?** Do you know the names of your classmates, professors, friends, pets, etc.?
2-6 Answer the questions that you hear by filling in the possessive adjectives as well as the names. Follow the model.

      Modelo   ¿Cómo se llaman tus abuelos?
                    Mis abuelos se llaman *Alfonso y Alberto.*

1. _____ madre se llama _____.

2. _____ profesor (o profesora) de español se llama _____.

3. _____ amigos se llaman _____ y _____.

4. _____ mascotas se llaman _____ y _____.

5. _____ madre se llama _____.

6. _____ compañero (o compañera) de clase se llama _____.

🔊 **LM 2-6 | ¿De quién es?** Listen to the following questions and complete the answers. Follow the model.
2-7

      Modelo   El bebé es del hermano de Jill. ¿De quién es el bebé?
                    Es *del* hermano de Jill. Es *su* bebé.

1. Es _____ hermana de María. Es _____ nieto.

2. Es _____ padres de Tomás. Es _____ casa.

3. Son _____ Lupe y Miguel. Son _____ parientes.

4. Es _____ José y Simona. Es _____ libro.

5. Es _____ prima de Carolina. Es _____ fiesta.

6. Son _____ Julieta. Son _____ gatos.

ESTRUCTURA Y USO 2   Describing people and things (1): Common uses of the verb *ser*

🔊 **LM 2-7 | ¿Qué son?** You will hear some sentences about family members and their professions. Complete
2-8 the sentences that you hear by matching the items in the first column with the items in the second column.

1. _____ Nosotras somos   **a.** piloto.

2. _____ Ellos son   **b.** doctor.

3. _____ Tú eres   **c.** hermanos.

4. _____ Mi hermano es   **d.** profesora.

5. _____ Yo soy   **e.** estudiantes.

🔊 **LM 2-8 | Identificación** Listen carefully to each statement. Complete each statement with the correct form
2-9 of the verb **ser** that you hear in the recording.

1. Tú _____ mi novio.

2. Roma _____ nuestra profesora.

3. Uds. _____ mis hermanos.

4. Mónica y yo _____ buenas amigas.

5. Yo _____ estudiante.

🔊 **LM 2-9 | Las descripciones** You will hear a description for each of the illustrations below. Match each one
2-10 by writing the corresponding letter in the space provided.

1. _____   2. _____   3. _____

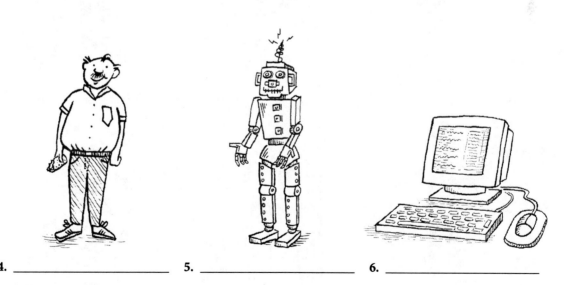

4. _____   5. _____   6. _____

ESTRUCTURA Y USO 3   Describing people and things (2): Agreement with descriptive adjectives

🔊
2-11

LM 2-10 | ¡Así no son! Below are six drawings representing Ángel's family. You will hear some descriptions that state the opposite of what each drawing represents. Match the drawings with the descriptions that state the opposite of what you see. Follow the model.

Modelo   *El tío Lito es delgado.*

1. _____   2. _____   3. _____

4. _____   5. _____   6. _____

🔊 **LM 2-11 | ¡Así son!** Now you are going to listen to real descriptions of Ángel's family members. Write
2-12 down the descriptive adjectives that you hear to complete the sentences. **¡OJO!** There are two adjectives
per sentence.

1. Mis cuñados son _____ y _____.

2. Sus hijos son _____ y _____.

3. Mis tías son _____ y _____.

4. Mis hermanos son _____ y _____.

5. Mi padre es _____ y _____.

6. Mi madre es _____ y _____.

🔊 **LM 2-12 | ¡Guapos y famosos!** Listen to the descriptions of the following celebrities. Match the
2-13 descriptions with the celebrities.

1. _____ Oprah Winfrey   4. _____ Danny DeVito

2. _____ Jodie Foster   5. _____ Brad Pitt

3. _____ Arnold Schwarzenegger   6. _____ Nicole Kidman

VOCABULARIO 2   Las nacionalidades

🔊 **LM 2-13 | ¿De dónde son?** You will hear the names of ten famous people and their home countries.
2-14 Complete the sentences by writing each person's nationality in the space provided.

Modelo   Penélope Cruz es de España.
Penélope Cruz *es española.*

1. Gérard Depardieu _____.

2. Antonio Banderas _____.

3. Anna Kournikova _____.

4. Gael García Bernal _____.

5. Sting _____.

6. Silvio Berlusconi _____.

🔊 **LM 2-14 | ¿Qué lengua(s) hablan?** You will again hear the names of these famous people and their home
2-15 countries. Complete the sentences by writing the language they most likely speak.

1. Gérard Depardieu habla _____.

2. Antonio Banderas habla _____.

3. Anna Kournikova habla _____.

4. Gael García Bernal habla _____.

5. Sting habla _____.

6. Silvio Berlusconi habla _____.

🔊 **LM 2-15 | ¿De qué nacionalidad?** You will hear the names of countries. For each country that you hear,
2-16   write the nationality of the people who live in these countries.

Modelo   Brasil
brasileños

1. _____
2. _____
3. _____
4. _____
5. _____
6. _____

ESTRUCTURA Y USO 4   Describing daily activities at home or at school: Present tense of -er and -ir verbs

🔊 **LM 2-16 | Mi suegra es una viuda alegre** Listen to the story of a "happy widow" and fill in the blanks
2-17   with the conjugated regular -er and -ir verbs you hear.

Mi suegra, Candela Sosa Noés, es una viuda alegre. Candela aún es joven —cincuenta y un años— bastante

atractiva y **1.** _____ mucho dinero. Personalmente, **2.** _____ que **3.** _____

la vida loca. Mi esposa y yo siempre **4.** _____ las cartas que ella **5.** _____ de

diferentes lugares del mundo. Candela es un ídolo para sus nietos, Paqui y Tomasín. Paqui, la mayor, habla

constantemente de su moderna abuelita Candela que **6.** _____ whisky, baila salsa y ¡lleva bikini!

🔊 **LM 2-17 | | La vida loca de Candela** You will hear a series of activities typical of Candela's life. After
2-18   repeating each one, rewrite it using the corresponding change of subject. **¡OJO!** Pay special attention to the
verb conjugations.

Modelo   Candela recibe muchos regalos.
Uds. *reciben muchos regalos.*

1. Nosotros _____.

2. Tus padres _____.

3. Sus amigas _____.

4. Tú _____.

5. Yo también _____.

ESTRUCTURA Y USO 5   Expressing possession, age, and physical states: Common uses of the verb *tener*

🔊
2-19

LM 2-18 | ¿Cuántos tienen? Listen to the following questions and write in the correct answer.

1. _____
2. _____
3. _____
4. _____
5. _____
6. _____

🔊
2-20

LM 2-19 | ¿Cómo reaccionas? Read the following statements. Then listen to a series of idiomatic expressions with **tener** and match them to the logical statement.

1. _____ La temperatura es de 100 °F.
2. _____ Son las 2:00 de la tarde y no he comido (*I haven't eaten*).
3. _____ Miro una película (*film*) de terror.
4. _____ Estoy en Alaska en diciembre (*December*).
5. _____ Es la 1:30 de la mañana y estoy despierto (*awake*).
6. _____ Mañana tengo examen de español.

ESTRUCTURA Y USO 6   Counting to 100: Numbers 30 to 100

🔊
2-21

LM 2-20 | Los números Spell out the numbers as you hear them.

1. _____
2. _____
3. _____
4. _____
5. _____
6. _____

🔊
2-22

LM 2-21 | La lotería You bought a lottery ticket with the numbers below. Listen to the audio to find out which winning numbers you have on your lottery ticket. As you hear the winning numbers called out, write down the numbers that match on your ticket. Did you win the lottery?

Your lottery ticket: 80   58   45   32   61   79

…And my matching numbers are… _____

🔊 **LM 2-22 | Las edades** Candela (the "happy widow") tells her friends' ages. Match her friends with
2-23   their ages.

1. _____ mi amigo Pedro   **a.** 54

2. _____ mi amiga Lupe   **b.** 36

3. _____ mis amigas Sonia y Silvia   **c.** 87

4. _____ mis amigos Julio y Fernando   **d.** 99

5. _____ mi amigo José   **e.** 48

6. _____ mi amiga Ana   **f.** 63

PRONUNCIACIÓN 1   *r* and *rr*

🔊 In Spanish there are two **r** sounds: the single **r** sound and the double **r** sound. As you may have already
2-24   noticed from the vocabulary words in this chapter and in previous chapters, the Spanish **r** is pronounced
very differently from the English *r*. As a matter of fact, it has no equivalent in English. The single **r** is
pronounced by flapping the tongue against the roof of the palate. The single **r** sound occurs when it is in
the middle of a word, such as **prima** or **Karina.** When the **r** is placed at the beginning of a word, it has a
double **r** sound, such as in the word **rubio** or **rojo.** To pronounce the double **r,** make your tongue vibrate
behind the upper front teeth as you exhale. Try pronouncing the English word *thrive.* The vibration of the
tongue in the *thr* sound is very close to the Spanish double **r** sound.

🔊 **LM 2-23 | ¡Así suena!** Listen and repeat.
2-25   **Single *r* sound:** sobrina; morena; generosa; trabajadores; perezosos; liberal.

Double *r* sound: responsable; reservado; irresponsable; recibir; burrito; rápido.

The two sounds combined: Eres una persona interesante pero un poco arrogante y rebelde.

PRONUNCIACIÓN 2   *d*

🔊 The Spanish **d** has two sounds. When the letter **d** is placed at the beginning of a word, such as in **Diego,** or
2-26   after **l** or **n** such as in **Aldo** and **Fernando,** the sound resembles the English *d* as in *dog.* In these instances,
the tongue touches the back of the front teeth rather than the gum ridge, as in English. When the **d** occurs
between vowels, then the sound resembles the English *th* as in *that,* for example, in **tímido** or **prado.**

🔊 **LM 2-24 | ¡Así suena!** Listen and repeat.
2-27   **The sound *d* at the beginning or after *l* and *n*:** dominicano; deber; saldo; mando; dorado; caldo

The sound *d* in the middle of a word: adorno; gordo; canadiense; estadounidense; salvadoreño; apellido

The two sounds combined: dado; dedo; duda; donde; duende; dormido

▶ ¡A VER!

LM 2-25 | Comprensión After watching the **¡A ver!** video segment for Chapter 2, answer **cierto** (*true*) or **falso** (*false*) to the following statements.

	cierto	falso
1. Alejandra tiene una hermana.	☐	☐
2. Alejandra tiene dos perros.	☐	☐
3. Javier tiene un hermano mayor.	☐	☐
4. Javier tiene hermanos que estudian sicología.	☐	☐
5. El padre de Valeria es arquitecto.	☐	☐
6. Valeria tiene dos hermanas.	☐	☐

LM 2-26 | La familia de Alejandra In the video segment, Alejandra describes her family members to Sofía. Watch the scene of the video closely and complete the family descriptions below with the words that are missing.

SOFI: ¿Estas son fotos de tu familia en Colombia?

ALEJANDRA: Sí, mira. Estos son mi **1.** _____ y mi **2.** _____. Y en esta foto estamos

mi **3.** _____ y yo. Y estos son mis **4.** _____: Gitano y Lady.

SOFI: ¡Tu padre es **5.** _____ y tu madre es blanca, de pelo negro y **6.** _____

como tú! Te pareces mucho a ella.

El tiempo libre
Colombia

VOCABULARIO 1   Los pasatiempos y los deportes

🔊 **LM 3-1 | Los deportes, los pasatiempos y el tiempo libre** Do you remember the Incredible Juanjo?
2-28 He enjoys all sports and leisure-time activities. Listen carefully and select the correct response indicating
whether the activity you hear is a sport **(un deporte)** or a leisure-time activity **(un pasatiempo / el tiempo
libre)** by putting an **x** under the appropriate heading.

Modelo   mirar la tele
un pasatiempo / el tiempo libre

	un deporte	un pasatiempo / el tiempo libre
1.		
2.		
3.		
4.		
5.		
6.		

🔊 **LM 3-2 | Adivina, adivina** You will hear two or more clues. Select the activity associated with them and
2-29 write the letter of the correct response in the space provided.

_____ 1.   **a.** nadar

_____ 2.   **b.** sacar fotos

_____ 3.   **c.** bailar

_____ 4.   **d.** tomar el sol

_____ 5.   **e.** visitar un museo

_____ 6.   **f.** estar conectado en línea

🔊 **LM 3-3 | ¿Es posible?** Listen to the following sentences. Indicate whether these activities are possible
2-30 **(posible)** or impossible **(imposible)** by writing **posible** or **imposible** in the space provided.

Modelo   tomar el sol con las gafas de sol
posible

1. _____   3. _____

2. _____   5. _____

3. _____   6. _____

ESTRUCTURA Y USO 1 Expressing likes and dislikes: *Gustar* + infinitive and *gustar* + nouns

🔊 **LM 3-4 | ¿Qué les gusta?** Listen to the descriptions based on the six illustrations below. Identify each
2-31 description with the illustration and write the letter in the appropriate space.

1. _____   2. _____   3. _____

4. _____   5. _____   6. _____

🔊 **LM 3-5 | Gustos son gustos** You will hear a series of activities or actions. Match them with the famous
2-32 people that usually perform them by placing the correct letter in the space provided.

1. A Kobe Bryant y a mí _____.

2. A Penélope Cruz y a ti _____.

3. A Shakira y a Jennifer López _____.

4. A Enrique Iglesias _____.

5. A mí _____.

6. A David Beckham _____.

🔊 **LM 3-6 | Los gustos de tu familia** Listen to the statements and complete them according to your family's
2-33 likes and dislikes. Follow the model.

Modelo   tu padre / ver películas
A mi padre *le gusta ver películas.*

1. A mí _____.

2. A mis hermanos _____.

3. A mi madre _____.

4. A mi padre _____.

5. A mi tío y a mí _____.

6. A mi novio(a) _____.

VOCABULARIO 2   Los lugares

🔊 **LM 3-7 | ¿Adónde vas?** Tell where you go to do the things you hear. Follow the model.
2-34

   Modelo   comprar papel
               papelería

1. _____

2. _____

3. _____

4. _____

5. _____

6. _____

🔊 **LM 3-8 | Encuentra el lugar** Listen as Pepe, who is new in town, talks about what he likes to do. As he
2-35 tells you, point him to the place he can go to fulfill his wishes. Match his statement to the correct picture
      by writing the letter in the appropriate space.

A.

B.

C.

D.

E.

F.

1. _____   2. _____   3. _____

4. _____   5. _____   6. _____

ESTRUCTURA Y USO 2   Expressing plans with *ir: Ir* and *ir a*

🔊 **LM 3-9 | Los polos opuestos se atraen** *(Opposites attract)* Gabriel and his girlfriend Silvia are
2-36 soulmates. Although they like doing things together, their favorite activities don't always coincide. Listen to the dialogue and in preparation for Activity **3-10** fill in the blanks with the missing words.

GABRIEL: Hola, cielo. ¿Qué hacemos este fin de semana?

SILVIA: No sé, amor. ¿Qué le parece _____ 1. _____ 2.? A Ud. le gusta

_____ 3. _____ 4. _____ 5. y a mí me gusta mucho

_____ 6. Vamos a dar _____ 7. _____ 8.

GABRIEL: Sí, vamos a invitar a los muchachos a ver el _____ 9. y…

SILVIA: ¡No! Eso no es una _____ 10.

GABRIEL: De acuerdo, cielo. Si es un día bello y hace sol, vamos a hacer un _____ 11,
Ud. y yo solitos…

SILVIA: ¡Gabriel! Si hace buen tiempo vamos al _____ 12.

A mí me gusta _____ 13. en línea.

GABRIEL: ¡Qué buena idea! A mí me gusta mucho jugar al _____ 14.

Si vamos al parque voy a jugar al _____ 15.

SILVIA: ¡Gabriel, Ud. es imposible!

GABRIEL: Pero Silvia…

SILVIA: Ya sé lo que voy a hacer.

GABRIEL: ¿Qué?

SILVIA: Voy a ir a casa de mis padres. Y Ud. va a ver el _____ 16. con sus amigos.

GABRIEL: Pero Silvia...

SILVIA: ¡Adiós!

🔊 **LM 3-10 | ¿Qué van a hacer las almas gemelas?** After listening to the dialogue, what do you think these
2-37 soulmates will and will *not* do? Follow the model.

Modelo   dar una fiesta
Ella va a dar una fiesta.

1. _____

2. _____

3. _____

4. _____

5. _____

6. _____

🔊 **LM 3-11 | ¿Quién tiene razón?** How would you reply to your friend's proposition? Write your response in
2-38 a complete sentence following the model.

Modelo Vamos al museo.
No, yo no voy al museo.
o *Sí, vamos al museo.*

1. _____
2. _____
3. _____
4. _____
5. _____
6. _____

ESTRUCTURA Y USO 3   Describing leisure activities: Verbs with irregular *yo* forms

🔊 **LM 3-12 | Más actividades** Listen closely to the following activities and their letters. Match each letter to
2-39 the drawing. Follow the model.

Modelo la familia
ver la televisión

1. tú _____   2. Laura _____   3. los novios _____

4. el disc jockey _____   5. yo _____   6. mis amigos y yo _____

🔊 **LM 3-13 | Lo que la gente hace** Using the drawings in Activity **LM 3-12,** write a complete sentence
2-40 conjugating the verb. Follow the model.

     Modelo   la familia
                 La familia ve la televisión.

  1. _____

  2. _____

  3. _____

  4. _____

  5. _____

  6. _____

🔊 **LM 3-14 | ¿Qué haces tú?** You will hear a series of statements by someone who is trying to impersonate
2-41 you. Indicate whether what's being said is true **(cierto)** or false **(falso)** by writing **cierto** or **falso** in the space
provided. Write the English translation of what is being said.

  1. _____

  2. _____

  3. _____

  4. _____

  5. _____

  6. _____

ESTRUCTURA Y USO 4   Expressing knowledge and familiarity: *Saber, conocer,* and the personal *a*

🔊 **LM 3-15 | ¿Saber o conocer?** Listen to the following statements. Choose the correct one by writing
2-42 **a** or **b** in the space provided.

  1. _____   **4.** _____

  2. _____   **5.** _____

  3. _____   **6.** _____

🔊 **LM 3-16 | ¿Cuál es?** Listen to each sentence carefully and write the infinitive form of the verb used
2-43 **(saber** or **conocer)** in the space provided.

  1. _____   **4.** _____

  2. _____   **5.** _____

  3. _____   **6.** _____

🔊 **LM 3-17 | ¿Saber o conocer? Esa es la cuestión** Listen carefully to each set of sentences and select the
2-44 correct one by writing **saber** or **conocer** in the space provided.

  1. _____   **4.** _____

  2. _____   **5.** _____

  3. _____   **6.** _____

ESTRUCTURA Y USO 5   Talking about the months, seasons, and the weather: Expressing time and weather with *hacer* and *estar*

🔊 **LM 3-18 | ¿Qué estación es?** Listen to the following months and choose the season to which they belong
2-45 in the Northern Hemisphere. Follow the model.

Modelo   marzo
              b. primavera

1. **a.** invierno   **b.** primavera   **c.** verano   **d.** otoño

2. **a.** invierno   **b.** primavera   **c.** verano   **d.** otoño

3. **a.** invierno   **b.** primavera   **c.** verano   **d.** otoño

4. **a.** invierno   **b.** primavera   **c.** verano   **d.** otoño

5. **a.** invierno   **b.** primavera   **c.** verano   **d.** otoño

6. **a.** invierno   **b.** primavera   **c.** verano   **d.** otoño

🔊 **LM 3-19 | ¿Qué tiempo hace?** Listen to the questions related to the weather. Choose the most logical
2-46 expression from the following three: ***hace fresco, hace calor, hace frío.*** Follow the model.

Modelo   ¿Qué tiempo hace en Canadá en invierno?
              Hace frío.

1. _____

2. _____

3. _____

4. _____

5. _____

6. _____

PRONUNCIACIÓN 1   Diphthongs: *ia, ie, io,* and *iu*

🔊 The letter **i** and **y** placed before the vowels **a, e, o,** and **u** sound like the English words *yacht, yet, yoke,*
2-47 and *you.*

🔊 **LM 3-20 | ¡Así suena!** Listen and repeat.
2-48

ia: familia estudia Amalia residencia universitaria
          Amalia es estudiante y vive en la residencia universitaria, no con su familia.

ie: fiesta bien parientes tiene viene
          ¡Qué bien! Mis parientes vienen a la fiesta.

io: Antonio Julio novio felicitaciones quiosco
          Antonio y Julio compran periódicos en el quiosco.

iu: viuda ciudad oriunda ventiuno diurna
          El día ventiuno, la viuda va a venir a la ciudad.

PRONUNCIACIÓN 2 Diphthongs: *ua, ue, ui,* and *uo*

The letter **u** before the vowels **a, e, i/y,** and **o** sounds like the English words *quit, quartz,* and *quench.*

LM 3-21 | ¡Así suena! Listen and repeat.

2-50

ua: cuadernos Eduardo cuatro Guadalupe guapa
          Guadalupe es la más guapa para Eduardo.

ue: buena pues Puerto Rico Manuel escuela
          Pues Manuel es un buen estudiante en Puerto Rico.

ui/y: cuidar ruinas muy cuitas suicidio
          Antonio está en la ruina y sus cuitas le hacen pensar en el suicidio.

uo: cuota
          La cuota de la casa es muy alta.

▶ ¡A VER!

LM 3-22 | Los deportes The video segment that you are about to watch is divided in three topics or sections: a section about playing sports, another section about visiting "El Viejo *(Old)* San Juan" and a third section about the weather in San Juan. Watch the entire **¡A ver!** video segment for Chapter 3. To complete this activity, pay particular attention to the first section (about sports). After watching this segment, circle the sports that were *not* mentioned in the conversation.

1. **a.** fútbol americano   **b.** montar a caballo   **c.** alpinismo

2. **a.** buceo   **b.** esnórkling   **c.** patinar sobre hielo

3. **a.** hockey sobre hielo   **b.** levantar pesas   **c.** ciclismo

4. **a.** correr   **b.** tenis   **c.** yoga

5. **a.** danza   **b.** esquiar   **c.** voleibol

LM 3-23 | El tiempo libre y el clima Watch the video segment a second time and pay attention to the last two sections (or topics of conversation). As you did in the previous activity, circle what was *not* mentioned in the conversation.

1. **a.** visitar museos   **b.** caminar por toda la ciudad   **c.** tomar el trolebús

2. **a.** tomar muchas fotos   **b.** ir al mercado   **c.** ir a un bar

3. **a.** ir de compras   **b.** ir al cine   **c.** ir a la playa

4. **a.** ir al centro   **b.** ir al Castillo San Felipe del Morro   **c.** tomar el sol

5. **a.** la primavera   **b.** el verano   **c.** el invierno

6. **a.** sol   **b.** nieve   **c.** lluvia

④ En la casa: España

VOCABULARIO 1 En la casa

🔊 **LM 4-1 | La casa de Doña Rosa** You will listen to a series of statements describing Doña Rosa's house.
3-2 Repeat each statement. Look at the drawing and indicate whether the descriptions that you hear are
cierto (*true*) or **falso** (*false*).

	cierto	falso
1.	☐	☐
2.	☐	☐
3.	☐	☐
4.	☐	☐
5.	☐	☐
6.	☐	☐
7.	☐	☐

🔊 **LM 4-2 | Un robo en el condominio** Take a look at the illustrations before and after the burglary. The
3-3 police make an inventory of the items that are missing. Listen to the missing items and write them down.
Follow the model.

Modelo   ¿Qué falta *(What is missing)* en el baño?
                En el baño no está *el espejo.*

© Cengage Learning 2014

1. En la sala no están _____ y _____.

2. En la habitación no están _____ y _____.

3. En la cocina no está _____.

4. En el estudio no están _____.

🔊 LM 4-3 | ¿Dónde están? Listen and indicate in which part of the house you would find each thing. Choose
from the list provided. You will use some answers more than once. Follow the model.

3-4

Modelo   el armario
Está en *la habitación.*

la cocina   la habitación   la sala   el baño

1. Está en _____.

2. Está en _____.

3. Está en _____.

4. Está en _____.

5. Está en _____.

6. Están en _____.

ESTRUCTURA Y USO 1	**Describing household chores and other activities: Present tense of stem-changing verbs (e → ie; o → ue; u → ue; e → i)**

🔊 LM 4-4 | ¿Quién lo hace? Listen to the sentences and write down who does the actions described in
the audio. Choose from the list below. Follow the model.

3-5

Modelo   Vienen a clase con los exámenes.
los profesores

los profesores   los bebés   un mal estudiante   un buen estudiante   una madre   nosotros

1. _____

2. _____

3. _____

4. _____

5. _____

6. _____

🔊 LM 4-5 | Diferencias irreconciliables Listen to a conversation between Pilar and Álvaro, a newlywed
couple. Each has different preferences and hobbies. Pay attention to the irregular verbs and complete the
sentences with the verbs that you hear.

3-6

ÁLVARO: ¿Qué _____ hacer ahora?

PILAR: Ahora _____ leer un libro.

ÁLVARO: Yo no _____ estar en silencio. ¿_____ hablar?

PILAR: ¿Qué _____?

ÁLVARO: ¡Nada! ¡No _____ importancia!

LM 4-6 ¡Lo normal! Listen to the questions and the partial answers (verbs are in the infinitive—non conjugated) about people doing certain things in certain places. Write down complete sentences with the information that you hear. Pay attention to the subjects in each of the questions as you will use them in your answers when you conjugate the verbs. Follow the model.

> **Modelo**   ¿Qué hacen los camareros? (servir la comida)
> *Los camareros sirven la comida.*

1. _____

2. _____

3. _____

4. _____

5. _____

6. _____

VOCABULARIO 2   Los quehaceres domésticos

LM 4-7 ¡Te toca a ti! You will hear a list of household chores. Write the chores that each person listed below needs to do.

	Pepita	Ramón	Lola	Jorge
1.				
2.				
3.				
4.				
5.				
6.				
7.				

🔊 **LM 4-8 | ¿Quién lo hace?** Listen to the chores and write the name of the person you see performing the
3-9 chore in the drawing.

        Modelo   saca la basura
                    Ana

    1. _____

    2. _____

    3. _____

    4. _____

    5. _____

    6. _____

🔊 **LM 4-9 | ¿En qué parte de la casa?** Based on the house chores you hear, write where the people in the
3-10 drawing from Activity **LM 4-8** do these house chores.

        Modelo   lava la ropa
                    en la cocina

    1. _____

    2. _____

    3. _____

    4. _____

    5. _____

    6. _____

ESTRUCTURA Y USO 2   Expressing preferences and giving advice: Affirmative *tú* commands

🔊 **LM 4-10 | Los seis consejos de oro** Since Francisco moved out of the house to go to college, his mom has
3-11   been reminding him constantly of all those things he ought to do. Listen to the sentence and write the verbs
that you hear in the imperative mood.

   Modelo   Escribe muchos correos electrónicos.
                Escribe

1. _____

2. _____

3. _____

4. _____

5. _____

6. _____

🔊 **LM 4-11 | ¿Qué tengo que hacer?** Listen to what you must do today. Match the commands that you hear
3-12   with the sentences below. Follow the model.

   Modelo   Los platos están sucios.
                answer: [Lava los platos.]

1. Las plantas están secas.

2. No tienes paciencia.

3. La cama no está hecha.

4. No hay nada en la nevera.

5. Llegas tarde a clase.

6. La puerta está abierta.

🔊 **LM 4-12 | ¡Repite, por favor!** Luisito is a naughty little boy. When he is told what to do and what not to do
3-13   around the house, he pretends that he does not hear well. Write the correct commands based on what you
hear in the spaces below.

   Modelo   ¡Tienes que sacar la basura!
                ¡Saca la basura!

1. ¡_____!

2. ¡_____!

3. ¡_____!

4. ¡_____!

5. ¡_____!

6. ¡_____!

ESTRUCTURA Y USO 3 Talking about location, emotional and physical states, and actions in progress: The verb *estar*

🔊 **LM 4-13 | ¿Dónde están? ¿Cómo están?** Listen to the following sentences that will tell you where the
3-14 people pictured below are located and how they feel physically or emotionally. Match each sentence you hear
with an illustration and write how each person feels.

1. _____

2. _____

3. _____

4. _____

5. _____

6. _____

◀)) **LM 4-14 | ¿Cómo estás cuando… ?** Indicate how you feel when you are facing certain situations
3-15 by writing **cierto** *(true)* or **falso** *(false)* based on the statements that you will hear. When the statements
are false, correct the statement.

     Modelo   Cuando no hablas con tu novia estás contento.
                          Falso. Estoy triste.

1. _____

2. _____

3. _____

4. _____

5. _____

6. _____

◀)) **LM 4-15 | Un espión *(Peeping Tom)* en el condominio** Miguel, Francisco's roommate, lives directly
3-16 across from the Casa de Troya. With his telescope he can watch what the neighbors are doing this instant.
Match what he sees with the drawings by placing the appropriate letter in the blank.

1. _____

2. _____

3. _____

4. _____

5. _____

ESTRUCTURA Y USO 4 Counting from 100 and higher: Numbers 100 to 1,000,000

🔊 **LM 4-16 | Los números** Francisco is moving out, and he is selling his furniture. As people ask for the
3-17 prices for each item, pay close attention to the prices so that you can write them below in both numbers
and spelled out.

Modelo   El espejo cuesta cien euros.
100 cien

numeric form   spell out

1. _____   _____

2. _____   _____

3. _____   _____

4. _____   _____

5. _____   _____

6. _____   _____

PRONUNCIACIÓN 1   *s, ce, ci, and za, zo, zu*

🔊 In most of peninsular Spain (except in Andalucia and in the Canarias), the letter combination **ci, ce, za, zo,**
3-18 and **zu** are pronounced like the English sound *th* as in *thin*. The pronunciation of the letter **s** is also stronger
and is similar to the English *s* as in *snake*.

🔊 **LM 4-17 | Así suena!** Listen and repeat.
3-19
ce: Cecilia, es necesario hacer la cena.

ci: La cocina de la vecina está en una residencia de ancianos.

za: Mi zapato lo hizo un zapatero.

ze: Zenón es un dios Griego.

zi: La zinnia es una flor muy zíngara.

zo: El zoo está en una zona con zorros.

zu: ¡El zumo es azul!

s: La casa de Silvia es estupenda y está siempre súper limpia.

LM 4-18 | ¿Qué tienen los cuartos? In the video segment **¡A ver!** from Chapter 4, the actors describe the bedrooms of la Hacienda Vista Alegre where they are staying. Watch and listen to the conversation where they describe the bedrooms. Then, complete the sentences with the correct words—related to the bedrooms—that are missing.

Hay tres **1.** _____. Hay un cuarto con **2.** _____ **3.** _____ cerca del

4. _____. ¿Tiene **5.** _____? No, pero tiene dos camas, un **6.** _____, un

7. _____ y muchas **8.** _____.

LM 4-19 | Muebles y electrodomésticos Watch the video a second time and pay attention to the kitchen's furniture and appliances. Answer **sí** or **no** to the following statements.

	sí	no
1. En la cocina hay una tostadora.	sí	no
2. En la cocina hay una lavadora.	sí	no
3. En la cocina hay un horno de microondas.	sí	no
4. En la cocina hay un cuadro.	sí	no
5. En la cocina hay una estufa.	sí	no
6. En la cocina hay un escritorio.	sí	no

La salud: Bolivia, Ecuador y Perú

VOCABULARIO 1   Las partes del cuerpo

🔊 **LM 5-1 | Una lección de anatomía** Listen and repeat as you hear different parts of the body. Label each
3-20 part of the body on the drawing.

1. _____

2. _____

3. _____

4. _____

5. _____

6. _____

7. _____

8. _____

9. _____

10. _____

11. _____

12. _____

© Cengage Learning 2014

🔊 **LM 5-2 | ¿Dónde están?** As you hear the names of different parts of the human body, write them in the
3-21 columns and blanks provided according to where they would be found on the body.

En la cara	En el pecho	En las piernas
1. _____	4. _____	7. _____
2. _____	5. _____	8. _____
3. _____	6. _____	9. _____

🔊 **LM 5-3 | Asociaciones** Listen to each word and write the part of the human body with which you
3-22 associate it.

1. _____

2. _____

3. _____

4. _____

5. _____

6. _____

ESTRUCTURA Y USO 1 Talking about routine activities: Reflexive pronouns and present tense of reflexive verbs

🔊 **LM 5-4 | La rutina diaria de Tomás** You will hear a series of daily activities. Match them with the
3-23 illustrations below by writing each activity in the blank provided.

1. _____ 2. _____ 3. _____

4. _____ 5. _____ 6. _____

🔊 **LM 5-5 | El matrimonio Calviño-Dardo** Listen to the dialogue between Dr. Carlos Dardo Chávez and his
3-24 wife Dra. Nilda Calviño Guner, a dentist. Then write all the reflexive verbs you hear in the correct column.
Follow the model. ¡OJO! There are 13 verbs.

Modelo   Dra. Calviño Guner: Me ducho.
Dra. Calviño Guner: *Se ducha.*

Dra. Calviño Guner   **Dr. Dardo Chávez**

_____   _____

_____   _____

_____   _____

_____   _____

_____   _____

_____   _____

_____   _____

🔊 **LM 5-6 | ¿Cómo se dice?** Listen to the detailed description of what Drs. Dardo Chávez and Calviño Guner
3-25 do, and then write the appropriate letter in the space provided.

_____ **1.** Se acuestan tarde.

_____ **2.** El Dr. Dardo se afeita.

_____ **3.** Se despiertan muy temprano.

_____ **4.** La Dra. Calviño se pone la ropa después de bañarse.

_____ **5.** El Dr. Dardo no se pinta.

_____ **6.** La Dra. Calviño se peina todos los días.

_____ **7.** No se cuidan.

ESTRUCTURA Y USO 2 Talking about things you have just finished doing: *Acabar de* + infinitive

🔊 **LM 5-7 | ¿Qué acaban de hacer?** Listen to the following activities and write down how each individual in
3-26 question just finished completing them. Follow the model.

Modelo   Tomás se levanta de la cama.
                   Tomás acaba de levantarse.

1. _____

2. _____

3. _____

4. _____

5. _____

🔊 **LM 5-8 | ¿Qué pasa antes?** You will hear a sentence stating an activity about to take place. Indicate which
5-27 activity most likely was recently completed just before. Follow the model. Not all verbs in your answers have
to be reflexive!

Modelo   Va a levantarse.
                   Acaba de despertarse y se va a levantar.

1. _____

2. _____

3. _____

4. _____

5. _____

6. _____

VOCABULARIO 2   La salud

🔊 **LM 5-9 | Doctora, ¿qué tengo?** Listen to the patient's symptoms and recommend a treatment. Write the
3-28 letter for the treatment you consider necessary.

_____ **1. a.** Necesita tomar jarabe y descansar.

  b. Necesita dejar de hacer ejercicio.

_____ **2. a.** Necesita hacer ejercicio y comer bien.

  b. Necesita guardar cama, beber muchos líquidos y tomar aspirina.

_____ **3. a.** Necesita tomar Pepto Bismol y cuidar su dieta.

  b. Necesita ir al hospital inmediatamente.

_____ **4. a.** Necesita unas medicinas y descanso.

  b. Necesita bañarse y acostarse temprano.

🔊 **LM 5-10 | ¿Qué le duele?** Fran overdoes it sometimes. Everything hurts! Listen to her and mark what part
3-29 of her body is in pain.

_____ **1.** Le duele la garganta.

_____ **2.** Le duele la cabeza.

_____ **3.** Le duele el estómago.

_____ **4.** Le duele la mano.

_____ **5.** Le duelen los ojos.

_____ **6.** Le duelen las piernas.

ESTRUCTURA Y USO 3   Describing people, things, and conditions: *Ser* vs. *estar*

🔊 **LM 5-11 | ¿Cómo es?** Listen to the description of Dr. Calviño Guner. Pay special attention to the uses of
3-30 *ser* and *estar*. Write in the missing verbs as you hear them.

1. _____ la doctora Calviño Guner. **2.** _____ de Bolivia. **3.** _____

boliviana. **4.** _____ dentista. **5.** _____ casada. **6.** _____ baja. Hoy

7. _____ el 16 de febrero y **8.** _____ mi cumpleaños. Esta noche hay una fiesta para

mí. La fiesta **9.** _____ en mi casa. En este momento **10.** _____ en mi casa. Mi casa

11. _____ en Monteros. Monteros **12.** _____ en Bolivia. **13.** _____ muy

contenta. **14.** _____ bailando y comiendo en la fiesta.

🔊 **LM 5-12 | Sobre la Dra. Calviño Guner** Based on the description from activity **LM 5-11**, answer the
3-31 questions using the correct forms of *ser* and *estar*.

1. _____

2. _____

3. _____

4. _____

5. _____

6. _____

ESTRUCTURA Y USO 4 Pointing out people and things: Demonstrative adjectives and pronouns

🔊 **LM 5-13 | ¿Qué quieres, *esa, esta o aquella*?** Answer each question by replacing the demonstrative
5-32 adjective with the demonstrative pronoun. Follow the model.

Modelo ¿Prefieres esas pastillas?
Sí, prefiero esas.

1. _____

2. _____

3. _____

4. _____

5. _____

6. _____

PRONUNCIACIÓN 1 *p* and *t*

🔊 The letters **p** and **t**, when placed at the beginning of a word, are pronounced with more strength in English
5-33 than in Spanish. In English, the sound is stronger like the *p* in *Peter* or the *t* in *Tom*.

In Spanish, however, the sound of these two letters is softer; it is very similar to the *p* in *spill* and to the *t*
in *still*.

🔊 **LM 5-14 | ¡Así suena!** Listen, repeat, and write what you hear.
3-34

1. _____

2. _____

3. _____

4. _____

▶ ¡A VER!

LM 5-15 | ¿Cierto o falso? After watching the **¡A ver!** video segment for Chapter 5, answer **cierto** (*true*) or **falso** (*false*) to the following statements.

	cierto	falso
1. Los chicos van a una clase de baile folclórico.	☐	☐
2. Alejandra es la instructora.	☐	☐
3. Todos aprenden el paso básico: ritmo del sicá.	☐	☐
4. Alejandra se lastimó el tobillo y le duele la rodilla.	☐	☐
5. Víctor no quiere que baile.	☐	☐
6. Alejandra y Víctor van a salir esa noche.	☐	☐

LM 5-16 | ¿Quiénes son? Read the following statements. Match each one with the right person by writing the correct letter in the space provided.

a. Se lastimó el tobillo y le duele el pie.   _____ 1. Javier

b. Baila con Alejandra y con Valeria.   _____ 2. Víctor

c. No quería bailar.   _____ 3. Alejandra

d. Es el instructor.   _____ 4. Sofía

e. Él baila muy mal.   _____ 5. Antonio

f. En el baile folclórico del final del video, el traje típico de esta chica es blanco.   _____ 6. Valeria

¡A comer!
Venezuela

VOCABULARIO 1   La comida

🔊 **LM 6-1 | ¡Qué hambre tengo!** Place your order according to what you hear. Make sure you match the
4-2 food/beverage with the illustrations below.

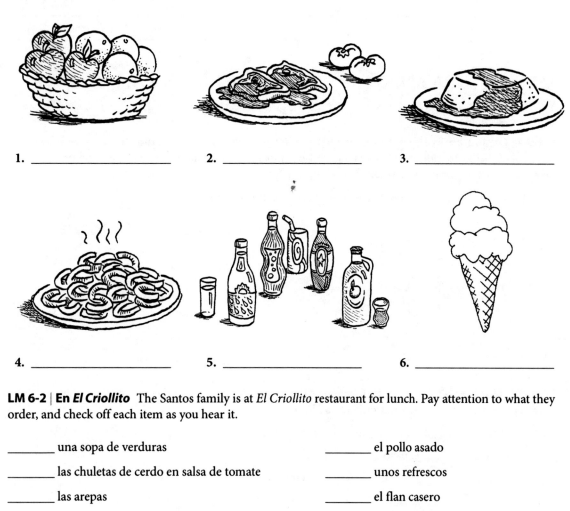

1. _____   2. _____   3. _____

4. _____   5. _____   6. _____

🔊 **LM 6-2 | En *El Criollito*** The Santos family is at *El Criollito* restaurant for lunch. Pay attention to what they
4-3 order, and check off each item as you hear it.

_____ una sopa de verduras   _____ el pollo asado

_____ las chuletas de cerdo en salsa de tomate   _____ unos refrescos

_____ las arepas   _____ el flan casero

🔊 **LM 6-3 | ¡Buen provecho!** Listen to different food categories and write a food item of your choice that
4-4 belongs to that category. Do not repeat a food item!

> **Modelo** los entremeses
> *las arepas*

1. _____

2. _____

3. _____

4. _____

5. _____

6. _____

ESTRUCTURA Y USO 1 Making comparisons: Comparatives and superlatives

🔊 **LM 6-4 | Comparando alimentos** Listen to the following comparisons regarding food habits. Select
4-5 the symbols below to indicate if what you hear is a comparison of equality, inequality, or a superlative.
Symbols: = **(tan)** − **(menos)** + **(más)** ↑ **(mejor)** ↓ **(peor)**

> **Modelo** Los colombianos beben menos café que los argentinos.
> − *(menos)*

1. =   −   +   ↑   ↓

2. =   −   +   ↑   ↓

3. =   −   +   ↑   ↓

4. =   −   +   ↑   ↓

5. =   −   +   ↑   ↓

6. =   −   +   ↑   ↓

🔊 **LM 6-5 | ¿Qué serán?** Listen to the following comparative descriptions and select the word that
4-6 corresponds best with the description that you hear.

1. las chuletas   los calamares   la langosta

2. la carne de res   el pavo   el pollo

3. la banana   la naranja   la manzana

4. el aceite   el agua   el café

5. el vino   el té   la leche

6. la cerveza   el vino   el jugo

🔊 **LM 6-6 | Tú, ¿qué crees?** Listen to the following statements about eating habits and indicate if the
4-7 statements that you hear are **cierto** (*true*) or **falso** (*false*).

1. cierto   falso   4. cierto   falso

2. cierto   falso   5. cierto   falso

3. cierto   falso   6. cierto   falso

VOCABULARIO 2   El restaurante

🔊 **LM 6-7 | Definiciones** Listen to the following definitions and choose the words or expressions that best
4-8   match the definitions that you hear.

1. ¡Buen provecho!   ¡Salud!   ¡Cómo no!

2. la propina   la cuenta   las bebidas

3. los postres   el menú   la especialidad de la casa

4. ligero   caliente   fresco

5. ¡Salud!   Yo quisiera...   ¡No puedo más!

6. Te invito.   Estoy satisfecho.   Estoy a dieta.

🔊 **LM 6-8 | En el restaurante** Rosa and Luis are at a restaurant. Listen to the dialogue and fill in the blanks
4-9   with the words that you hear.

EL CAMARERO: ¡Buenos días! ¿Qué **1.** _____ comer?

ROSA: Yo **2.** _____ algo **3.** _____. Estoy a **4.** _____. Una sopa
               de mariscos, por favor.

LUIS: Voy a comer pescado con la ensalada de la casa.

EL CAMARERO: ¿Algo para **5.** _____?

LUIS: Unas arepas.

EL CAMARERO: Aquí tienen, ¡buen **6.** _____!

🔊 **LM 6-9 | ¿Cómo está?** Listen to Alberto's questions about the food his mother has prepared. Answer
4-10 his questions using the vocabulary from this section. Do not repeat the same words more than twice,
      and be logical!

   Modelo   —Mamá, ¿cómo está el helado?
                  —¡Está rico!

1. ¡Está _____!

2. ¡Está _____!

3. ¡Están _____!

4. ¡Está _____!

5. ¡Están _____!

6. ¡Está _____!

ESTRUCTURA Y USO 2 Describing past events: Regular verbs and verbs with spelling changes in the preterite

🔊 **LM 6-10 | Un día muy ocupado** Marina will tell you all about her day yesterday. Match what she says with
4-11 the illustrations below.

1. _____ 2. _____ 3. _____

4. _____ 5. _____

🔊 **LM 6-11 | ¿Es cierto?** Marina's husband, Gabriel, thinks he knows what Marina did yesterday. For each
4-12 statement he makes, select **cierto** (*true*) or **falso** (*false*). Look at the pictures in the previous activity to help
you select your answer.

1. cierto   falso

2. cierto   falso

3. cierto   falso

4. cierto   falso

5. cierto   falso

6. cierto   falso

🔊 **LM 6-12 | ¿Y tú?** Marina wants to know if you did the same things she did. Select **sí** or **no** to answer
4-13 her questions.

1. sí   no   4. sí   no

2. sí   no   5. sí   no

3. sí   no   6. sí   no

ESTRUCTURA Y USO 3 Giving detailed descriptions about past events: Verbs with stem changes in the preterite

🔊 **LM 6-13 | Una romántica indigestión** Olga and Roberto went out to dinner. However, Roberto ate
4-14 too much and got sick! Listen to what happened, and fill in the blanks with the verbs in the preterite that
you hear.

Roberto 1. _____ muchos, pero muchos camarones y a Olga el camarero le 2. _____

carne de res asada. A Roberto le 3. _____ mucho los camarones y 4. _____ kilos. Los

dos se 5. _____ mucho pero él 6. _____ una horrible indigestión.

🔊 **LM 6-14 | ¿Cierto o falso?** Listen to each statement based on the story you just heard in the previous
4-15 activity, and indicate if it's **cierto** (*true*) or **falso** (*false*).

1. cierto   falso

2. cierto   falso

3. cierto   falso

4. cierto   falso

5. cierto   falso

6. cierto   falso

🔊 **LM 6-15 | Tus amigos** Listen to the questions about your friends who went to a restaurant yesterday, and
4-16 answer them conjugating the verbs provided in the preterite.

Modelo   ¿Qué prefirieron beber tus amigos? (preferir beber vino tinto)
Prefirieron beber vino tinto.

1. (dormir)

_____.

2. (tomar cervezas)

_____.

3. (sonreír a las chicas guapas)

_____.

4. (vestirse muy elegantemente)

_____

5. (reírse mucho)

_____

6. (despedirse a las diez)

_____

PRONUNCIACIÓN 1   *m, n,* and *ñ*

4-17

The consonants **m** placed in all positions in a word and **n** before **b, v, f, m** are pronounced like the English *m* in *men*: **más, morir, amor,** and **invertido** [i-**m**-vertido], **anfiteatro** [a-**m**-fiteatro], **inmenso** [i-**m**-enso].

Before the letters *k* and *g*, the letter *n* is pronounced like the *in* sound in *sink* and/or *sing*: **angustia** [an-gustia], **pongo** [pon-go], **canguro** [can-guro].

In all other instances, **n** is pronounced like the English *n* as in *no!*: **nube, nieto, Anita, honor.**

The letter **ñ** is similar to the sound *ni* in *onion*: **Muñoz, España, niño.**

4-18

LM 6-16 | ¡A escribir! Listen and repeat the list of words that have the sounds that you just learned. Then, fill in the missing words.

Letter **m:**

1. mamá, comida, _____

2. mucho, _____, camarones

3. _____, champiñón, mantequilla

Letter **n:**

4. nuevo, cena, _____

5. un poco, _____, una empanada

6. jamón, mineral, _____

Letter **ñ:**

7. español, _____, año

8. _____, pequeña, niña

▶ ¡A VER!

LM 6-17 | ¿Comprendiste? After watching the first scene in the video segment for Chapter 6, **¿Quieres ir de compras conmigo?** read the following statements and indicate if they are **cierto** (*true*) or **falso** (*false*).

	cierto	falso
1. Antonio y Javier se van de compras.	☐	☐
2. Valeria quiere cocinar comida venezolana.	☐	☐
3. Valeria va a preparar chiles rellenos.	☐	☐
4. Valeria llama a su mamá para pedirle ayuda con la receta.	☐	☐
5. Alejandra quiere que Valeria llame a su mamá.	☐	☐
6. Valeria no entiende bien la receta.	☐	☐

LM 6-18 | Vale como cocinera Watch the video segment for Chapter 6 again, as Valeria recalls her horrible cooking experience. Then read the following statements and complete them with the correct answer.

1. La cena fue…

   a. un éxito.

   b. un desastre.

   c. una delicia.

2. El queso estaba…

   a. muy azucarado.

   b. muy bueno.

   c. muy salado.

3. Los chiles se me…

   a. quemaron.

   b. sirvieron.

   c. comieron.

4. Valeria le echó a la salsa…

   a. mucha pimienta.

   b. mucho picante.

   c. mucho vinagre.

5. Antonio se comió…

   a. una chuleta.

   b. un sopa.

   c. un chile relleno.

7 De compras
Argentina, Paraguay y Uruguay

VOCABULARIO 1   La ropa

🔊 **LM 7-1 | La ropa** You will hear the name of an article of clothing twice. First repeat it, and then write its
4-19 letter under the correct illustration.

1. _____ 2. _____ 3. _____ 4. _____ 5. _____

6. _____ 7. _____ 8. _____ 9. _____ 10. _____

🔊 **LM 7-2 | ¿Qué me pongo?** One of your friends is asking you what to wear for each situation. Listen to the
4-20 questions and answer by writing the most appropriate clothing item. Follow the model.

Modelo   ¿Qué me pongo para ir a la piscina?
el traje de baño

1. _____

2. _____

3. _____

4. _____

5. _____

6. _____

🔊 **LM 7-3 | Los famosos y la ropa** You're listening to an online broadcast of interviews with the stars on the
4-21 red carpet minutes before the Oscars ceremony. Pay attention to what they're wearing and indicate if it is
posible or **imposible**.

1. posible	imposible	4. posible	imposible
2. posible	imposible	5. posible	imposible
3. posible	imposible	6. posible	imposible

ESTRUCTURA Y USO 1 Talking about singular and/or completed events in the past: Verbs with irregular preterite forms

🔊 **LM 7-4 | Un día de compras en Buenos Aires** Listen to the story about a husband and wife who go
4-22 shopping. Complete the story by filling in the blanks with the irregular verbs in the preterite tense.

1. Ayer mi esposo y yo _____ de compras.

2. _____ ir a una de las boutiques de la calle Florida.

3. Mi esposo _____ conmigo.

4. Me _____ un vestido muy bonito en una tienda.

5. Pero no _____ comprarlo.

6. ¡Mi esposo y yo no _____ la cartera!

🔊 **LM 7-5 | Más sobre las compras** The sentences that you just heard in the previous activity each had an
4-23 irregular verb in the preterite. Identify the correct infinitive of the irregular preterite verbs used in each
sentence.

1. ir	ser	estar
2. saber	poder	querer
3. decir	venir	tener
4. poder	poner	querer
5. poner	poder	saber
6. querer	tener	traer

🔊 **LM 7-6 | ¡Yo también!** Listen to what the following people did last week. You did exactly the same things!
4-24 For each statement, write the same activity in the first-person singular. Follow the model.

Modelo Ayer Amalia se puso el traje de baño para ir a la playa.
¡Yo también *me puse* el traje de baño!

1. ¡Yo también _____ de compras!

2. ¡Yo también _____ de Rosarito!

3. ¡Yo también _____ comer en un restaurante argentino!

4. ¡Yo también _____ hacer la tarea!

5. ¡Yo también _____ en el cine!

6. ¡Yo también _____ un regalo!

VOCABULARIO 2   De compras

LM 7-7 | Definiciones Listen to the each item and choose the closest definition.
4-25

1. es para pagar
   es para probarse
   es para llevar

2. es importante para rebajar
   es importante para probarse
   es importante para mostrar

3. cuando algo cuesta más
   cuando algo cuesta menos
   cuando algo no cuesta

4. cuando se paga con tarjeta
   cuando se paga con descuento
   cuando se paga con dinero en monedas y billetes

5. es la persona que depende
   es la persona que trabaja en una tienda
   es la persona que trabaja en las rebajas

6. es similar a ver
   es similar a cambiar
   es similar a gastar

LM 7-8 | Expresiones idiomáticas For each idiomatic expression that you hear, match the equivalent
4-26 expression and indicate its letter.

1. _____ Es algo que no es nada caro. Es muy barato.

2. _____ Ropa que está muy «in» y que todo el mundo lleva.

3. _____ Es para preguntar si la ropa o los zapatos van bien o mal.

4. _____ Es cuando la ropa o los zapatos no son de la talla o del número apropiados.

5. _____ Es lo que se dice al dependiente antes de pagar.

6. _____ Es para preguntar si uno se puede poner ropa o zapatos en una tienda.

LM 7-9 | En la tienda Listen to shoppers' questions and select the most logical answer for each item.
4-27

1. Le quedan divinamente.
   Te quedan divinamente.
   Te quedan baratas.

2. Me debe una talla 54.
   Me debe 10.000 bolívares.
   Me debe 54 por ciento.

3. Claro que sí, pruébeselo.
   Claro que sí, pruébeselos.
   Claro que sí, pruébeselas.

4. Sí, son muy grandes.
   Sí, tengo unos zapatos para Ud.
   Sí, tengo su número.

5. Sí, están en rebajas.
   Sí, están en efectivo.
   Sí, están de su talla.

6. Sí, puede llevarse otras gafas.
   Sí, puede ver con las gafas.
   Sí, hacen juego con sus ojos.

ESTRUCTURA Y USO 2 Simplifying expressions: Direct object pronouns

🔊 **LM 7-10 | ¿Qué tal las compras?** Your friend is curious to know how your shopping day went. Listen to the questions and choose the correct answer. **¡OJO!** Pay attention to the pronouns!

4-28

    Modelo   ¿Te probaste un vestido?
                 Me lo probé.

1. Me lo compré.   Me los compré.   Me las compré.

2. Me la llevé.   Me las llevé.   Me los llevé.

3. Me la probé.   Me las probé.   Me los probé.

4. Lo cambié.   La cambié.   Los cambié.

5. La compré.   Las compré.   Lo compré.

6. Me la llevé.   Me las llevé.   Me los llevé.

🔊 **LM 7-11 | ¡Especifica!** Now your friend tells you about her day at the mall. She does not specify what she bought, tried on, and exchanged. Depending on the pronoun that you hear, choose the correct item. Follow the model.

4-29

    Modelo   Me lo probé.
                 el impermeable

1. el collar   los chalecos   la bufanda

2. los vaqueros   la pulsera   el abrigo

3. el traje   las sandalias   la camisa

4. la gorra   el cinturón   los guantes

5. los calcetines   la falda   las blusas

6. los sombreros   el anillo   la chaqueta

🔊 **LM 7-12 | ¿Quién?** Listen to the sentences, paying attention to the object pronouns. Then choose from the list below to indicate the person(s). Indicate to whom each pronoun refers. Follow the model.

4-30

    Modelo   No me queda bien.
                 yo

1. vosotros   ellos   nosotros

2. nosotros   ellas   vosotros

3. ellas   él   ellos

4. ella   usted   tú

5. yo   ustedes   tú

6. él   ella   ellas

ESTRUCTURA Y USO 3 Describing ongoing actions and habitual actions in the past: The imperfect tense

🔊 **LM 7-13 | Cuando Valeria Mazza era niña** Listen to the famous Argentine model, Valeria Mazza. Identify
4-31 the verbs in the imperfect tense and write them in the spaces provided.

Cuando 1. _____ niña 2. _____ ser modelo. No 3. _____ que las modelos

4. _____ que hacer tantos sacrificios. Por ejemplo, 5. _____ que las modelos

duermen y comen bien y trabajan poco. Pero 6. _____ decidida a afrontar las dificultades, y

así empecé: con mucha fuerza de voluntad.

🔊 **LM 7-14 | La niñez de Crystal** Listen to some statements about Crystal's childhood years in Argentina.
7-14 Write the conjugated verbs that you hear and indicate whether they are in the imperfect or the preterite tense.

1. pretérito   imperfecto _____

2. pretérito   imperfecto _____

3. pretérito   imperfecto _____

4. pretérito   imperfecto _____

5. pretérito   imperfecto _____

6. pretérito   imperfecto _____

🔊 **LM 7-15 | ¿Y tu niñez?** Answer the following questions by conjugating the verbs that you hear in the
4-33 preterite or the imperfect tense. Then select the choice that best applies to you.

1. De pequeño, (yo) _____

   un ángel.   un demonio.

2. Mis padres me _____

   "Eres muy malo(a)".   "Eres muy bueno(a)".

3. (Yo) _____

   de vacaciones a la playa.   de vacaciones a la montaña.

4. (Yo) _____

   a la pelota (*ball*).   a las muñecas (*dolls*).

5. Mi pasatiempo favorito _____

   mirar la tele.   practicar deportes.

6. (Yo) _____ en

   los Estados Unidos.   Europa.

PRONUNCIACIÓN 1   *c* and *qu*

🔊
4-34
The letter **c** can be pronounced with two different sounds: a hard sound and a soft sound. When the letter **c** is combined with the vowels **a** (**ca**), **o** (**co**), **u** (**cu**), the sound is hard (like the English *k*): **co**rbata, **ca**misa, **cu**ñado. When the letter **c** is combined with the vowels **e** (**ce**) and **i** (**ci**) the sound is soft: **co**cina, **ci**ta, él di**ce**, abe**ce**dario. In most regions of Spain, the softer sound is pronounced like **z**, and in Latin America like **s**.

If you wonder about the Spanish letter **k** (also pronounced like the **c** in **ca**, **co**, **cu**), it only appears in very few words in Spanish: **kilo**.

The letters **qu** combined with **i** and **e** are pronounced like the sound **k**: **Qui**to, **quie**ro, ¿**qué** tal?

🔊
4-35
LM 7-16 | ¡Así suena! Listen to a list of words with the soft **c** sound and the hard **c** sound. For each word, indicate if the **c** sound that you hear is soft or hard.

1. soft   hard

2. soft   hard

3. soft   hard

4. soft   hard

5. soft   hard

6. soft   hard

PRONUNCIACIÓN 2   *l, ll,* and *y*

🔊
4-36
The letter **l** in Spanish is pronounced like the English *l*: **L**ola, ca**l**or, ca**l**cetines.

The sound **ll** is pronounced like the English *y* as in *yet*: Me **ll**amo, **ll**evo, **ll**ueve, ca**ll**e.

However, Argentinians and Uruguayans pronounce it like the English **s** sound in *measure*.

The letter **y** is like the English *y* as in *yet*: Re**y**es, ma**y**or. However, when it is placed at the end of a word, it is pronounced like the English sound **ee** as in **Lee**: so**y** [so-**ee**], vo**y** [vo-**ee**], ho**y** [o-**ee**].

🔊
4-37
LM 7-17 | ¡Así suena! Listen and repeat

l: salsa   chile   enchilada   guacamole   frijoles

ll/y: tortilla   pollo   paella   Guillermo   Yolanda

🔊
4-38
LM 7-18 | ¡A escuchar! Identify the sounds of **l** and **ll/y** in the words that you hear.

1. l   ll/y

2. l   ll/y

3. l   ll/y

4. l   ll/y

5. l   ll/y

6. l   ll/y

▶ ¡A VER!

LM 7-19 | ¿Cierto o falso? Watch the **¡A ver!** video segment and indicate if the following statements are **cierto** or **falso**.

	cierto	falso
1. Los zapatos de Sofía son nuevos.	☐	☐
2. A Alejandra le gusta mucho comprar ropa.	☐	☐
3. Alejandra y Sofía van a la piscina.	☐	☐
4. Sofía se pone el traje de baño de Alejandra.	☐	☐
5. Antonio lleva una gorra roja.	☐	☐
6. Alejandra tiene tanta ropa como Sofía.	☐	☐

LM 7-20 | ¿Quién lo dice? Watch the **¡A ver!** video segment again and identify who says the following statements.

1. Tus vaqueros están pasados de moda.

   Alejandra   Sofía

2. ¿Para qué quieres tantos zapatos?

   Alejandra   Sofía

3. ¡Enséñame tus cosas!

   Alejandra   Sofía

4. ¡Ya pasó de moda!

   Alejandra   Sofía

5. ¡Te ves muy bonita!

   Antonio   Javier

6. Yo llevo la camiseta de fútbol del mejor equipo del mundo.

   Javier   Antonio

8 Fiestas y vacaciones
Guatemala y El Salvador

VOCABULARIO 1 Fiestas y celebraciones

LM 8-1 | ¿Qué haces ese día? Listen to the descriptions of a celebration, a holiday, or an occurrence and indicate what you do that day. Write the correct letter in the spaces provided below.

_____ **1.** ¡Me asusto!

_____ **2.** Lo paso bien.

_____ **3.** Doy una fiesta.

_____ **4.** Les digo: "¡Felicitaciones!".

_____ **5.** Me pongo triste.

_____ **6.** Lo paso muy mal (me preocupo mucho).

LM 8-2 | ¿Quién hace qué? Listen to the story. Then read the questions and write the name of the person from the list provided below to indicate who does the following things or reacts the following way.

Ana   Patricia   Victoria   Juan

1. ¿Quién da una fiesta sorpresa? _____

2. ¿Quién se reúne con su familia? _____

3. ¿Quién se pone un disfraz? _____

4. ¿Quién hace un pastel el 24 de diciembre? _____

5. ¿Quién le desea muchas felicidades a su hermana? _____

6. ¿Quién tiene una celebración de cumpleaños? _____

ESTRUCTURA Y USO 1 Inquiring and providing information about people and events: Interrogative words

LM 8-3 | Identifica la palabra interrogativa You will hear a series of questions. Listen to the questions and write the equivalent interrogative in English. Follow the model.

Modelo   ¿Adónde vas esta tarde?
Where

1. _____

2. _____

3. _____

4. _____

5. _____

6. _____

🔊 **LM 8-4 | Respuesta correcta** Listen to the questions and choose the correct answer from the two choices
5-5 provided below. Write the letter that corresponds to the correct answer.

1. _____ **a.** Son de Manuela.   **b.** Es de Manuela.

2. _____ **a.** Está muy bueno.   **b.** Es una tarta de chocolate.

3. _____ **a.** Porque me gusta tener dos.   **b.** Pagué trescientos dólares por la televisión.

4. _____ **a.** Es de Ricardo.   **b.** Es Ricardo.

5. _____ **a.** Es una profesora de Guatemala.   **b.** Es la profesora Rodríguez.

6. _____ **a.** Hay treinta estudiantes.   **b.** Hay un estudiante muy simpático.

🔊 **LM 8-5 | ¿Cuál es la pregunta?** You will hear some answers. Based on the model, write logical questions
5-6 for each answer.

     Modelo   Estudio español para trabajar en Guatemala.
                      ¿Para qué estudias español?

1. _____

2. _____

3. _____

4. _____

5. _____

6. _____

ESTRUCTURA Y USO 2   Narrating in the past: The preterite and the imperfect

🔊 **LM 8-6 | Preguntas personales** Listen to the following questions about your childhood. If the question
5-7 is based on something that already happened, write **pretérito**. If the question is based on a repeated or a
habitual event, write **imperfecto**. Follow the model.

     Modelo   ¿Ibas a la playa de vacaciones cuando tenías nueve años?
                      imperfecto

1. _____

2. _____

3. _____

4. _____

5. _____

6. _____

🔊 **LM 8-7 | ¡Contéstame!** Listen once again to the questions in activity **LM 8-6** and answer them.
5-8

1. _____
2. _____
3. _____
4. _____
5. _____
6. _____

🔊 **LM 8-8 | ¿Qué pasó con Patricia y Victoria?** Listen to the story of Victoria and Patricia. They are
5-9 vacationing on the Guatemalan coast. For each sentence, choose the correctly conjugated verb from the two choices provided. Then write the verbs, conjugated as you hear them. Follow the model.

Modelo   Victoria y Patricia celebraron Semana Santa en la costa.
celebraron

1. _____ se ponía   se puso

2. _____ tenían   tenía

3. _____ fue   fueron

4. _____ había   hubo

5. _____ nadaban   nadaron

6. _____ estaba   estaban

VOCABULARIO 2   La playa y el campo

🔊 **LM 8-9 | ¡De vacaciones!** Listen to the following descriptions of places to go on vacation and write the
5-10 letter that best describes each place.

_____ 1. la playa   _____ 4. el balneario

_____ 2. la montaña   _____ 5. la costa

_____ 3. el campo   _____ 6. el mar

🔊 **LM 8-10 | ¿Posible o imposible?** Listen to the following statements and write in Spanish if they are
5-11   possible (**posible**) or impossible (**imposible**).

1. _____   4. _____

2. _____   5. _____

3. _____   6. _____

🔊 **LM 8-11 | ¿Dónde?** Listen to the following activities and write down the most logical places where they
5-12   can be done. Choose from the list provided.

en el balneario   en el campo   en el lago   en el mar   en la montaña   en la playa

1. _____

2. _____

3. _____

4. _____

5. _____

6. _____

ESTRUCTURA Y USO 3   Stating indefinite ideas and quantities: Affirmative and negative expressions

🔊 **LM 8-12 | ¡No estoy de acuerdo!** Listen to the following statements and write the contrary using
5-13   affirmative or negative expressions as appropriate.

1. _____

2. _____

3. _____

4. _____

5. _____

6. _____

LM 8-13 | **¿Qué ves?** Look at the drawing and answer the following questions with the most logical affirmative or negative expressions.

5-14

© Cengage Learning 2014

1. _____

2. _____

3. _____

4. _____

5. _____

6. _____

🔊 **LM 8-14 | ¡Nunca y nadie!** Listen to the sentences and answer negatively using **nunca** or **nadie**
5-15 accordingly. Choose from the two choices.

1. _____ **a.** Nunca voy al gimnasio.   **b.** No voy con nadie al gimnasio.

2. _____ **a.** Nadie me ve fuera de las clases.   **b.** No veo a nadie fuera de las clases.

3. _____ **a.** No hablo nunca cuando duermo.   **b.** No hablo con nadie.

4. _____ **a.** Nunca tomo el sol.   **b.** Nadie toma el sol.

5. _____ **a.** No voy a la playa con nadie.   **b.** Nunca voy a la playa.

6. _____ **a.** No llamo a nadie por la mañana.   **b.** Nadie llama a mi casa por las mañanas.

PRONUNCIACIÓN 1   *x*

🔊 In Spanish, the letter called **equis** is not very common at the beginning of a word, and it is pronounced
5-16 like an **s**, as in **xenófobo**. Between two vowels it is pronounced like the English *x*, as in *exam*. However,
in some regions, when it is before a consonant, **x** is pronounced almost like an **s**, as in **extranjero**. In
Mexico, **x** sounds like a **j** even if the word is written with an **x**. For example, **México** is written with an **x** but
pronounced like a **j**: **Méjico**. In Spain, numerous words, such as **Javier** and **Jiménez,** used to be spelled with
an **x (Xavier, Ximénez),** but these words have changed their spelling, transforming **x** into a **j**. Only in Latin
America have some words kept the **x** spelling (but **j** pronunciation): for example, **México**.

🔊 **LM 8-15 | ¡Así suena!** Listen, repeat, and write.
5-17
x: (between two vowels)

1. _____

x: (before a consonant)

2. _____

x: (initial position)

3. _____

x: (in Mexico)

4. _____

x: (in different positions)

5. _____

x: (in a sentence in different positions)

6. _____

PRONUNCIACIÓN 2   La entonación

🔊
5-18
When we ask a question, the intonation changes—it rises or it falls—depending on the expected answer.

- In Spanish, the intonation rises if the expected answer to the question is affirmative or negative:

  ¿Tiene Victoria su traje de baño?

  ¿Se reúne Juan con su familia en Navidad?

  ¿Hay olas en el mar?

- The intonation also rises if the expected answer confirms something in the question:

  Toño es el novio de Patricia, ¿cierto?

  San Salvador es la capital de El Salvador, ¿no?

  Guatemala está al sur de México, ¿verdad?

- However, the intonation falls if the questions are requesting information:

  Por favor, ¿me puede decir qué hora es?

  Me gustaría alquilar un velero. ¿Cuánto cuesta una hora?

🔊
5-19
LM 8-16 | ¿Pregunta o respuesta? Indicate whether what you hear is a question or an answer. Pay particular attention to the intonation. Then, select the arrow pointing up or the arrow pointing down to show if the intonation rises or falls.

1. pregunta respuesta ↑ ↓
2. pregunta respuesta ↑ ↓
3. pregunta respuesta ↑ ↓
4. pregunta respuesta ↑ ↓
5. pregunta respuesta ↑ ↓
6. pregunta respuesta ↑ ↓

▶ ¡A VER!

LM 8-17 | ¿Cierto o falso? Watch the ¡A ver! video segment for Chapter 8, then read the following statements and mark whether they are **cierto** or **falso.**

	cierto	falso
1. Alejandra va a hacer ejercicio.	☐	☐
2. Es el cumpleaños de Valeria.	☐	☐
3. Valeria se pone muy contenta por su cumpleaños.	☐	☐
4. Valeria cumple veinticinco años.	☐	☐
5. Valeria tenía fiestas de cumpleaños muy, muy grandes cuando era niña.	☐	☐
6. Cuando era niña, Alejandra celebraba sus cumpleaños con sus compañeritos y la maestra.	☐	☐

LM 8-18 | El cumpleaños de Valeria Watch the ¡A ver! video segment again and complete the following statements with the correct choices provided below.

1. Alejandra le pregunta a Valeria: "¿Te pasa algo?" y Valeria le contesta…

   a. "No, no es nada". **b.** "No, no me pasó nada". **c.** "No, no es de moda".

2. Valeria está triste porque…

   a. ya no tiene amigos. **b.** ninguno de sus amigos vino. **c.** ninguno de sus amigos la felicitó.

3. Alejandra le dice a Valeria que sus amigos en Venezuela seguramente piensan que está muy ocupada en Puerto Rico porque…

   a. casi nunca está ocupada. **b.** casi nunca está en casa. **c.** casi nunca está contenta.

4. El año pasado, en su fiesta de cumpleaños, Valeria tuvo…

   a. cincuenta invitados. **b.** cien invitados. **c.** ciento cincuenta invitados.

5. La mamá y la hermana de Valeria siempre le preparaban su…

   a. comida favorita. **b.** postre favorito. **c.** fiesta favorita.

6. Al final, Javier, Antonio, Sofi y Alejandra le dicen todos a Valeria…

   a. "¡Felicitaciones!". **b.** "¡Feliz día!". **c.** "¡Felicidades!".

De viaje por el Caribe
Cuba, Puerto Rico y la República Dominicana

VOCABULARIO 1   Viajar en avión

🔊 **LM 9-1 | Un viaje en avión** You will hear some statements about Patricia and her sister, two students from
5-20 the University of Colorado who studied abroad at the University of Puerto Rico in San Juan last semester.
Put the sentences in a logical order by entering the letter that corresponds to each one in the space provided.

1. _____   4. _____

2. _____   5. _____

3. _____   6. _____

🔊 **LM 9-2 | ¡Esa no!** Listen to the words associated with flights and traveling. First, repeat each word or
5-21 expression that you hear. Next, write the word or expression that does not belong in the group in the
space provided.

1. _____

2. _____

3. _____

4. _____

5. _____

6. _____

🔊 **LM 9-3 | Tus preferencias cuando viajas en avión** You are planning your next vacation. At the travel
5-22 agency, the agent, in order to find the ideal place for you, asks that you fill out a form indicating your
preferences. Select your preferences: **sí, no,** or **es posible.**

1. sí   no   es posible   4. sí   no   es posible

2. sí   no   es posible   5. sí   no   es posible

3. sí   no   es posible   6. sí   no   es posible

ESTRUCTURA Y USO 1   Simplifying expressions (1):
Indirect object pronouns

🔊 **LM 9-4 | ¿A quién le sucede?** Ester Carranza is assisting her clients at the travel agency. Listen to what she
5-23 does for each client, and select the option with the indirect object pronoun that best reflects Ester's actions.
Write its letter in the space.

1. _____   4. _____

2. _____   5. _____

3. _____   6. _____

🔊 **LM 9-5 | ¿Quién es responsable?** Identify the individual that carries out the action you hear by entering
5-24 the correct letter in the space provided.

1. el agente de viajes _____

2. el piloto _____

3. mi amigo _____

4. el asistente de vuelo _____

5. la madre _____

6. el oficial de aduana _____

🔊 **LM 9-6 | Un viaje especial** Julio and Gloria went to the Caribbean on a romantic getaway. Listen to what
5-25 they did, and answer the questions following the model.

Modelo   Julio y Gloria trajeron fotos para mí.
¿A quién le trajeron fotos Julio y Gloria?
Me trajeron fotos a mí.

1. _____

2. _____

3. _____

4. _____

5. _____

6. _____

ESTRUCTURA Y USO 2   Simplifying expressions (2): Double object pronouns

🔊 **LM 9-7 | ¿Qué hicieron?** Answer each travel-related question by selecting a logical response from the list
5-26 below. ¡OJO! Pay special attention to the use of double pronouns in the answers.

1. Se los dimos a nuestros padres. _____

2. Se las mandaron a sus amigas desde la República Dominicana. _____

3. Se lo mandé a Visa para pagar nuestro viaje al Caribe. _____

4. Me lo compré en la agencia de viajes. _____

5. Se lo enseñaste al oficial de aduana. _____

6. Se lo dio al asistente de vuelo. _____

◄)) **LM 9-8 | ¡Qué bien se lo pasa uno en el Caribe!** Listen to each sentence carefully. Then, replace the
5-27   direct and indirect objects in the sentences with direct and indirect object pronouns and write them down
in the space provided. Follow the model.

Modelo   Mi amigo compró el boleto para mí.
Me lo compró.

1. _____ _____ enseñaron.

2. _____ _____ recomendó.

3. _____ _____ prestaron.

4. _____ _____ regaló.

5. _____ _____ ofreció.

6. _____ _____ escribimos.

◄)) **LM 9-9 | Abreviando** Abbreviate each statement you hear by replacing the subjects and the objects with
5-28   their respective pronouns. Write the sentences in the blanks provided. Follow the model.

Modelo   Julio y Gloria trajeron fotos para mí.
Me las trajeron.

1. _____

2. _____

3. _____

4. _____

5. _____

6. _____

VOCABULARO 2   El hotel

◄)) **LM 9-10 | En el hotel** Manny and Teri are spending their honeymoon in a hotel in La Habana. Listen to
5-29   their story and write the letters in the spaces to put their statements in logical order.

1. _____   4. _____

2. _____   5. _____

3. _____   6. _____

◄)) **LM 9-11 | ¿Qué recuerdas de los recién casados?** Listen to the following statements about the
5-30   newlyweds Manny and Teri. Show how much you know about their honeymoon by indicating **cierto** *(true)*
or **falso** *(false)* after hearing each statement.

1. _____   4. _____

2. _____   5. _____

3. _____   6. _____

🔊 **LM 9-12 | ¿Qué parte del hotel es?** Listen to the definitions and choose the correct vocabulary word
5-31 by entering its corresponding letter in the space provided.

1. la llave _____

2. la recepción _____

3. un baño privado _____

4. la cama doble _____

5. un hotel lujoso _____

6. la reserva _____

ESTRUCTURA Y USO 3 Giving directions: Prepositions of location, adverbs, and relevant expressions

🔊 **LM 9-13 | ¿Dónde están?** Study the map below. As you hear the locations described, indicate where things
5-32 are located by selecting the correct direction.

© Cengage Learning 2014

1. norte   sur   este   oeste

2. norte   sur   este   oeste

3. norte   sur   sureste   suroeste

4. norte   sur   sureste   suroeste

5. norte   sur   sureste   suroeste

6. norte   sur   este   oeste

LM 9-14 | **¿Cómo llego?** You are lost in San Juan and forgot your map at the hotel. You ask a local for directions. As reference, the local will show you a map identical to the one in activity **LM 9-13**. Listen to the directions and then select which route the directions are for. Enter the appropriate number in the space provided.

5-33

1. _____ De la Droguería Ponce de León al Museo Pablo Casals.

2. _____ Del Hard Rock Café a la Plaza del Quinto Centenario.

3. _____ De La Casita Centro de Información Turística a la Muralla de la Ciudad.

4. _____ De los muelles de Barcos de Crucero a la Casa Blanca.

5. _____ De la Iglesia de San Francisco a la Catedral de San Juan.

6. _____ Del Banco Popular a la Plaza de la Catedral.

ESTRUCTURA Y USO 4 Telling someone to do something: Formal commands and negative *tú* commands

LM 9-15 | **Durante un vuelo** Listen to the instructions that the flight attendant Silvia Vargas is giving to the passengers on the plane. Identify each command with the corresponding drawing.

5-34

1. _____ 2. _____ 3. _____

4. _____ 5. _____

🔊 **LM 9-16 | Las promociones para viajes especiales** Tere is listening to the radio when she hears a
5-35 commercial from the travel agency Caribetel. Listen to the commercial at least twice and then write down
the commands in the spaces provided.

1. _____

2. _____

3. _____

4. _____

5. _____

6. _____

7. _____

8. _____

9. _____

10. _____

11. _____

12. _____

🔊 **LM 9-17 | En el aeropuerto** Verónica and Juan are at the airport. They are both very excited about going
5-36 to Aguadilla, Puerto Rico, but Verónica is so afraid of flying that she is giving orders to Juan, constantly
telling him what not to do. **¡OJO!** She is so nervous that some of her commands make no sense! First listen
to the affirmative commands and then write them in the negative form.

1. _____

2. _____

3. _____

4. _____

5. _____

6. _____

PRONUNCIACIÓN 1   *j*

🔊 The Spanish **j** has a sound somewhat like the *h* in *hill*, but harder. It is never pronounced like the English
5-37 *j* in *jet*.

🔊 **LM 9-18 | ¡Así suena!** Repeat and write each sentence.
5-38

1. _____

2. _____

3. _____

4. _____

PRONUNCIACIÓN 2   *g*

🔊 The Spanish **g** before an **e** or **i** is pronounced like the **j** in **Juan**. In all other cases, **g** is pronounced like the
5-39 **g** in *go*.

🔊 **LM 9-19 | ¡Así suena!** Repeat and write each sentence.
5-40

1. _____

2. _____

3. _____

4. _____

5. _____

6. _____

🔊 **LM 9-20 | ¡Así suena!** Repeat and write each sentence.
5-41

1. _____

2. _____

3. _____

4. _____

▶ ¡A VER!

LM 9-21 | Comprensión After watching the video segment for Chapter 9, read the following statements
and decide whether they are **cierto** or **falso**.

	cierto	falso
1. Valeria fue de compras por el Viejo San Juan.	☐	☐
2. Antonio gastó mucho dinero, se perdió y se siente celoso.	☐	☐
3. Ale desea establecer una agencia de ecoturismo y vivir en el extranjero.	☐	☐
4. Antonio y Ale fueron al Paseo de la Princesa y ahora están jugando a las cartas.	☐	☐
5. El sueño de Javier ya tiene un itinerario.	☐	☐
6. Aunque no le gusta hablar con extraños, Valeria le pidió a una señora direcciones para llegar a la Plaza de la Rogativa.	☐	☐

LM 9-22 | ¿Consejos para Javier o para Valeria? You will read a few statements from someone giving advice to Javier and Valeria. Read each sentence, and then decide if the advice is intended for Javier or for Valeria, based on what happened in the **¡A ver!** video segment.

1. No viajes por avión en Costa Rica. ¡Las carreteras son muy bonitas!

   Javier   Valeria

2. Pregúntale a una señora cómo llegar a la Plaza de la Rogativa.

   Javier   Valeria

3. Ve a una agencia de viajes para tener más información sobre Centroamérica.

   Javier   Valeria

4. No les digas mentiras a tus amigos.

   Javier   Valeria

5. No tengas celos de Alejandra.

   Javier   Valeria

⑩ Las relaciones sentimentales
Honduras y Nicaragua

VOCABULARIO 1   Las relaciones sentimentales

🔊 **LM 10-1 | ¿Qué definición es?** Listen to the definitions about relationships. In the spaces provided, write
6-2   the letters that correspond to the definitions.

_____ **1.** los recién casados   _____ **4.** la luna de miel

_____ **2.** el ramo   _____ **5.** la boda

_____ **3.** los invitados   _____ **6.** el divorcio

🔊 **LM 10-2 | Tú, ¿qué piensas?** Listen to the sentences and fill in the missing words in the following
6-3   sentences. Then, give your opinion by writing one of the following expressions in the space provided.

Estoy de acuerdo. or **No estoy de acuerdo.**

1. No creo en el amor _____. ¡Es imposible!

_____

2. _____ es una institución anticuada y muy tradicional.

_____

3. Muchas veces _____ no es fácil.

_____

4. El _____ a alguien y que sea recíproco es una sensación muy bonita.

_____

5. Vivir en pareja y no _____ es la mejor situación.

_____

6. Después de muchos años de matrimonio, sólo hay _____ y no amor.

_____

🔊 **LM 10-3 | ¿Cuál no pertenece?** Listen to the following word sequences and write the word that does not
6-4   belong to each group.

1. _____

2. _____

3. _____

4. _____

5. _____

6. _____

ESTRUCTURA Y USO 1 Describing recent actions, events, and conditions: The present perfect tense

◀))) **LM 10-4 | Eva en una boda** Eva went to her cousin's wedding last week. Listen to her story and complete
6-5 the sentences with verbs you hear in the present perfect.

1. Primero, los invitados _____ en la iglesia.

2. La solista _____ el "Ave María" de Schubert.

3. Después del "Ave María", la novia _____ con su padre a la iglesia.

4. Las madres se _____ a llorar al ver a la novia entrar en la iglesia.

5. Los novios _____ "Sí, quiero".

6. Los novios se _____ cuando termina la ceremonia religiosa.

◀))) **LM 10-5 | ¿Qué hizo Eva ayer?** Listen to what Eva did yesterday before her cousin's wedding. Then match
6-6 each sentence with its English translation by writing the correct letter.

1. _____ In the morning, Eva and her mother have gone to try on their dresses.

2. _____ After that, they have bought flowers for their dresses.

3. _____ Eva has come back home in the afternoon.

4. _____ Eva has read her fashion magazine.

5. _____ Eva has eaten with her parents.

6. _____ After dinner, Eva has seen a movie.

◀))) **LM 10-6 | ¿Y los demás?** Now listen to what the other members in the family have done before the
6-7 wedding. Pay attention to the verbs, because you will have to conjugate the verbs that you hear to agree with
different family members (subjects) that appear below. The verbs that you hear are all conjugated in the
third-person singular, "Eva".

Modelo Eva ha descansado en el sofá.
Sus padres *han descansado* en el sofá.

1. Sus hermanos _____ a la abuela a casa.

2. Nosotros _____ a la peluquería.

3. Tú _____ una botella de champán.

4. Ustedes _____ por teléfono con el novio.

5. Yo _____ mucho con toda la familia.

6. Usted _____ que el día de la boda será muy divertido.

ESTRUCTURA Y USO 2 Qualifying actions: Adverbs and adverbial expressions of time and sequencing of events

🔊 **LM 10-7 | ¿Cómo?** Qualify Victoria and Juan's actions with the most logical adverbs. Follow the model.
6-8

Modelo Victoria llama a Juan. / frecuente
frecuentemente

1. _____   4. _____

2. _____   5. _____

3. _____   6. _____

🔊 **LM 10-8 | ¡Radio Chismes Increíbles!** Listen to the program **Radio Chismes** *(Gossip)* **Increíbles** about
6-9 the rich and famous, and write how the celebrities did what they did. Use the adverbs of frequency based on what you hear in the sentences. Follow the model.

Modelo Julia Roberts ha tenido a su tercer hijo con un parto difícil.
Julia Roberts ha tenido a su tercer hijo *difícilmente.*

1. Jennifer Aniston salió del aeropuerto de Los Ángeles _____.

2. Angelina Jolie ha adoptado a su octavo niño _____.

3. Paris Hilton ha estado en la cárcel _____.

4. Britney Spears se ha afeitado la cabeza una tercera vez _____.

5. Madonna ha bebido cócteles *(cocktails)* _____.

6. Gwyneth Paltrow se ha vestido _____.

🔊 **LM 10-9 | ¡Para mí, no!** You have different opinions from your friend. Listen to your friend's opinions and
6-10 write the contrary, using the opposite adverbs. Write only the adverbs instead of the whole sentence. The adverbs that you will hear are the equivalents of: *well, best, poorly, a little, late, always,* etc.

Modelo Nunca me duermo antes de las doce.
siempre

1. _____

2. _____

3. _____

4. _____

5. _____

6. _____

VOCABULARIO 2 La recepción

🔊 **LM 10-10 | Sinónimos** Listen to the definitions and the synonyms of the vocabulary. Write down the
6-11 appropriate letter of the definition or the synonym next to each word listed below.

_____ 1. terminar

_____ 2. asistir

_____ 3. la pareja

_____ 4. la orquesta

_____ 5. el banquete

_____ 6. acompañar

🔊 **LM 10-11 | Más definiciones** You will hear five words related to banquets and receptions. For each
6-12 word, select the definition that corresponds to it by writing the correct letter in the space provided.
Follow the model.

> **Modelo** a. felicitar
> Decir: "¡Felicidades!"

1. hacer ruido (noise) con las manos _____

2. las personas que vienen a la fiesta _____

3. tomar u obtener un objeto, por ejemplo, el ramo de la novia _____

4. una persona que lleva ropa muy elegante _____

5. expresar buenos deseos antes de beber champán (champagne) o vino _____

🔊 **LM 10-12 | ¿Pudo ocurrir así?** Listen to the following statements about a wedding reception. Decide if the
6-13 statements describe something that could have happened or not; write **sí** if the event could have happened
or **no** if it could not have happened. Be logical!

1. _____   3. _____   5. _____

2. _____   4. _____   6. _____

ESTRUCTURA Y USO 3 Talking about future events: Future tense

🔊 **LM 10-13 | Predicciones sobre los recién casados** Pepita and Pepito just got married. The wedding
6-14 guests talk about how they predict the future of the newlyweds. Listen to their predictions and write down
the verbs that you hear in each sentence (they are in the infinitive form) in the future tense.

> **Modelo** Pepita y Pepito (ser) muy felices.
> _serán_

1. _____   3. _____   5. _____

2. _____   4. _____   6. _____

🔊 **LM 10-14 | ¡Tú no decides!** Your mother-in-law-to-be wants to organize your wedding for you. (She is
6-15 very excited about you marrying her son!) She tells you how she envisions your day. Negate the verbs that
you hear. Follow the model. (Do not forget to switch to the **yo** form when necessary).

Modelo ¡Te casarás con un vestido de diamantes!
¡No me casaré con un vestido de diamantes!

1. ¡ _____ un vestido muy, muy largo!

2. ¡ _____ un ramo de rosas rojas!

3. ¡ _____ a toda la familia!

4. ¡ _____ caviar!

5. ¡ _____ en el jardín de la casa!

6. ¡La recepción _____ lugar en la casa!

🔊 **LM 10-15 | ¿Y tu futuro?** You will hear some questions pertaining to your future. Answer them in
6-16 complete sentences making certain you use the correct form of the future tense in Spanish.

1. _____

2. _____

3. _____

4. _____

5. _____

6. _____

ESTRUCTURA Y USO 4 Expressing conjecture or probability: The conditional

🔊 **LM 10-16 | En un mundo perfecto…** Listen to the sentences about how couples would be in a perfect
6-17 world. Pay attention to the verbs—they are in the infinitive form and must be conjugated in the conditional.
Follow the model.

Modelo En un mundo perfecto, las parejas (quererse) siempre.
En un mundo perfecto, las parejas *se querrían* siempre.

1. En un mundo perfecto, los esposos no _____ nunca.

2. En un mundo perfecto, las parejas no _____ sobre cosas sin importancia.

3. En un mundo perfecto, los esposos _____.

4. En un mundo perfecto, el marido y la mujer siempre _____ la verdad.

5. En un mundo perfecto, no _____ hijos no deseados.

6. En un mundo perfecto, las parejas _____ una vida muy feliz.

LM 10-17 | Especulaciones The bride never made it to the wedding yesterday. The guests speculate about what could have happened to the bride. Listen to the verbs in the preterite and write them down in conditional.

6-18

> **Modelo** La novia no se despertó a tiempo.
> La novia no *se despertaría* a tiempo.

1. La novia _____ un accidente.

2. La novia _____ a otro hombre.

3. La novia _____ de opinión.

4. La novia _____ del día de la boda.

5. La novia _____ con otro.

6. La novia _____ con el otro.

LM 10-18 | ¡Con educación, por favor! Alex is a small child who does not yet have proper manners. You will hear him make a statement; change his command into a more gentle request by using the conditional. Write each reworked request in the space provided, and then repeat each one. Follow the model.

6-19

> **Modelo** ¡Camarero, quiero agua!
> Camarero, *querría agua,* por favor.

1. Mamá, ¿_____, por favor?

2. Papá, ¿_____, por favor?

3. Mamá, ¿_____, por favor?

4. Papis, ¿_____, por favor?

5. Papá, ¿_____, por favor?

6. Mamá, _____, por favor.

PRONUNCIACIÓN 1   Review of accents

6-20

One easy rule to remember is that all words ending in **–ión** have a written accent on the **o**; for example, **atención** and **información**. The voice always rises with the accent, emphasizing its placement on the **ó**. Listen to the following words ending in **–ión** and repeat: **interrogación, acumulación, constitución, argumentación, legión.**

All interrogative words have a written accent mark as well. The voice rises with the accent.

Listen to the following interrogative words and repeat: **¿Cómo estás hoy? ¿Qué tal estás hoy? ¿Por qué fumas tanto? ¿Cuándo llegas a casa?**

Now, compare **¿Por qué fumas tanto?** (interrogative) with **Porque me gusta.** (affirmative statement). Do you hear the difference? Listen and repeat: **¿Por qué no vienes a clase? Porque estoy cansado.**

Some words have a written accent mark and are pronounced accordingly to distinguish one word from another: for example, **sí** and **si**. Listen and repeat: **¡Sí, quiero! Si te casas conmigo, serás muy feliz.**

🔊 **LM 10-19 | ¿Puedes distinguir?** Of the two options presented, write the words that you hear.
6-21

1. si   sí   _____

2. por qué   porque   _____

3. que   qué   _____

4. se   sé   _____

5. cuándo   cuando   _____

6. como   cómo   _____

PRONUNCIACIÓN 2   Review of pronunciation of vowels

🔊 The vowel **a:** The Spanish **a** sounds like the English *a* in the word *father*.
6-22

mar   palabra   caja   puerta   mesa

The vowel **e:** The Spanish **e** sounds like the English *e* in the word *get*.

Pepe   duele   meter   leer   pese

The vowel **i:** The Spanish **i** sounds like the English sound *ee* in the word *India*.

Lili   Pili   mili   tía   mía   pistola

The vowel **o:** The Spanish **o** sounds like the English *o* in *saw*.

por   amor   olor   agosto   oído

The vowel **u:** The Spanish **u** sounds like the English *oo* found in *choose*.

mula   muela   tutú   luz   suena

🔊 **LM 10-20 | ¡Así suena!** Repeat and write the words you hear.
6-23

1. _____   4. _____

2. _____   5. _____

3. _____   6. _____

▶ ¡A VER!

LM 10-21 | ¿Cierto o falso? Watch the ¡A ver! video segment from Chapter 10 and tell if the following statements are **cierto** or **falso.**

	cierto	falso
1. Valeria está enojada con César.	☐	☐
2. César no está celoso.	☐	☐
3. César es el ex-novio de Valeria.	☐	☐
4. Antonio piensa que Valeria es muy guapa.	☐	☐
5. Antonio nunca ha tenido una novia.	☐	☐
6. El amigo de Antonio se llama Rubio.	☐	☐

LM 10-22 | Palabras exactas Watch the video clip again, and circle the correct statements.

1. Al principio del video, Valeria está hablando con César por teléfono. Ella le dice:

   a. Yo pensé que podíamos ser amigos, pero veo que no.

   b. Yo pensé que podíamos ser amigos, pero veo que es imposible.

   c. Yo pensé que podíamos ser amigos, pero veo que no es posible.

2. Cuando Valeria termina de hablar por teléfono y ve a Antonio en la piscina, le pregunta lo siguiente:

   a. ¿Estabas espiando mi conversación?

   b. ¿Estabas escuchando mi conversación?

   c. ¿Estabas oyendo mi conversación?

3. Cuando Antonio le pregunta a Valeria por qué César es su ex-novio, Valeria le dice que César es muy machista y celoso. Antonio le pregunta lo siguiente:

   a. ¿A poco tú nunca le diste razones para ser celoso?

   b. ¿A poco tú nunca le diste motivos para ser celoso?

   c. ¿A poco tú nunca le diste ocasiones para ser celoso?

4. Antonio también tuvo una novia a la que quería mucho. ¿Qué le dice Antonio a Valeria que pasó?

   a. Su novia se enamoró de su mejor amigo y Antonio no la perdonó.

   b. Su novia se enamoró de su mejor amigo y ya no le habló a Antonio.

   c. Su novia se enamoró de su mejor amigo y dejó a Antonio por él.

5. Después de escuchar esa historia tan triste sobre la novia de Antonio, Valeria le dice a Antonio lo siguiente:

   a. Yo no se lo podría perdonar.

   b. Yo no se lo podría aguantar.

   c. Yo no se lo podría tolerar.

6. Al final del segmento, Antonio le pregunta a Valeria si la puede acompañar y le hace otra pregunta. ¿Cuál es la pregunta?

   a. ¿Qué te gustaría comer?

   b. ¿Qué te gustaría ver?

   c. ¿Qué te gustaría hacer?

El mundo del trabajo
Chile

VOCABULARIO 1   Profesiones y oficios

🔊 **LM 11-1** | **¿Profesión u oficio?** Listen carefully to the following items and indicate whether they are
6-24 professions or trades by selecting the correct choice.

1. profesión / oficio   3. profesión / oficio   5. profesión / oficio

2. profesión / oficio   4. profesión / oficio   6. profesión / oficio

🔊 **LM 11-2** | **Las profesiones** Listen to the descriptions. Match the descriptions that you hear with the
6-25 appropriate professions below and write the corresponding letter.

_____ 1. el (la) fotógrafo(a)   _____ 4. el (la) periodista

_____ 2. el (la) contador(a)   _____ 5. el (la) programador(a)

_____ 3. el (la) jefe(a)   _____ 6. el (la) traductor(a)

🔊 **LM 11-3** | **¿A quién llamas?** Listen to each situation and decide which person you would call by selecting
6-26 the appropriate illustration. Make certain you write the letter corresponding to the situation, as well as the
professional in question.

1. _____   2. _____   3. _____

4. _____   5. _____

ESTRUCTURA Y USO 1 Making statements about motives, intentions, and periods of time: *Por* vs. *para*

🔊 **LM 11-4 | ¿Cuál de las dos?** Listen to each pair of sentences containing the prepositions **por** and **para**.
6-27 Decide which one is correct by selecting the appropriate letter.

1. a / b   2. a / b   3. a / b   4. a / b   5. a / b   6. a / b

🔊 **LM 11-5 | ¿Por o para?** Listen to the dialogue carefully and decide which prepositions you need to use.
6-28 Select the correct preposition.

1. por / para   3. por / para   5. por / para

2. por / para   4. por / para   6. por / para

🔊 **LM 11-6 | Más decisiones** Listen to the following incomplete statements. Complete each sentence by
6-29 choosing the appropriate preposition and writing it in the space provided.

1. _____   4. _____

2. _____   5. _____

3. _____   6. _____

VOCABULARIO 2 La oficina, el trabajo y la búsqueda de un puesto

🔊 **LM 11-7 | Buscando trabajo** You are at an employment agency looking for a job. For the agency to match
6-30 your qualifications with the right position, you must fill out a form indicating your preferences. Give your
opinion (**sí, no,** or **no es importante**) after hearing each statement.

1. sí   no   no es importante   4. sí   no   no es importante

2. sí   no   no es importante   5. sí   no   no es importante

3. sí   no   no es importante   6. sí   no   no es importante

🔊 **LM 11-8 | Cosas de trabajo** Match the definition with its appropriate term. Write the letter of the
6-31 definition in the space.

_____ 1. pedir un aumento   _____ 4. solicitar un puesto

_____ 2. la impresora   _____ 5. de tiempo completo

_____ 3. contratar   _____ 6. despedir

🔊 **LM 11-9 | ¿Qué hacer primero?** Listen to the necessary steps one must take to prepare for that perfect job.
6-32 Place the statements in chronological order by writing in their letters in the spaces provided.

1. _____   4. _____

2. _____   5. _____

3. _____   6. _____

ESTRUCTURA Y USO 2　Expressing subjectivity and uncertainty: The subjunctive mood with statements of volition, desire, and intention

LM 11-10 | El jefe de mis pesadillas (nightmares) Julián had a dream that his boss was great; however, that is not the case. When Julián woke up he remembered how awful his boss is. Listen to what Julián says about his boss. Then indicate whether you agree (**Estoy de acuerdo.**) or disagree (**No estoy de acuerdo.**) that these traits make his boss intolerable.

1. Estoy de acuerdo.　　No estoy de acuerdo.
2. Estoy de acuerdo.　　No estoy de acuerdo.
3. Estoy de acuerdo.　　No estoy de acuerdo.
4. Estoy de acuerdo.　　No estoy de acuerdo.
5. Estoy de acuerdo.　　No estoy de acuerdo.
6. Estoy de acuerdo.　　No estoy de acuerdo.

LM 11-11 | ¿Qué le recomiendas a Julián? Poor Julián is so tired of his awful boss that he comes to you for advice. Listen to the options and choose the one that will improve Julián's situation. Select the appropriate letters.

1. a / b　　4. a / b
2. a / b　　5. a / b
3. a / b　　6. a / b

LM 11-12 | ¿Qué te parece? You will hear a series of situations pertaining to the workplace. Offer your perspective or opinion by using the subjunctive to complete the sentences below.

1. Recomiendo que _____.
2. Deseo que _____.
3. No dudo que _____.
4. Es necesario que _____.
5. Es probable que _____.
6. Es posible que _____.

LM 11-13 | El trabajo ideal Listen to the ideal job description. Pay close attention to the use of the subjunctive and write the subjunctive phrase in the spaces provided.

1. _____
2. _____
3. _____
4. _____
5. _____
6. _____

🔊 **LM 11-14 | ¡Ese es!** Choose the correct form in order to complete the sentence correctly.
6-37

1. que se divierta / que se divierte
2. que me da / que me dé
3. que te aumenta / que te aumente

4. que no les pide / que no les pida
5. que vayan / que van
6. que escribe / que escriba

🔊 **LM 11-15 | El empleo de mis sueños** Listen to the prompts and respond according to your preferences
6-38 with regard to the perfect job. Pay close attention in using the present subjunctive.

1. _____

2. _____

3. _____

4. _____

5. _____

6. _____

● ¡A VER!

LM 11-16 | Comprensión After watching the video for Chapter 11, decide if the following statements are cierto or falso.

	cierto	falso
1. Javier quiere escribir un libro sobre la cultura taína.	☐	☐
2. El padre de Sofía quiere que estudie medicina.	☐	☐
3. Javier necesita hacer un plan.	☐	☐
4. Sofía es una inspiración para Javier.	☐	☐
5. Sofía y Javier quieren vivir en el extranjero.	☐	☐
6. Sofía busca un apartamento porque quiere abrir una agencia de deportes de aventura y ecoturismo.	☐	☐

LM 11-17 | ¿Quién fue? Watch the video again and decide which of the five characters in the video is responsible for the following actions.

1. Quiere viajar al extranjero.

   Sofía   Valeria   Antonio   Javier   Alejandra

2. Lucha por su sueño y fue una inspiración.

   Sofía   Valeria   Antonio   Javier   Alejandra

3. Busca un apartamento.

   Sofía   Valeria   Antonio   Javier   Alejandra

4. Quiere vivir en otro país y establecer una agencia de ecoturismo.

   Sofía   Valeria   Antonio   Javier   Alejandra

5. Toma mate.

   Sofía   Valeria   Antonio   Javier   Alejandra

6. Necesita hacer un plan.

   Sofía   Valeria   Antonio   Javier   Alejandra

El medio ambiente
Costa Rica y Panamá

VOCABULARIO 1   La geografía rural y urbana

LM 12-1 | ¿Rural o urbana? Listen to the words from the vocabulary. Identify the words pertaining to urban or rural geography. Write **rural** or **urbana** according to the vocabulary term that you hear. Follow the model.

Modelo   la fábrica
urbana

1. _____
2. _____
3. _____
4. _____
5. _____
6. _____

LM 12-2 | ¿Es posible o imposible? Listen to the following statements and decide if each one is possible or impossible. Write **Es posible.** or **Es imposible.** depending on the information given.

1. _____
2. _____
3. _____
4. _____
5. _____
6. _____

LM 12-3 | ¿Dónde están? Listen to the following words pertaining to urban or rural geography. Next to the choices provided, write the most logical place where each may be found.

1. el bosque, la carretera, la metrópolis, la basura _____

2. la fábrica, la selva, la colina, el tráfico _____

3. el arroyo, el bosque, la finca, la metrópolis _____

4. la basura, la tierra, la selva, el ruido _____

5. la catarata, la colina, la basura, los rascacielos _____

6. la basura, la selva, el bosque, la carretera _____

ESTRUCTURA Y USO 1 Expressing emotion and opinions: Subjunctive following verbs of emotion, impersonal expressions, and *ojalá*

🔊 **LM 12-4 | Y tú, ¿qué opinas?** You will hear statements made by six people who lead very different lives.
7-5 Listen carefully, and express your opinion or reaction to each one. You should use verbs of emotion
(**me alegro de que, me molesta que, me sorprende que,** etc.) or impersonal expressions (**es bueno que,
es necesario que, es mejor que,** etc.) in your reponses. Follow the model.

> **Modelo** Siempre utilizo el transporte público.
> *Es bueno que tú utilices el transporte público.*

1. _____

2. _____

3. _____

4. _____

5. _____

6. _____

🔊 **LM 12-5 | Sugerencias** Listen to your friend's opinions regarding lifestyles. Respond to her opinions by
7-6 commenting on the way she lives. Follow the model.

> **Modelo** Es una lástima no vivir en una metrópolis.
> *Es una lástima que tú no vivas en una metrópolis.*

1. _____

2. _____

3. _____

4. _____

5. _____

6. _____

🔊 **LM 12-6 | ¡Ojalá!** Your best friend just found a job in a big metropolitan area. Listen to the statements in
7-7 the present tense, and then wish your friend the very best in the big city. Begin each of your sentences with
the expression **ojalá** + *subjunctive.* Follow the model.

> **Modelo** La vida en una gran metrópolis te gusta.
> *¡Ojalá que la vida en una gran metrópolis te guste!*

1. _____

2. _____

3. _____

4. _____

5. _____

6. _____

VOCABULARIO 2 La destrucción y la conservación y la explotación

🔊 **LM 12-7 | ¿Qué palabra es?** You will listen to some definitions. Write the letter of the appropriate
7-8 definition for each word.

_____ **1.** destruir _____ **3.** reforestar _____ **5.** recoger

_____ **2.** el petróleo _____ **4.** acabar _____ **6.** el aire

🔊 **LM 12-8 | ¿Verdad o mentira?** The president of the country is speaking about conservation and
7-9 exploitation. Listen carefully to the president's message and select either **verdad** or **mentira** depending
on the statements. **¡OJO!** Be logical!

1. _____ **3.** _____ **5.** _____

2. _____ **4.** _____ **6.** _____

🔊 **LM 12-9 | ¿Es posible o es imposible?** Listen to the following statements regarding the environment
7-10 and select either **Es posible.** or **Es imposible.** depending on the statements.

1. _____ **3.** _____ **5.** _____

2. _____ **4.** _____ **6.** _____

🔊 **LM 12-10 | ¡Adivina!** Listen to the descriptions of animals or insects. Based on the descriptions, guess
7-11 which animal or insect being described.

1. _____ **3.** _____ **5.** _____

2. _____ **4.** _____ **6.** _____

ESTRUCTURA Y USO 2 Expressing doubts and uncertainty; hypothesizing and anticipated actions: The subjunctive with verbs or expressions of doubt and uncertainty; adjective clauses, and time clauses

🔊 **LM 12-11 | ¿Indicativo o subjuntivo?** Listen to the sentences and write the verbal mode that you hear:
7-12 **indicativo** or **subjuntivo.** Follow the model.

Modelo Creo que hay mucha contaminación en las grandes metrópolis.
indicativo

1. _____ **3.** _____ **5.** _____

2. _____ **4.** _____ **6.** _____

🔊 **LM 12-12 | ¡Lo contrario!** You are going to listen again to the statements from activity **LM 12-11.**
7-13 Following the model, write the opposite of what you hear.

>   **Modelo**   Creo que hay mucha contaminación en las grandes metrópolis.
>   *No creo que haya mucha contaminación en las grandes metrópolis.*

1. _____
2. _____
3. _____
4. _____
5. _____
6. _____

🔊 **LM 12-13 | ¡Cada cosa en su momento!** There is a time for everything! You are telling your best friend
7-14 when you intend to accomplish important events in your personal and professional life. Listen to the
statements and complete them in a logical manner about how you would like to plan your future.

>   **Modelo**   No me voy a comprar una casa hasta que no…
>   *tenga un buen puesto*

1. _____
2. _____
3. _____
4. _____
5. _____
6. _____

▶ ¡A VER!

LM 12-14 | ¿Cierto o falso? Watch the **¡A ver!** video segment for Chapter 12 and then read the following
statements. For each statement write **cierto** or **falso.**

	cierto	falso
1. A Javier le encantan las actividades y deportes al aire libre.	☐	☐
2. A Valeria le da miedo hacer esnórquel.	☐	☐
3. Los amigos toman el sol en el barco.	☐	☐
4. Al final, Valeria también salta del barco al agua.	☐	☐
5. Sofi va al mar siempre porque vive cerca del mar.	☐	☐
6. Todos se divierten mucho.	☐	☐

LM 12-15 | ¿Qué dicen exactamente? Watch the video segment a second time and then choose the right answer for each statement below.

1. Antes de hacer esnórquel, el guía le dice a Valeria que:

   a. rápidamente se vaya a hacer esnórquel.

   b. no tenga miedo de hacer esnórquel.

   c. es normal que no le guste el esnórquel.

2. El guía da instrucciones de cómo saltar del barco al agua y da la siguiente recomendación:

   a. que brinquen (o salten) al agua de cabeza.

   b. que brinquen (o salten) con los pies primero.

   c. que no brinquen (o salten) del barco hasta que él lo diga.

3. Cuando Valeria se queda sola, dice:

   a. "No sé hacer esnórquel".

   b. "No sé nadar".

   c. "No sé bucear".

4. Alejandra comenta su experiencia y dice:

   a. "No pude ver peces porque no podía respirar con la máscara".

   b. "Estaba triste porque ese día no había peces en el mar".

   c. "La experiencia del esnórquel fue estupenda".

5. Antonio también comenta su experiencia y dice:

   a. "La experiencia de ese día es algo que nunca voy a recordar".

   b. "La experiencia de ese día es algo que nunca podré hacer otra vez".

   c. "La experiencia de ese día es algo que nunca podré olvidar".

6. Después del esnórquel, Sofía le pregunta a Valeria lo siguiente:

   a. "¿No quieres saber lo que hay bajo el agua?"

   b. "¿No quieres saber cómo nadar bajo el agua?"

   c. "¿No quieres saber lo que se siente bajo el agua?"

Autopruebas Answer Key

Capítulo preliminar

WB P-12 | Una conversación típica

Hola, Qué / estás / gracias / gusto / es mío / dónde / Soy / Adiós / Adiós / Nos

WB P-13 | Números

1. quince / catorce
2. uno / cero
3. treinta / veintinueve
4. diecisiete / dieciséis
5. veinticinco / veinticuatro

WB P-14 | Presentaciones

eres / Soy, es / son / somos

WB P-15 | ¿Sois de España?

vosotros / nosotros, Yo, él / Ud. / Yo / Ella / tú / Yo / Uds.

Capítulo 1

WB 1-18 | Los cursos

1. b 2. c 3. a 4. c

WB 1-19 | ¿Qué hora es?

1. Son las tres menos cuarto de la tarde.
2. Es la una y veintidós de la tarde.
3. Son las doce y treinta y uno de la tarde.
4. Son las cinco y cuarto de la mañana.
5. Son las nueve y media de la mañana.

WB 1-20 | Está muy ocupada.

1. Los martes Nancy estudia alemán a las cuatro menos cuarto de la tarde.
2. Los miércoles Nancy estudia chino a la una menos cuarto de la tarde.
3. Los jueves Nancy estudia ruso a la una y media de la tarde.
4. Los viernes Nancy estudia italiano a las cinco y cuarto de la tarde.
5. Los sábados Nancy estudia portugués a las siete y media de la noche.
6. Los domingos Nancy estudia japonés a las diez de la mañana.

WB 1-21 | Los colores

1. amarillo
2. negro/anaranjado
3. rojo
4. marrón
5. blanco
6. verde

WB 1-22 | Lupe y Lalo

1. una
2. la
3. una
4. la
5. las
6. la
7. las
8. los
9. el
10. una
11. La
12. las
13. la
14. los
15. la
16. los

WB 1-23 | Las actividades del día

1. Ramón trabaja todos los días.
2. Teresa y Evelia estudian matemáticas por la tarde.
3. Yo practico deportes por la mañana.
4. Nosotros descansamos a las cuatro de la tarde.
5. Tú enseñas ejercicios aeróbicos por la noche.
6. Uds. regresan a la casa a las seis de la tarde.

Capítulo 2

WB 2-27 | Los miembros de la familia

1. esposa
2. primo
3. apellido
4. sobrina
5. nietos

WB 2-28 | Descripciones

1. es; mexicana
2. somos; simpáticas
3. son; tontos
4. eres; atlética
5. es; paciente

WB 2-29 | Probablemente son…

Possible answers:

1. trabajadores
2. inteligente
3. tacaño
4. irresponsable
5. perezosa
6. gordos

WB 2-30 | Los números

1. treinta y dos
2. noventa y nueve
3. veinticuatro
4. doce
5. quince
6. diecisiete
7. cuarenta y seis
8. setenta y nueve

WB 2-31 | Una conversación

1. Tienes 2. Mi 3. tengo 4. tienes 5. mis
6. tienen 7. tienen 8. su 9. Su 10. Tienes
11. tengo 12. Tienes 13. tengo

WB 2-32 | En la universidad

1. vives
2. vivo
3. vive
4. Escribes
5. escribes
6. recibo
7. debo
8. tienes
9. creo

Capítulo 3

WB 3-23 | Los meses y las estaciones

1. diciembre, el invierno
2. febrero, el invierno
3. enero, el invierno
4. octubre, el otoño
5. mayo, la primavera
6. noviembre, el otoño

WB 3-24 | En la ciudad

1. a 2. g 3. b 4. d 5. c 6. f 7. e

WB 3-25 | Los pasatiempos

Possible answers:
1. Me gusta ver películas en video.
2. Me gusta sacar fotos.
3. Me gusta jugar al tenis.
4. Me gusta tocar la guitarra.
5. Me gusta bailar con la música rock.
6. Me gusta visitar a mis abuelos.

WB 3-26 | Entre amigos

1. vas
2. Voy
3. vas
4. vamos
5. va
6. van

WB 3-27 | Un joven contento

1. salgo
2. hago
3. voy
4. hago / doy
5. pongo
6. Conozco
7. sé
8. veo
9. estoy

WB 3-28 | ¿Saber o conocer?

1. sabe 2. conocen 3. saben 4. conozco

WB 3-29 | ¿Qué vas a hacer?

1. Voy a practicar deportes.
2. Voy a jugar al tenis.
3. Voy a nadar en la piscina.
4. Voy a montar a caballo.
5. Voy a levantar pesas.

WB 3-30 | ¿Qué tiempo hace?

Possible answers:
A. Hace sol. Hace calor. Hace buen tiempo.
B. Hace sol. Hace buen tiempo. Está despejado.
C. Hace mucho calor. Está despejado.
D. Hace fresco. Está nublado.
E. Hace viento.
F. Hace mucho frío.

Capítulo 4

WB 4-26 | Los muebles

1. un escritorio
2. un armario
3. mi cama
4. el inodoro
5. el jardín

WB 4-27 | Los electrodomésticos

1. un despertador
2. un horno de microondas
3. una lavadora
4. una aspiradora
5. la nevera

WB 4-28 | En la casa

1. la cocina 2. la sala 3. el jardín 4. el comedor

WB 4-29 | Carlos y Eva

1. piensas
2. Tengo
3. quieres
4. quiero
5. Prefiero
6. comienza
7. Comienza
8. queremos
9. preferimos
10. pienso

WB 4-30 | Con mi familia

1. almuerzo
2. sirve
3. dice
4. almorzar
5. duermo
6. vuelven
7. vuelvo
8. jugamos
9. juego

WB 4-31 | ¿Qué hago?

1. Haz tu cama todos los días.
2. Quita la mesa después de comer.
3. Saca la basura todos los días.
4. Ve al supermercado todos los sábados.

WB 4-32 | ¿Cuántos son?

1. mil setecientos treinta y ocho
2. mil ciento sesenta
3. mil cuatrocientos dieciséis

Capítulo 5

WB 5-24 | El cuerpo humano

1. el ojo
2. el pelo
3. la(s) oreja(s)
4. la nariz
5. la boca / los dientes
6. el estómago
7. la pierna
8. el pie
9. la mano
10. el brazo

WB 5-25 | Los problemas médicos

1. alergia, estornudo
2. catarro
3. enfermedad
4. congestionado
5. escalofríos, síntomas
6. sano, enfermo
7. examina
8. fiebre, toma la temperatura
9. náuseas, guardar cama

WB 5-26 | La rutina diaria

1. Se despierta a las seis.
2. Se levanta a las seis y media.
3. Se ducha y se lava.
4. Se seca.
5. Se viste.
6. Se pinta. / Se maquilla.
7. Despierta a su hijo a las siete.
8. Se acuesta a las once.

WB 5-27 | ¡Cómo vuela el tiempo!

1. Acaba de despertarse.
2. Acaba de levantarse.
3. Acaba de ducharse y lavarse.
4. Acaba de secarse.
5. Acaba de vestirse.
6. Acaba de pintarse / maquillarse.
7. Acaba de despertar a su hijo.
8. Acaba de acostarse.

WB 5-28 | Lorena Mamani

1. es 2. Es 3. está 4. está 5. está 6. está
7. Es/Está 8. es 9. está 10. ser 11. es 12. es

WB 5-29 | Gemelos distintos

1. No quiero esta, prefiero esa medicina.
2. No quiero ver a este, prefiero ver a ese médico.
3. No quiero dormir en esta, prefiero dormir en esa pastilla.
4. No quiero pedir estos, prefiero pedir esos jarabes.
5. No prefiero esto, prefiero eso.

Capítulo 6

WB 6-24 | La comida

CARNES:	jamón, res, pollo, bistec, pavo, chuletas de cerdo
PESCADO/MARISCOS:	calamares, camarones
BEBIDAS:	café, vino, agua mineral, té helado, leche, cerveza, jugo
POSTRES:	helado, flan, queso
FRUTAS:	naranja, manzana, banana
VERDURAS:	lechuga, papas
CONDIMENTOS:	mantequilla, sal, pimienta, vinagre, aceite

WB 6-25 | En el restaurante

1. c 2. c 3. a 4. a 5. b 6. a

WB 6-26 | ¡Viva la igualdad!

1. Beti come tantas verduras como Martín.
2. Beti almuerza en tantos restaurantes como Martín.
3. Beti pide tantas arepas como Martín.
4. Beti es tan amable como Martín.
5. Beti toma tanto café como Martín.

WB 6-27 | El más...

1. Guillermo es el mayor.
2. Alejandro es el más paciente de los primos.
3. El jugo es la bebida más dulce.
4. Kobe Bryant es el mejor jugador.

WB 6-28 | ¿Qué hicimos?

1. almorzó
2. almorcé
3. comimos
4. tomé
5. bebió
6. terminaste
7. terminé
8. comencé
9. leí
10. leyó
11. busqué
12. compré

WB 6-29 | Padre e hijo

1. se divirtieron
2. pidió
3. sirvió
4. se durmió

Capítulo 7

WB 7-23 | La ropa

1. el traje de baño
2. el sombrero
3. los zapatos, los calcetines, las sandalias, las botas
4. la blusa, la falda, las medias, el vestido, los pantalones
5. los pantalones, el traje, la corbata
6. el impermeable, las botas

WB 7-24 | En la tienda

1. En qué puedo servirle
2. probarme
3. talla
4. queda bien
5. Hace juego
6. moda
7. le debo
8. ganga
9. tarjeta de crédito

WB 7-25 | ¡Fin de semana!

1. fuiste
2. Fui
3. hicieron
4. Tuvimos
5. vinieron
6. trajeron
7. estuvo
8. hiciste
9. fue
10. hice
11. quiso
12. supe

WB 7-26 | ¡A comer!

1. La 2. lo 3. me, te 4. las

WB 7-27 | Mi niñez

1. vivía
2. Tenía
3. sacaba
4. limpiaba
5. íbamos
6. compraba
7. gustaba
8. comíamos

WB 7-28 | ¡Y ahora baila!

1. trabajábamos
2. llamó
3. éramos
4. se burlaba
5. invitó
6. bailaba
7. Aceptaste
8. acepté

Capítulo 8

WB 8-18 | Una celebración especial

1. cumplió
2. entremeses
3. invitados
4. disfrazarse
5. máscara
6. disfraz
7. se reunieron
8. celebrar
9. brindis
10. gritaron
11. Felicidades
12. pastel
13. velas
14. recordar
15. regalos
16. llorar
17. lo pasaron
18. anfitriona

WB 8-19 | En la playa y en el campo

1. f 2. a 3. d 4. h 5. c 6. g 7. b 8. e

WB 8-20 | Preguntas

1. De dónde
2. Dónde
3. Cuál
4. Adónde
5. Qué
6. Cuántas
7. Qué

WB 8-21 | Un viaje inolvidable

1. era
2. hice
3. Fui
4. tenía
5. tenía
6. decidieron
7. vivíamos
8. era
9. había
10. podía
11. sabía
12. fui
13. empezó
14. nadaba
15. mordió
16. sentí
17. grité
18. se metió
19. salvó
20. tuve
21. fue
22. asustó

WB 8-22 | Significados especiales

1. tuvimos
2. supo, sabía
3. quise
4. pudo
5. tenía

WB 8-23 | ¿Quiere algo?

1. algo
2. algunos
3. algunas
4. también
5. ninguna
6. algunos
7. tampoco
8. ni
9. ni
10. nada

Capítulo 9

WB 9-22 | Viajes

1. c 2. b 3. d 4. a 5. f 6. g 7. e

WB 9-23 | En el hotel

1. cuatro estrellas
2. cuartos
3. limpios
4. sucios
5. dobles
6. sencillas
7. privado
8. aire acondicionado
9. ascensor
10. recepción
11. cómodo

WB 9-24 | ¿Dónde está todo?

1. al lado
2. detrás
3. a la izquierda
4. entre
5. a la derecha
6. enfrente

WB 9-25 | Indicaciones

1. cruce
2. siga
3. Doble
4. suba
5. Siga
6. hacia

WB 9-26 | Una carta

1. les 2. les 3. le 4. le 5. les 6. me 7. te
8. me 9. me 10. (mandar)les

WB 9-27 | Elena, la buena

1. Sí, te la presto.
2. Sí, se la preparo.
3. Sí, se lo escribo.
4. Sí, me la pueden pasar. (Sí, pueden pasármela.)
5. Sí, se lo puedo comprar. (Sí, puedo comprárselo.)

WB 9-28 | ¿Dónde está el banco?

1. Perdone
2. deme
3. Tome
4. Dígame
5. Salga
6. vaya
7. Tenga
8. Vuelva

Capítulo 10

WB 10-23 | El amor y los novios

1. noviazgo
2. amor
3. nos enamoramos
4. cariño
5. nos llevamos
6. enamorados
7. matrimonio
8. casados

WB 10-24 | La boda

1. novios
2. casarse
3. se besan
4. recién casados
5. aplauden
6. recepción
7. tienen lugar
8. banquete
9. brindis
10. felicitan
11. orquesta
12. ramo de flores
13. agarrar
14. luna de miel
15. se separan
16. se divorcian

WB 10-25 | ¿Qué han hecho?

1. Pablo ha leído tres libros.
2. Teresa y Ángela han visto una película nueva.
3. Mamá y yo le hemos escrito cartas a la familia.
4. Yo me he divertido con mis amigos.
5. Tú has vuelto de un viaje largo.

WB 10-26 | Miguel lo hace así

1. Miguel lee el periódico detenidamente.
2. Miguel habla con las chicas nerviosamente.
3. Miguel come rápidamente.
4. Miguel saca buenas notas fácilmente.
5. Miguel va a fiestas frecuentemente.

WB 10-27 | La rutina

1. Todos los días
2. Muchas veces
3. Solamente
4. A veces
5. Una vez
6. Nunca
7. siempre

WB 10-28 | ¿Cómo lo hago?

1. Primero te sacas una cuenta electrónica en Internet.
2. Después/Luego/Entonces, te compras *software* para el correo electrónico.
3. Luego/Después/Entonces le pides a tu novia su dirección electrónica.
4. Entonces/Luego/Después puedes escribir el mensaje que quieres mandar.
5. Finalmente, le envías el mensaje.

WB 10-29 | El primer día

1. tendrás
2. comenzará
3. será
4. vendrán
5. sabrán
6. querrá
7. dirás
8. habrá
9. durará
10. veré
11. podremos
12. haré
13. serás
14. irá

WB 10-30 | Puros sueños

1. harías
2. viajaría
3. gustaría
4. Podría
5. saldríamos
6. iríamos
7. tomaríamos
8. Pasaríamos
9. querríamos
10. volaríamos
11. tendríamos

Capítulo 11

WB 11-19 | ¿Qué debe hacer?

1. arquitecto
2. peluquero
3. contador
4. periodista
5. programador
6. maestro
7. traductor
8. policía
9. siquiatra
10. dentista

WB 11-20 | Solicitando trabajo

1. solicitar
2. currículum
3. computadora
4. imprimir
5. impresora
6. fotocopias
7. solicitud
8. llamar
9. entrevista
10. proyectos
11. beneficios
12. empleados
13. sueldo
14. contratar
15. tiempo parcial / tiempo completo
16. tiempo completo / tiempo parcial
17. jubilarte
18. despedir

WB 11-21 | De vacaciones

1. por
2. por
3. Por
4. para
5. para
6. Para
7. por
8. para
9. por
10. para

WB 11-22 | El amor y los negocios

1. escribas
2. llames
3. tengas
4. mire
5. pienses
6. te enamores
7. pierdan
8. mandes
9. vayamos
10. nos divirtamos

WB 11-23 | Entre amigos

1. salir
2. venir
3. sigamos
4. trabajemos
5. ir
6. vuelva
7. acompañes

Capítulo 12

WB 12-22 | La geografía rural y urbana

A

1. metrópolis
2. acelerado
3. superpoblación
4. ruido / tráfico
5. tráfico / ruido
6. contaminación
7. transporte público
8. medio ambiente
9. basura
10. recogen
11. bella

B

1. tranquila
2. campesinos
3. cultivar
4. regar
5. colinas
6. arroyos

C

1. resolver
2. recursos naturales
3. petróleo
4. reforestar
5. capa de ozono
6. desarrollar
7. explotar
8. energía solar
9. desperdicio
10. destrucción
11. reciclar
12. escasez

WB 12-23 | Un secreto

1. estemos
2. poder
3. venir
4. estén
5. digas
6. acompañen
7. pienses
8. vayan
9. tengan
10. sea

WB 12-24 | Hablando del viaje

1. Yo creo que estas vacaciones son excelentes.
   Sí, pero dudo que David quiera venir este año.
2. Gabriela no está segura de que el hotel sea bueno.
   Yo estoy segura de que todos los hoteles van a ser muy buenos.
3. En San José, nosotros tenemos que buscar un restaurante que sirva gallo pinto.
   Yo conozco un buen restaurante que sirve gallo pinto.
4. Yo quiero visitar una reserva biológica que tenga muchas especies exóticas.
   Manuel Antonio es una reserva preciosa que tiene todo tipo de animales exóticos.

WB 12-25 | Consejos para la cita

1. limpie
2. venga
3. se asuste
4. llegue
5. está
6. guste
7. vas
8. invitas
9. diga
10. guste
11. decida

CPSIA information can be obtained
at www.ICGtesting.com
Printed in the USA
FFOW01n0631230718
47497485-50852FF